JN151376

維新鳴動

かごしま再論

はじめに

「顕彰」から「検証」へ

明治維新の相対化の現在

2018年は明治維新から150年だった。

筆者はその50年前の明治維新100年の空気をわずかながら吸っている。当時、わが国は東京五輪(1964年)を成功させ、折からの高度経済成長に乗って国民も自信を持ちはじめていた。それは「近代国家の出発点」である明治維新への肯定的な回顧へとつながった。もちろん、薩長中心史観への批判や明治維新の暗部(草莽《そうもう》隊の悲劇など)を指摘する声もあったが、それほど大きくならなかった。

それから半世紀たって、状況は様変わりしたように感じられる。社会には50年前の熱気が感じられない。歴史の敗者の側からは「維新150年」ならぬ「戊辰150年」を対抗的に突きつけられたほどである。

このように、この半世紀で明治維新の見方は大きく変容し、多様化した。あえて一言でいえば、「明治維新の相対化」である。明治維新を、タブーを恐れず、批判的に検証する試みが主流となった。

南日本新聞が1年間にわたり長期連載した「維新鳴動」は、そうした潮流を正面から受け止めながら、明治維新の「顕彰」ではなく「検証」へと大胆にペンを振るった成果といえよう。しかも、明治維新の原動力であり、勝ち組の本家といえる鹿児島からの発信だけに、大きな意義があるといえる。

ふつう、明治維新といえば、英雄たちの活躍をたどる政治史が中心になるが、本連載の12部（と総括編）は、それだけではなく外交や経済（殖産興業）、文化（文明開化）のほか、宗教、学問・教育、地域史、女性など、維新のあらゆる側面を検証の対象としながら、研究の第一線で活躍する有識者の的確で興味深いインタビューを交えて再構成した。

学術的でありながら、知的好奇心を刺激する読み物にも仕上がっている。新聞紙上で、ここまで体系的で多彩な論説を紡ぎ出した担当記者たちの労苦を多としたい。

歴史作家・桐野作人

南日本新聞年間企画「維新鳴動　かごしま再論」は、１８６８年（慶応４年、改元して明治元年）明治維新から１５０年の節目となった２０１８年の１年間、１月１日付から12月26日付まで全12部構成で掲載した。部だての初回には１ページを特集とし、主たる課題を掘り起こした。あわせて、近代国家への一歩を踏み出した維新の意義や引き起こされた諸問題について識者に聞いた（肩書きは取材時）。

目次

第4部　富国に挑む　殖産興業

第7部 皆学のススメ 近代教育制度

第10部　良妻賢母の呪縛　女性の地位

第11部　藩閥批判の嵐　自由民権と士族反乱

第12部　志士の終幕　西南戦争

総括編　大久保利通の遺言

第1部　相克のうねり　戊辰戦争

戊辰戦争の展開

（日付は和暦）

明治2年5月18日 五稜郭開城

幕府海軍副総裁・榎本武揚率いる艦隊は、新選組の土方歳三ら東北を転戦してきた旧幕府方を収容しながら蝦夷地に渡り、箱館の五稜郭に。12月15日には蝦夷《えぞ》共和国を樹立。戦闘は半年余り続いたが、翌年5月18日、榎本らの無条件降伏で戊辰戦争が終結した。

榎本武揚ら旧幕府軍が本拠とした五稜郭＝北海道函館市

明治元年9月22日 会津藩降伏

東北と越後の計31藩は奥羽越列藩同盟を結成（5月）、新政府軍に対抗した。京都守護職だった松平容保《かたもり》の会津藩では女性や少年も戦闘に参加、白虎隊の悲劇も。会津若松城（鶴ケ城）は約1カ月の籠城戦の末、ついに開城。本州での抵抗は終息に向かう。

鳥羽・伏見の戦いが描かれた「錦之御旗」（部分、黎明館蔵 玉里島津家資料）

慶応4年1月3日 鳥羽・伏見の戦い

徳川慶喜への処分に憤った、会津・桑名の両藩兵や旧幕府軍約1万人余りが、大坂城から京を目指した。鳥羽・伏見の両街道で新政府軍5千人と衝突し、戊辰戦争の口火を切った。新政府軍が兵力差を覆して勝利。慶喜は8日、大坂から海路脱出した。

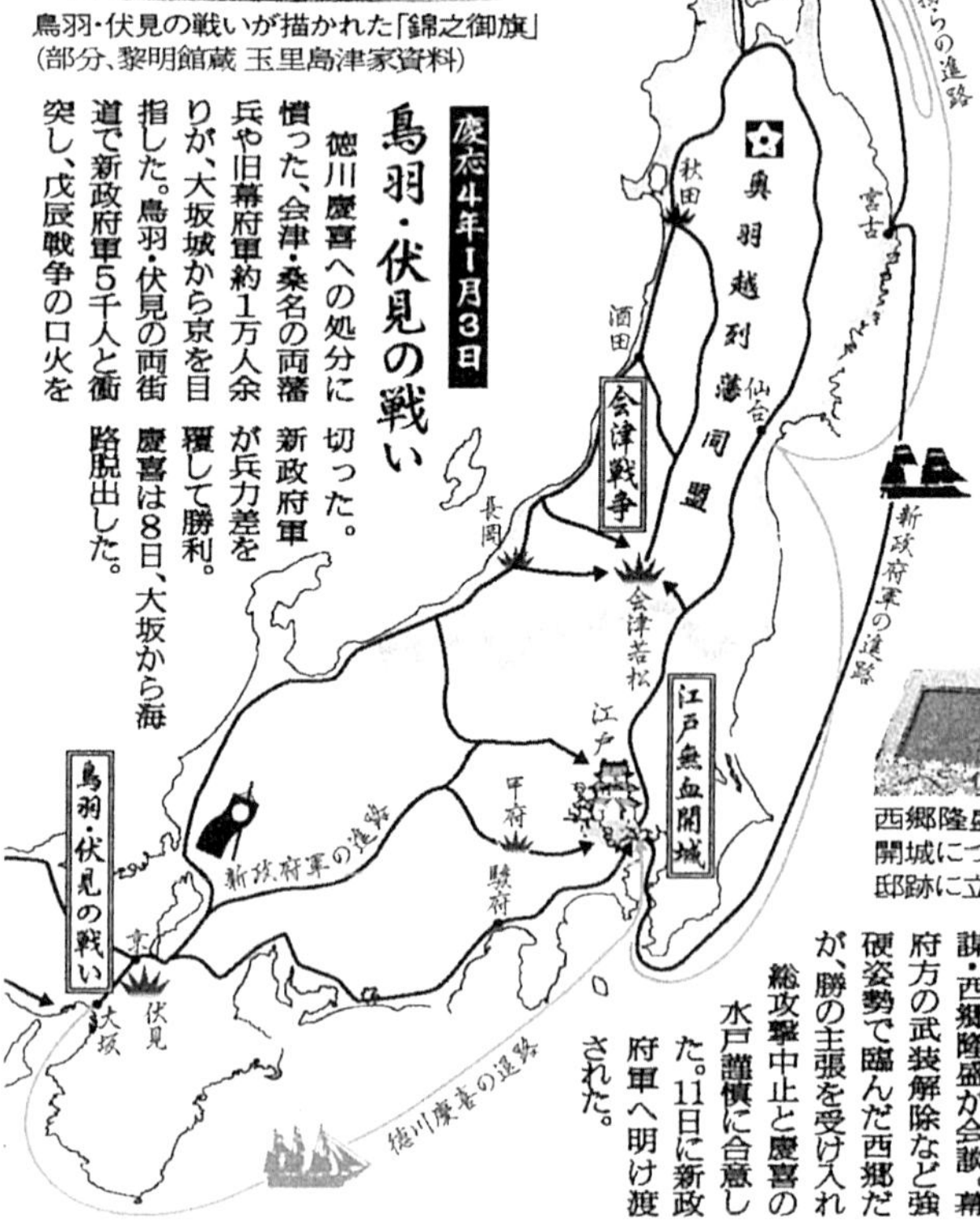

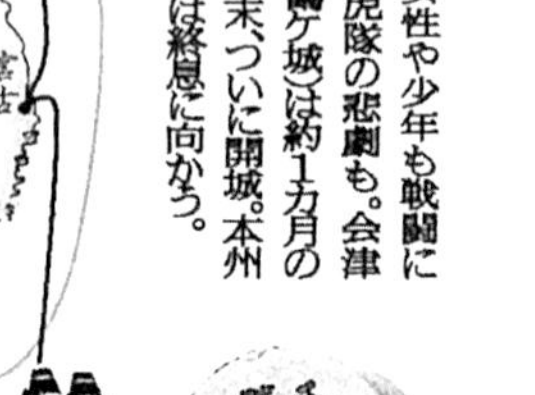

西郷隆盛と勝海舟が江戸城の開城について話し合った薩摩藩邸跡に立つ石碑＝東京都港区

慶応4年4月11日 江戸無血開城

新政府軍は江戸総攻撃を3月15日と決定。13、14日に旧幕府陸軍総裁・勝海舟と大総督府参謀・西郷隆盛が会談。幕府方の武装解除など強硬姿勢で臨んだ西郷だが、勝の主張を受け入れ総攻撃中止と慶喜の水戸謹慎に合意した。11日に新政府軍へ明け渡された。

序　新政府勝利、変革へ

日本近代の幕開けとなった明治維新から150年。明治維新によって、政治や軍事はもとより外交、経済・産業、文化・思想に至るまで制度や社会に一大変革が起こった。王政復古、戊辰戦争、明治改元、廃藩置県―。激動の中で、新政府は新しい国の形を模索した。鹿児島の人々も多分野でかかわり、近代化の礎を築いた。先行研究を踏まえて維新史を考察、「維新鳴動　かごしま再論」と題して1年間連載。第1部「相克のうねり」では、戊辰戦争の端緒となった鳥羽・伏見の戦いから箱館戦争までの約1年半をたどる。

■主導権は薩摩、錦の御旗翻し

京都近郊の鳥羽と伏見の両地域で慶応4（1868）年1月3日、入京しようとした旧幕府軍と、阻止をもくろむ薩摩を中心とした新政府軍の間で戦闘が起こった。関西から関東、東北、最終的には蝦夷《えぞ》地（北海道）まで巻き込んだ「戊辰戦争」の始まりだ。

その年明けは、折から小雪が舞うほどの寒波に襲われ、大坂から京に向かう街道筋は寒風が吹きすさんでいた。

旧幕軍の先行部隊は1万余りの兵を二手に分けて北上。鳥羽と伏見に差し掛かると、薩摩藩兵を中心とした新政府軍が行く手を阻んだ。押し問答の末、旧幕軍が強引に進軍しようとしたところ、鳥羽で新政府軍が発砲、火ぶたは切られた。

戦況は一進一退で、薩摩と旧幕軍の「私闘」との見方も強かった。北風は風上の、わずか5千余りの新政府軍に味方し、伏見の町に広がった火は旧幕軍に不利に働いた。翌4日、新政府側に、大久保利通らが準備していた「錦の御旗」が翻り、官軍の立場が誇示された。「賊軍」の汚名を着せられた旧幕軍は徐々に後退した。

◇　◇

鳥羽・伏見の戦いの起こる背景には、前年暮れの「江戸薩摩藩邸焼き打ち事件」（慶応3年12月25日）があった。江戸市中で乱暴を働く浪士をかくまう薩摩藩に対し、警備に当たっていた旧幕側の庄内藩などが引き渡しを求めた。だ

幕末・明治維新年表

慶応元年（西暦1865）
- 3月　薩摩藩士が英留学
- 9　長州藩再征の勅許

慶応2年（1866）
- 1　薩長同盟成立
- 6　第2次長州征討開始
- 7　将軍家茂が急死
- 12　徳川慶喜が征夷大将軍・内大臣に
- 　孝明天皇崩御

慶応3年（1867）
- 2　パリ万博に幕府、薩摩藩が出展
- 5　四侯会議
- 6　薩土盟約成立
- 8　「ええじゃないか」全国に広まる
- 10　討幕の密勅、将軍慶喜が大政奉還
- 11　坂本龍馬が暗殺される
- 12　王政復古の大号令、小御所会議

慶応4＝明治元年（1868）
- 1　鳥羽・伏見の戦い、神戸事件
- 3　五箇条の御誓文
- 　神仏分離令で廃仏毀釈《きしゃく》起きる
- 4　江戸無血開城
- 5　奥羽越列藩同盟成立、上野戦争
- 7　江戸を東京と改称
- 9　明治と改元、会津藩が降伏

が、拒否されたため旧幕側が藩邸に砲撃、武力衝突した。
前将軍・徳川慶喜を〝強引〟に政界から排除すべく、新政府を主導していた薩摩。旧幕側には反感を持つ者も多く、江戸での事件の報はすぐに京・大坂にもたらされた。血気はやる旗本や会津・桑名の藩兵は「薩摩を除くべし」との機運が沸騰。大坂城で政局復帰の機会をうかがっていた慶喜も抑え切れず、率兵上京の意志を固めた。年が明けた慶応4年元日、ついに「討薩の表」を発したのだった。

◇　◇

数では圧倒するはずだった鳥羽・伏見で一敗地にまみれ、敗色が濃くなった途端に慶喜らが大坂城を脱出(6日深夜)、新政府側は勢いづいた。

戦いの舞台は京坂から東日本へと移っていき、その後、慶喜はひたすら恭順を示した。一方、「朝敵」とされた会津をはじめ、東北諸藩が抵抗したため戦線は北へと広がっていった。一連の戦争は、明治2(1869)年5月の箱館戦争

年	月	出来事
明治2年(1869)	3	東京行幸
	5	榎本武揚らの降伏で戊辰戦争終結
	6	版籍奉還
	12	東京―横浜で電信開通
明治3年(1870)	1	大教宣布の詔
	9	平民に名字使用を許可
	10	岩崎弥太郎が九十九商会設立
明治4年(1871)	1	郵便制度開始
	4	新貨条例公布
	7	廃藩置県
	11	岩倉使節団出発
明治5年(1872)	2	福沢諭吉「学問のすすめ」
	9	新橋―横浜で鉄道開業、琉球藩設置
	10	官営富岡製糸場開業
	12	太陽暦採用
明治6年(1873)	1	徴兵令公布
	2	キリシタン禁制を撤廃
	7	地租改正条例公布
	8	明六社設立
	9	岩倉使節団帰国
	10	「明治六年の政変」で西郷ら参議を辞職
	11	内務省設置

※明治5年までは和暦

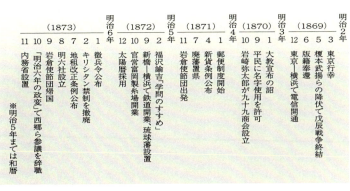

で終結した。

国内を二分した1年半に及ぶ内戦は、〝相克〟の中で多くの犠牲もあったが、新政府側が勝利した。結果、主導権を握った薩摩や長州が新時代を開いていった。

この中で、政治体制の変革だけでなく、参加諸藩で西洋式の軍隊編成が進んだり、天皇観など民衆意識の変化も巻き起こしたりした。動乱の中、各地で悲劇が起こったことはもちろん、戦火の下で心通わせる人情劇もあり、大いなる混迷から日本は近代国家へと歩みだしていった。

【俯瞰図】徳川慶喜は「恭順」、会津藩が「朝敵」とされ矢面に

鳥羽・伏見の戦いに始まり、新政府軍と旧幕府軍が相対した「戊辰戦争」は、徳川慶喜の大坂城脱出、江戸帰還によって対立の構図が書き換えられてしまう。薩長の倒幕派が何より排除したいと考えていた慶喜が、ひたすら「恭順」の意を表したため、身代わりに会津藩が矢面に立たざるを得なくなった。

幕末に、会津藩主・松平容保《かたもり》は京都守護職を務め、その実弟、桑名藩主・松平定敬《さだあき》も京都所司代の任にあった。容保は先帝・孝明天皇の信頼も厚く、「会津こそ尊皇」との意識があった。また将軍になる以前の一橋慶喜を支えてきた（一会桑政権）経緯もあって、大政奉還

京都守護職を務めたことで矢面に立たされた会津藩主・松平容保
（会津若松市所蔵）

（慶応3年10月）に前後して出された「討幕の密勅」によって、ともに朝敵とされた。

発足したばかりの新政府は基盤が脆弱《ぜいじゃく》で、政権内にも越前・松平春嶽、土佐・山内容堂、尾張・徳川慶勝ら、慶喜擁護派、穏健派もあった。薩摩の西郷隆盛らにとって、慶喜の勢力挽回の芽を摘み、武力を用いてでも排除しなければならない状況だった。

京から大坂城に退いた旧幕府軍だが、会津や桑名の兵力もあり、数では新政府軍を上回っていた。「討薩の表」には「一々朝廷の御真意に之なく、全く松平修理太夫（島津忠義）奸臣《かんしん》ども陰謀より出候《そうろう》は天下の共に知る所」と薩摩を非難していた。

結果として、慶喜の「スケープゴート」となってしまった会津。朝廷には恭順を示しつつ、武力を維持して対峙《たいじ》する「武備恭順」の姿勢で、同情的な東北諸藩との連携を図ることとなる。

識者はこう見る／世界史に位置付け検討を

＝佛教大学・青山忠正教授

明治維新とは何だったのか。起きた背景や薩摩藩が果たした役割などについて、佛教大学歴史学部の青山忠正教授に聞いた。

―明治維新のポイントは何か。

「一番は統一政権ができて大名が廃止されたこと。そういう意味で明治2（1869）年の版籍奉還だ。これによって大名に仕える家来もなくなる。武士は主君から家禄《かろく》を受け、主君のため戦で死ぬという御恩と奉公の主従関係がなくなった。西郷隆盛、大久保利通らは島津家の家来だったが、関係が解消された上で地方行政制度としての鹿児島藩が誕生した。近代国家へのスタートだ」

「これまで『倒幕』がクローズアップされすぎ、こうした転換点が軽視されてきた。明治期以降に編さんされた『維新史』などの官選史書が一因だ。国家の立場で明治政府を正当化するために、幕府が無能だから新政権がこれを倒したとの論法で物語が創作された面がある」

―薩摩藩の役割をどう見るか。

「（大政奉還建白を中心に薩摩藩と土佐藩が結んだ）薩土盟約は『万国に臨みて恥じず』と繰り返し

ている。要は天皇を頂点とした統一政権を作ることで、そうしなければ世界と対峙《たいじ》できないとの認識は、この当時、幕府も含めた全政治勢力に共通していた。鳥羽・伏見の戦いに勝った薩摩藩と長州藩は新政権中枢に就いたが、それが変革のあり方を決定したわけではない。幕府側が勝っても、大局的には明治国家と同じような体制が形作られただろう」

「とはいえ薩摩は琉球を抱え、清と関わるという対外的要素のため外圧に敏感だった。(清がイギリスに敗れた)アヘン戦争の情報は、老中の阿部正弘より早く入手した。藩主斉彬は阿部とのやり取りで、放っておくと琉球もアメリカに取られると盛んに指摘している。こうした危機感が、いち早い体制変革の動きにつながったのは確かだ」

―明治100年以降の研究の進展や課題は。

「史料発掘、整理が飛躍的に進んだ。研究対象が多様化し、産業や経済、文化など分野の広がりも出てきた。各地にできた公文書館の存在も大きい。鹿児島では玉里島津家史料(鹿児島県史料)が活字化された。国父島津久光はじめ家老の小松帯刀、(英国留学組の)寺島宗則、五代友厚といった人物も掘り下げられるようになった。王政復古直後の外交事件では、寺島や五代らが中心となり各国と対応した。彼らの能力や留学経験が、その後も生かされたのは事実。ただ、長期的には幕府のノウハウや人材を外務省が引き継いだからこそ可能だった点は、忘れてはいけない」

「幕末維新期は世界史の中に位置付けた検討がさらに必要だ。外国側の史料によって見えてくることも少なくない」

―明治維新の教訓は。

「旧大名の借金は新政権が引き継いだが、その約8割が踏み倒されたために多くの豪商が破綻した。限界まで制度疲労が蓄積して変わらざるをえなくなるとき、新国家としてリセットするにはこういうことも起こる。現代の国家財政や少子高齢化などを踏まえ、行く末を類推する上で覚えておいていい」

【略歴】あおやま・ただまさ　1950年、東京都生まれ。東北大学大学院文学研究科博士課程修了後、東北大助手など経て99年から、佛教大教授。専門は明治維新期の政治・外交史、史料学。「明治維新と国家形成」「明治維新の言語と史料」など著書多数。

■1・開戦／旧幕軍と薩摩が〝私闘〟

時折風花が舞う中、ラッパの音が高らかに鳴り響き薩摩軍の小銃、大砲が一斉に火を噴いた。銃砲に装弾すらしていなかった旧幕府軍は虚を突かれ、砲弾の雨にさらされた。何とか反撃に転じるものの用意周到な新政府側に押され、次々と兵たちは倒れていった。

慶応4（1868）年1月3日午前、京を目指して鳥羽街道を北上していた旧幕軍は、洛南《らくなん》の上鳥羽村近く鴨川に架かった小枝橋付近（現・京都市南区と伏見区の境）で薩摩軍の足止めに遭った。新政府から上京命令を受けていた前将軍・徳川慶喜の先行隊で、「入京を許さずとは如何《いかが》の義にや」と主張した。だが、薩摩軍前線は許可の指示を受けておらず、「確認するまで待機せよ」と拒んだ。

押し問答は続き、いよいよ日が暮れる午後5時ごろ、しびれを切らした旧幕軍が「ぜひ罷《まか》り通る」と隊列を組み前進を強行。街道に展開していた薩摩軍は一斉に攻撃を仕掛け、「鳥羽・伏見の戦い」が幕を開けた。

◇　◇

徳川幕府が正式に廃されたのは、前年12月9日の「王政復古」の政変だった。成立した新政府に慶喜の名前はなく、幼帝（明治天皇）を担ぎ〝勝手〟に振る舞う薩摩を旧幕府側は強く敵

薩摩藩の軍勢と旧幕府軍が衝突した鳥羽・伏見の戦いを描いた錦絵（山口県立山口博物館所蔵）

視した。

「薩摩討つべし」との声が日増しに強まる中、江戸市中をかく乱する浪士に手を焼いた庄内藩などが25日、薩摩藩邸を砲撃する事件を起こした。「江戸薩摩藩邸焼き打ち事件」の報は、対薩摩強硬派の会津・桑名の藩兵を燃え上がらせ、大坂城に退いていた慶喜には出陣要請が殺到した。

この時期の慶喜は「議定」として新政府入りがほぼ内定し、朝廷から上京要請を受けていた。慶喜は年が改まった元日に薩摩の罪状を上げ、「討薩の表」を発布、率兵上京を決めた。

敵対する薩摩藩在京首脳部も好機とみた。江戸市中かく乱は、元はと言えば「武力衝突」を前提として西郷隆盛らが授けた作戦。新政府に残ろうともくろむ慶喜に対し、危機感を強める大久保利通は「戦に及ばず候《そうら》えば、皇国の事はそれきり水泡と相成り」と武力排除の機会を探っており、この「討薩の表」で名目を得た。

西郷も詳細な戦争計画を練った。敗れた場合には、天皇を山陰地方に避難させるといった算段も付けていた。黎明館の市村哲二学芸専門員は「薩摩側にとって、軍事衝突は起死回生の機会。まさに両者の覇権争いとなった」とみる。

◇　◇

旗本に会津・桑名の藩兵を加え大坂城を出た旧幕軍は約1万人。1月3日、鳥羽と伏見の両街道から京を目指した。伏見では奉行所に陣取った旧幕軍に対し、薩摩と長州に一部の土佐兵を加えた軍が囲み、鳥羽方面から聞こえてきた砲声に合わせて戦端が開かれた。

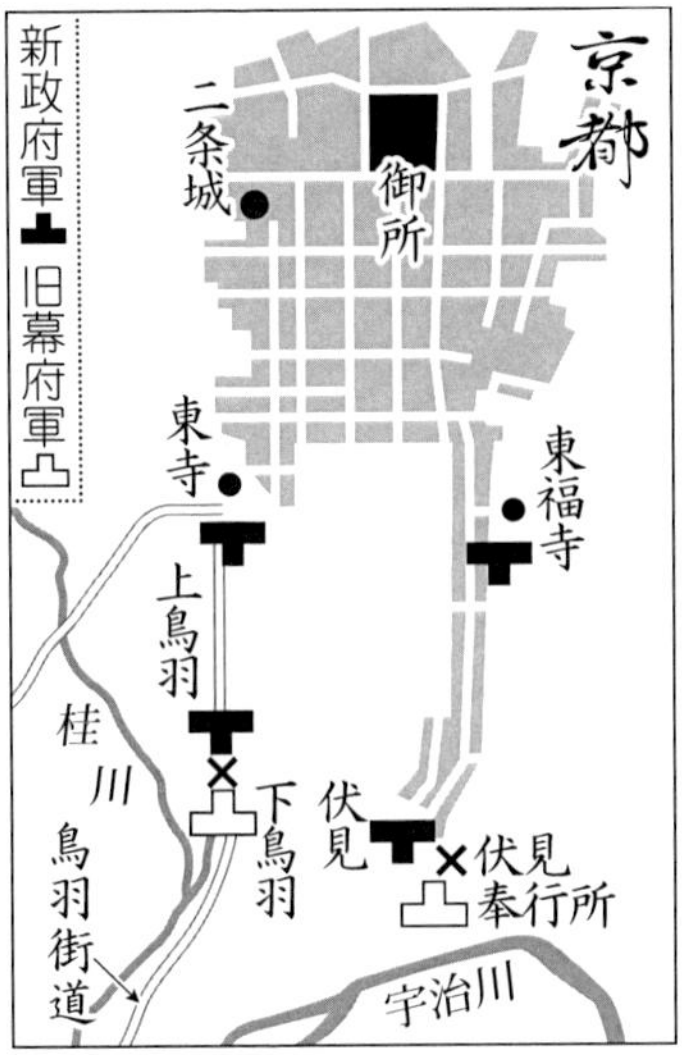

奉行所を守っていたのは会津兵や新選組で士気は高かったが、刀や槍《やり》が中心の部隊だった。薩摩側にたびたび突撃を試みたが、激しい銃砲撃に押し返された。戦闘も市街地に広がり、一帯は焦土と化した。

朝廷からは薩長土に市中警護の命が降ったが、土佐藩は積極的に戦闘に参加しなかった。前藩主・山内容堂から「戦いは旧幕と薩長による『私闘』のため中立の立場を取るよう」厳命されていたからだった。

新政府内部でも対応を巡り、戦闘を主張する薩摩などに対し、容堂や前越前藩主・松平春嶽らが公議を尽くすべきと訴え、薩長の〝独断専行〟をけん制した。3日時点では多くの藩も様子見を決め込み、「私闘」との見方が大勢を占めていた。

■2・錦旗／旧幕、戦意失い慶喜脱出

薩摩軍の陣地に突如、一差しの旗が翻った。慶応4年1月5日のこと。赤地の錦に金の日輪、あるいは銀の月輪が刺しゅうされた「錦の御旗」だ。朝命を受けて前日に出陣した仁和寺宮嘉彰《よしあきら》親王が携えたもので、天皇の軍隊「官軍」を意味する。薩長軍は奮い立ち、涙を流したり飛び跳ねたりと士気は最高潮に達した。

あくまで薩長と戦っていたつもりの旧幕府軍に衝撃が走った。「賊軍」の汚名を着せられた、その報は大坂城の徳川慶喜にも伝えられた。「あわれ朝廷に対して刃向かうべき意思は露ばかりも持たざりしに、誤りて賊名を負うに至りしこそ悲しけれ」。慶喜は動揺を隠しきれなかった。

この際に掲げられた錦旗は、反幕勢力筆頭の公家の岩倉具視と薩摩の大久保利通が、事前に検討し作らせた物だ。「太平記」で話には聞いていたものの誰も実物を見たことがなく、図柄は国学者・玉松操が立案した急ごしらえだった。だが、その効果は絶大だった。

◇　◇

土佐をはじめ諸藩は開戦当初、薩長軍と旧幕軍との「私闘」という見方をしていた。大久保らは、どちらの側に着くか曖昧な姿勢を取る諸藩を抱き込もうと、「官軍色」を前面に押し出して尊皇意識につけ込む策を講じた。

4日早朝からの戦いは強い北風が吹き、風上の薩長側に優位に働いたが、局地的には旧幕側も勝利を収めた。5日も激戦となり、旧幕側は一時後退して淀城を拠点に防御戦を敷く算段を付けるが、城門は開かなかった。

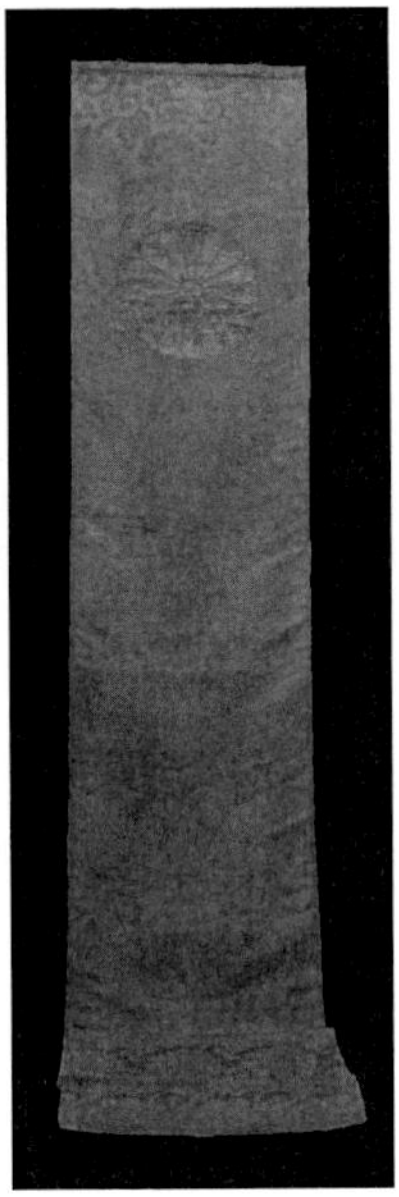
新政府軍に加わった佐土原藩主・島津忠寛が下賜された「錦の御旗」（宮崎県総合博物館所蔵）

前日に新政府側が淀藩に対して、中立あるいは旧幕軍を城内に入れぬよう強要し、5日に錦旗を登場させた。譜代大名の稲葉正邦は江戸詰の老中を務め、徳川に忠誠を尽くしていたが、淀城の家臣らは苦渋の決断を下した。「官軍に属す」

大坂城から脱出する徳川慶喜らを描いた錦絵「徳川治蹟年間記事　十五代徳川慶喜公」（大阪城天守閣所蔵）

淀藩の裏切りで、さらなる撤退を余儀なくされた旧幕軍は6日、大坂までの最後の要所として八幡、橋本に陣取った。新政府軍とにらみ合うさなか、午後になり突如、淀川の対岸に陣取る〝味方〟の津藩が旧幕軍に向けて砲撃を仕掛けた。動揺につけ込み新政府軍も進撃し、大勢は決した。

新政府は津藩にも勅使を送り、帰順を迫っていた。賊軍の汚名は避けたいとする心情を巧みに利用した工作は功を奏した。両藩の寝返りは旧幕軍の瓦解《がかい》につながり、勝利をたぐり寄せた。

◇　◇

「たとい千騎戦没して一騎となるといえども退くべからず、汝《なんじ》らよろしく奮発して力を尽くすべし」。慶喜は5日、大坂城で熱のこもった演説をした。旧幕側は不利な立場に陥りつつあったが、決意を示して将兵らを奮い立たせた。

6日の大敗で旧幕軍は大坂城に撤退を余儀なくされるも、兵はまだ5千近くに上った。拠点は難攻不落の名城で、慶喜自ら出陣すれば形勢挽回の見込みは十分あり、家臣は徹底抗戦を信じて疑わなかった。

ところが、信じられないことが起こった。同日深夜、慶喜は会津・松平容保、桑名・松平定敬ら一部の重臣を連れて大坂城を脱出。大坂湾に小舟でこぎ出して米軍艦で一夜を過ごし、翌朝軍艦・開陽丸に乗り江戸に帰ったのだった。

桑名藩士が「天魔の所為」と日記に記すほど、慶喜の敵前逃亡は味方から強く反感を買った。東京大学史料編纂所の保谷徹教授＝日本軍事史＝は「慶喜は軍人ではなく、あくまでも朝廷という昔ながらの権威に縛られ続けた〝政治家〟だった」と分析する。

両軍合わせて約400人の死者を出した「一進一退」の初戦は、あっけない幕切れとなった。

■3・軍隊／組織改革迫る一大契機

♪　宮さん宮さん、お馬の前に　ひらひらするのはなんじゃいなー。

笛の音に合わせ、兵のにぎやかな歌声が新政府軍から響いた。〈一天万乗のみかどに手向かいするやつを、トコトンヤレ、トンヤレナ、狙い外さず、どんどん撃ち出す薩長士、トコトンヤレ、トンヤレナ〉。行軍中や陣中でも頻繁に口ずさみ、「トコトンヤレ節」(宮さん宮さん)として流行した。

自分たちは天皇の軍隊(官軍)であり、敵対する相手は倒せ、と気勢を上げるこの詞は「錦の御旗」製作にも関わった長州藩士、品川弥二郎が作ったとされ、6番まであった。慶応4(1868)年初頭から歌われ、民衆に親しまれた。

錦旗や軍歌に限らず、新政府軍は「官軍」という特別な存在を誇示するため、さまざまな手段を講じていった。鳥羽・伏見の戦いをはじめ、各地での戦死者を「殉国者」として慰霊する「招魂祭」を開いた。天皇親征に合わせて「軍神祭」を実施、兵に忠誠を誓わせる機会も設けた。藩政時代と異なり、天皇を頂点に据えた明治以降の軍隊の基礎がつくられていった。

◇　◇

戊辰戦争では、新政府軍そして旧幕府軍の双方において、急速な軍隊編成の洋式化が進められた。

大きく変わったのが、西洋では一般的になっていたライフル銃の普及だ。既存の小銃の有効射程が50〜100メートルだったのに対して、弾丸を回転させて放つことにより飛躍的に射程と精度を上げたライフル銃は、400～500メートル《メートル》を誇った。

武器の進化は軍隊編成に大きな変化をもたらし、最新鋭の銃を装備した歩兵隊を中心とする洋式が主流となった。新政府軍の主力を担う薩長両軍は、それぞれに圧倒的な武力を誇る列強国との戦争を経験し、早くから洋式軍制の採用に積極的だった。最新鋭の武器購入に加え、散兵戦術の採用など洋式調練にも努めた。

旧幕軍は、旧式武器を使用していたから敗れたとの見方もあるが、必ずしもそうは言い切れない。前将軍・徳川慶喜らが主導し、直轄の旗本兵では順次洋式化が進められた。駐日フランス公使ロッシュと近しかった慶喜は、フランス式軍制や訓練、最新装備を施していた。

一方、諸藩で温度差もあり、「洋風御心酔遊ばされ候《そうろう》よう人心疑惑を生じ」と西洋化に反発する意見も寄せられるなどしていた。東京大学史料編纂所の保谷徹教授は「軍全体でみると、洋式化という点で旧幕軍は統一性を欠いた感は否めない」と指摘する。

◇　◇

鳥羽・伏見の戦いが終結して早々、新政府は1月7日、江戸に戻った慶喜の追討令を発した。東征軍が組織され、大総督に任命された有栖川宮熾仁《たるひと》親王が2月15日、江戸に向けて進発した。

戊辰戦争に従軍した薩摩藩士・樺山十兵衛の湿版写真（黎明館所蔵）

5万人に及ぶ東征軍は東海道、東山道、北陸道の3方向から江戸を目指すことになったが、軍費確保が課題となった。財政面で脆弱《ぜいじゃく》な新政府は京坂の豪商らに御用金を募り、旧幕領を接収することで財源の確保を図った。岡山・長州・芸州の3藩には周辺旧幕領の調査を命じた。

一方では混乱もあった。1月14日、新政府は年貢を半分にするという布告「年貢半減令」を通達。だが、財政窮迫で10日ほどのうちに撤回した。官軍先鋒《せんぽう》のお墨付きを得た相楽総三率いる赤報隊は、美濃や飛騨で半減令を掲げた。だが、撤回以降も触れ回ったり、命令違反も繰り返したりしたため、「偽官軍」として処罰される悲劇も起きた。

■4・無血開城／勝・西郷会談、江戸救う

「朝敵徳川慶喜家来、山岡鉄太郎」。新政府軍(東征軍)の陣中に、とどろきわたる声があった。名乗りをあげて堂々と〝敵中〟を通過したのは、旧幕臣の山岡鉄舟(鉄太郎)だ。

260年余りの平穏を保ってきた江戸に、大軍が押し寄せようとしていた。慶喜の追討を目的に東海道など3方面から江戸を目指していた東征軍は総数5万。その江戸城総攻撃が迫るのを受け、山岡は慶応4年3月6日に江戸をたち、急ぎ大総督府下参謀の薩摩藩士・西郷隆盛のもとを目指した。懐には西郷と旧知の勝海舟の手紙をしのばせ、「薩摩藩邸焼き打ち事件」で旧幕方に捕まった薩摩藩士、益満休之助も同行していた。

9日に駿府(静岡)で西郷と対面、主君の慶喜はすでに恭順していると説き、15日予定の攻撃回避を訴えた。そこで西郷は、江戸城明け渡しや武装解除など7条件を飲むよう求めた。山岡は大筋承知するものの、慶喜の身柄を岡山藩に預ける条件は即刻拒否。一方の西郷も「朝命なり」として譲らなかった。激論の中、山岡は「先生(西郷)と余と其の位置を置き換えて」と持ち出し、「主君が同じ処置になったら家臣は必ず決起する」と迫った。西郷もそれを認めて岡山預けを撤回。江戸城攻撃回避に向け周旋することを約束した。

◇　◇

鳥羽・伏見での敗戦後、大坂城を脱出した慶喜は、1月12日から江戸城で評定を開き、旧幕臣らに意見を求めた。すでに7日、新政府から慶喜追討令が出され「朝敵」となっていた。

旧幕内では主戦派と恭順派が対立し、会津や桑名をはじめ譜代大名も主戦論を展開した。慶喜は多くを語らなかったが、恭順姿勢を取り、徳川家存続のために動き出した。

15日には小栗忠順(上野介)ら強硬派を一掃し、新政府側の松平春嶽(前越前藩主)らに朝敵処分解除の助力を仰いだ。手紙で「(追討令は)驚愕《きょうがく》の至り、素《もと》より途中行き違い」もあったとし「甚だ以て心外」と吐露した。

19日には駐日フランス公使ロッシュにまで「いま一度(薩長と)決戦を」と求められたが、慶喜は断った。旧幕内の体制も旗本の勝海舟を陸軍総裁、同じく大久保一翁を会計総裁に任命して一新、譜代大名を要職に就ける慣習も破った。

慶喜は2月11日に旗本・御家人を総登城させ、追討令は「全て予が一身の不束《ふつつか》より生じ候《そうろう》」と語った。翌日に上野の寛永寺に移り謹慎、ひたすら恭順の意を示した。

◇　◇

3月13日までに西郷らが率いる東征軍は江戸に至った。高輪の薩摩藩邸に入った西郷に面会を求めてきたのが旧幕軍の最高責任者になった勝海舟だ。山岡が江戸城攻撃回避の下

西郷隆盛と勝海舟が江戸城開城について会談した薩摩藩邸跡に立つ会見地の碑＝東京・港区

地を築いた上での「会談」だった。

両者の会談は2日にわたって持たれ、先に提示されていた7条件を軸に議論が進んだ。懸案の慶喜の処遇は、出身地の水戸で謹慎させるという勝の提案が受け入れられた。このほか旧幕側に十分配慮した条件の受け入れで落ち着いた。15日の江戸城総攻撃は中止され、〝100万都市〟江戸は戦火を免れた。

後に勝は「官軍に西郷がいなければ、談はとてもまとまらなかった」と回想しており、西郷の判断によるところは大きかった。

一方、薩摩と親しい間柄だった英国公使パークスの攻撃反対もあった。加えて14代将軍家茂の御台所《みだいどころ》(正室)・和宮と島津家から13代将軍家定の正室となった天璋院篤姫の尽力も小さくなかった。「慶喜退隠の歎願《たんがん》、甚だ以て不届き千万」とし、切腹まで主張した強硬派の西郷だったが、矛を収めることを選択した。

西郷南洲顕彰館(鹿児島市)の徳永和喜館長は「敵であろうと相手の主張に誠実に耳を傾

け、自身の考えを変えることのできる西郷だったからこその結果」と話す。

■5・彰義隊掃討／新政府勝利し関東安定

梅雨の雨雲を破るかのように、江戸・上野山に向けて銃砲が鳴り響いた。慶応4年5月15日朝、新政府軍が上野・寛永寺に立てこもった「彰義隊」を壊滅させようと一斉攻撃を開始した（上野戦争）。彰義隊は、新政府を主導する薩長に反感を持つ諸藩の脱藩士や旧旗本・御家人らが続々と加わり、2千人を超す一大勢力となっていた。

3方面から寛永寺を取り囲んだ新政府軍は、正面の黒門口に薩摩や鳥取など兵400を置き、背面・側面と3手に分かれて諸藩の兵を配置し攻撃準備を整えた。

指揮するのは長州藩に洋式軍制を持ち込み、第2次長州征討で名声を得ていた洋学者・大村益次郎だった。アームストロング砲など最新鋭の武器も持ち込まれ、黒門口の攻撃を皮切りに集中砲火を浴びせた。

昼ごろから次第に新政府軍の火力が圧倒。彰義隊は統一的な軍事訓練も受けておらず、黒門が破られると総崩れし、戦いはわずか一日で決した。周辺で市街戦も行われ、多くの

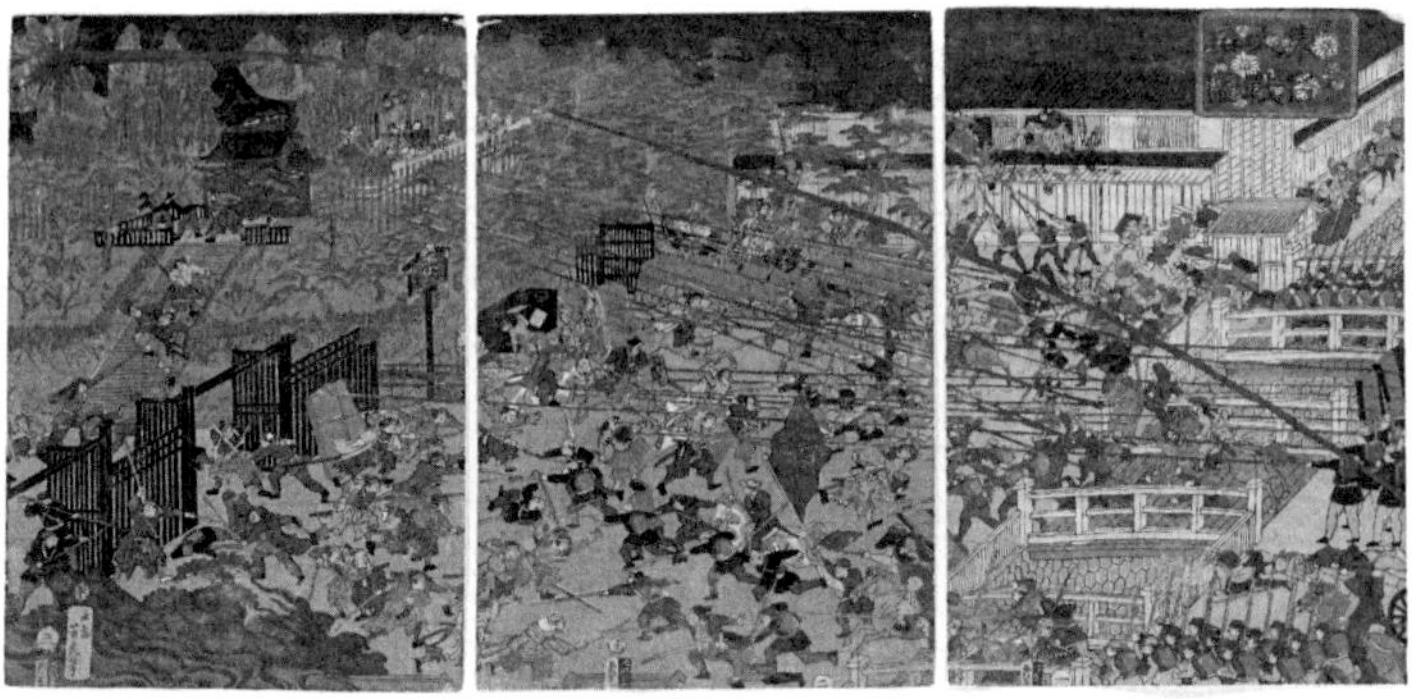

上野戦争を描いた「東台大戦争図」（国立国会図書館ＨＰから転載）

民衆が焼け出されるなど、大きな爪跡を残した。

◇　◇

彰義隊は、朝敵とされた前将軍・徳川慶喜の「冤罪《えんざい》」をすすごうと旧幕臣や慶喜の出身である一橋家の家臣らを中心に2月、江戸で結成された。名称は「大義を彰《あきら》かにする」に由来した。江戸市中の警備を一時的に任されていたこともあって隊士らが増長。江戸に乗り込んできた薩長の兵らと、街中でたびたび衝突した。

恭順を示して寛永寺に謹慎していた慶喜をよそに、護衛を名目として上野一帯に集結し、慶喜が水戸に退居した後も輪王寺宮公現親王（寛永寺貫主・孝明天皇の義弟）を擁して居座った。次第に過激さを増し、新政府も見過ごせぬ存在になった。

「実に赦《ゆる》すべからずの国賊なり」。新政府軍の大総督・有栖川宮熾仁《たるひと》親王は意を決し、彰義隊掃討を命じて上野戦争は始まった。

◇　◇

これに先立つ3月1日、近藤勇や土方歳三ら新選組の面々が結成した「甲陽鎮撫隊」は、甲州方面に進軍。甲府城（山梨県）に陣取っていた、土佐・板垣退助率いる新政府軍にあっけなく敗れた。近藤は再起を図るも、下総の流山で捕まり最終的に斬首された。

西郷隆盛と勝海舟の会談で江戸総攻撃が中止となり、城が新政府軍に明け渡されたのは4月11日だった。その日の朝、寛永寺に謹慎していた慶喜も水戸に出発し、２６０年続いた徳川の世が〝終焉《しゅうえん》〟となった。

この時、江戸開城を良しとしない幕臣らの脱走が相次いだ。旧幕側の武装解除が約束されていたにもかかわらず、海軍副総裁の榎本武揚は、開陽丸など旧幕府艦隊を引き連れて北を目指した。

上野戦争で新政府軍を指揮した大村益次郎（国立国会図書館ＨＰから転載）

徹底抗戦を辞さぬ歩兵奉行の大鳥圭介も、一説には兵2千人を伴い下総国府台（千葉県）に逃げた。徳川家康をまつる日光を目指し、19日に新政府の東山道軍と衝突した。一時は宇都宮城（栃木県）を占拠するなど相手を苦しめたが、会津に落ち延びた。

このほか福田道直率いる「撤兵隊」が船橋（千葉県）で官軍と激突するなど、関東一円で旧幕勢力の抵抗は続いた。新政府による関東支配は機能せず、権威失墜の危機にさらされた。

上野戦争は、関東で最も大きな抵抗勢力とみられていた彰義隊があっさり敗れたことで、江戸市中における治安の安定、そして新政府の威信回復につながった。京坂における鳥羽・伏見の戦いの後、慶喜追討令を受けて東海道、東山道、北陸道の3方向から江戸を目指した東征軍の役割も一区切りがついた。

■6・江戸庶民／新政府軍へ恐れや怒り

怒った顔付きの子どもたちが大きな屋敷に上がり込もうと、邸内で柔和な表情を浮かべる女性らと向かい合う。薩摩（鹿児島）を表す籠目《かごめ》模様の和服を着た男児が、手を引く幼子に「おい、ぼちゃんの内へ（ぼっちゃんのおうちへ）お上がりな」と促す。幼子の袖からは金魚が垂れていた。

慶応4年閏《うるう》4月中旬ごろ、江戸で流行したとみられる風刺画「子供遊端午の氣生」だ。この時期は江戸城開城の直後にあたり、絵右側の子ども（新政府側）が、左側に描かれる女性や

新政府（右側）と旧幕府勢力（左側）との対立を描いた風刺画「子供遊端午の氣生」（町田市立博物館所蔵）

幼子（旧幕府側）に屋敷（江戸城）の明け渡しを求める「見立て子供遊び絵」だった。

　登場人物が各藩などを表しており、衣装から判別できる。新政府軍の先頭で最も偉そうなのが薩長で、両者の間に手を引かれる幼子が天皇、金魚はその印だ。構図や表情からそれぞれの立場もうかがえ、邸内の女性は旧幕内を取り仕切る天璋院、後ろには前将軍・徳川慶喜が控え、奥の屋敷外には悔しそうな会津が描かれた。

　命令口調で指示される、幼子の頭に籠目模様の烏帽子《えぼし》がかぶされている絵柄は、天皇が薩摩の〝操り人形〟に映っていたことを揶揄《やゆ》している。

◇　◇

「都から錦の小切《こぎれ》売りに来て　きせんとまりてふとんかかせかせ」「日月の旗は西より下れとも　誠の月日東から出る」。いずれも江戸に新政府軍が押し寄せる前後から、市中で詠まれた狂歌だった。

一首目は、江戸に進駐する官軍が貴賤《きせん》問わず、各藩邸や宿所で寝泊まりするために、官軍印の錦切れをつけながら、布団をはじめ生活用具を強制的に借りていく行為を皮肉った。次の歌は、日輪や月輪の描かれた錦旗は西(京都)からやって来たものの、〝本物〟の月日は東(東照大権現・徳川家康)から上がると主張した。いずれも新政府軍を批判しており、庶民にとって江戸の日常を破壊される恐れが見え隠れする。

中でも新政府を主導する薩摩への怒りは相当なものだった。前年10月ごろから薩摩の指示で頻発した浪士らによる強盗、放火などの無法行為は不評を買った。さらに庶民が参詣、行楽地として愛着を持っていた上野の山を、彰義隊との戦いとはいえ焦土にしたことも反発を招いた。

反対に、旧幕勢力の会津や庄内などの人気は高かった。会津名産の蝋燭《ろうそく》にかけて、「月星(長州藩のこと)にまけず輝く会津蝋」といった句が詠まれた。市中警護に当たっていた庄内藩も評価されていた。

◇　◇

「薩長の兵隊通行度ごとには、老若男女路頭に出て、手を合わせて拝をなし、ありがたし、ありがたしと申す声のみ」。鳥羽・伏見の激戦も終盤に差し掛かったころ、西郷隆盛は京坂の状況をこう伝えていた。多少の誇張もあったろうが、新政府が好意的に受け止められていたことが分かる。

だが、地域によっては評価が分かれ、〝将軍のお膝元〟だった江戸では大きく異なった。町奉行が出す「町触」には政治情勢も掲載されるようになり、2月下旬からは市民向けの「中外新聞」なども刊行、さまざまな情報が伝わった。生活に〝災い〟をもたらす新政府を皮肉る風刺画や狂歌は、庶民に喜ばれ大流行した。

その後、上野戦争を経て新政府による江戸統治が安定し始めた6月初め、中外新聞などの新聞が発禁処分となった。「近代的な言論統制」の始まりだが、風刺画や狂歌などの風刺文芸は、監視の目をかいくぐりながらしばらく続いた。

跡見学園女子大学名誉教授の奈倉哲三さん＝日本思想史＝は「戊辰戦争という大きな変革期に、庶民は冷静に権力者を見据え、相当な政治意識を持つようになった」とみる。

■7・奥羽越同盟／「根本」会津、孤立し陥落

鳥羽・伏見の戦いを経て「朝敵」となった会津藩・松平容保を討つべく迫った新政府軍に対抗して慶応4年閏《うるう》4月11日、会津進攻回避に向けた嘆願書が作成され、仙台、米沢など14藩が衆議一決、署名した（白石会議）。

新政府は1月17日、奥羽地方にある仙台や米沢藩に対して会津追討令を発していた。会津では新政府を〝誘導〟した薩長を「姦賊《かんぞく》」と見なした上で、国元に攻め込んできた場合は「死力を尽くして之を撃退」すると「武備恭順」の方針を明確にした。

2月、新政府は左大臣・九条道孝を奥羽鎮撫《ちんぶ》総督に任命。総督府を仙台に置き、本格的に奥羽平定に乗り出した。中でも参謀の世良修蔵（長州）、大山綱良（薩摩）は会津への強硬路線に執着し、追討令を受けていた仙台はやむを得ず3月下旬に会津境に出兵した。

だが、東北では隣国との戦を望む藩は皆無で、むしろ前将軍・徳川慶喜の代わりに矢面に立たされた会津に同情的だった。また戦火が広がり、自藩が存続の危機にさらされるのは避けたかった。仙台・米沢が停戦工作を進め、徳川家中心の新たな「公議政体」確立を目指す動きさえあった。会津の赦免を求める嘆願書は、こうして総督府へ提出された。

◇　◇

落城した会津若松城（会津若松市所蔵）

事件は起こった。閏4月20日のこと、会津討伐強行を唱えていた参謀の世良修蔵が、仙台と福島の両藩士に襲撃され、斬首された。

原因は世良の密書だった。「会津を許す嘆願を認めては2、3年のうちに朝廷に良からぬ事態となる」と指摘し、「奥羽皆敵」と記してあった。この密書が仙台藩士らの手に渡り、世良は敵意を一身に集めたのだった。

奥羽諸藩が提出した嘆願書は、事件の起こる直前の17日に却下されていた。新政府方針を忠実に守ろうとした世良の意向を反映しており、ことに奥羽諸藩には、禁門の変など幕末の京都で長州を散々苦しめた会津や新選組に対する世良の「私怨《しえん》」と映った。

世良暗殺の報は各地に伝わり「満座人みな万歳を唱え」たという。関東一円でも旧幕勢力が抵抗を続けており、反薩長の動きは頂点に達した。有事の際の各藩救援を約した「奥羽越列藩同盟」が５月に成立。最終的に32藩が加わり、東北諸藩と新政府軍が各地で矛を交える事態となった。

◇　◇

「城が落ちでまった」――。会津若松城下を見渡す飯盛山で「白虎隊」の隊士らは激しい砲撃にさらされて城周辺に上がる炎と煙を目にし、落城と誤認した。「潔く死を選ばん」と16、17歳の少年兵19人が自刃して果てた。

新政府軍は８月20日、約２千の兵で会津隣国の二本松から攻め入り、白虎隊などの抵抗を受けたが３日後には会津城下に達した。会津軍は藩境に多くの精兵を割いており、城下は手薄だった。新政府の進軍速度を読み誤った結果、籠城策を取らざるを得なかった。

敵が迫る中、屋敷内で戦況を見守っていた会津藩家老・西郷頼母《たのも》の妻は意を決した。「徒《いたずら》に生を偸《ぬす》みて恥を残すことなかれ」と言い、子女らを手に掛け自らも命を絶った。「足手まといになるまい」との教えが浸透していた城下では、病気の者や女性、子ら多くの民が自刃するなど、数々の悲劇があった。

「会津は根本なり、仙台、米沢の如きは枝葉なり」。会津攻めを統率する参謀・板垣退助はそう考えていた。上野戦争（５月15日）以降、関東は安定し、新政府は奥州戦線に兵を投入、戦いを優位に進めた。東北諸藩は次々と降伏し、会津は孤立。籠城はひと月に及んだが、

9月22日、先に恭順した米沢藩の周旋を受け入れて白旗を掲げ、会津城が陥落した。

■8・北越東北戦線／長岡奮戦、庄内下り収束

越後・長岡藩に攻め込んだ新政府軍の前に、「バリバリッ」という轟音《ごうおん》が鳴り響いた。6～8本の銃を束ねたような形で、弾丸を連射する最新鋭のガトリング砲だ。最新兵器を備えた薩長の兵でさえ、見たこともない代物だった。

長岡藩を指揮する家老・河井継之助《かわいつぎのすけ》は開明的な人物で、難局に備え欧州から兵器を導入。5月に戦端が開かれるや、ガトリング砲など用いてわずかな兵で大軍と互角に渡り合い、一度は長岡城を奪われるも7月25日には奪還した。

当初、河井は戦う気がなかった。黒田清隆(薩摩)と山県有朋《やまがたありとも》(長州)が参謀を務める北陸道鎮撫総督軍が日本海側を北上、長岡に迫った。新政府側に付くか、否かの交渉は河井に託された。長岡には会津と桑名が支援目的で出兵していたが、河井は前将軍・徳川慶喜が恭順謹慎しており、臣下もならうのが道理と主張。中立の立場を鮮明にした。

5月2日に河井は嘆願書を持って交渉に臨んだが、官軍軍監・岩村精一郎(土佐)に真意

が伝わらず決裂した。「戦わざるを得ない」。長岡藩は北越5藩とともに、奥羽列藩同盟に加わった。官軍自ら無用な敵を作って苦戦した。のちに品川弥二郎(長州)は「なぜ黒田や山県が河井に会わなかったのか。小僧(岩村のこと)を出したのが誤りじゃ」と嘆いたという。

長岡は7月末まで奮戦したが、物量に勝る新政府軍に押し切られた。河井も負傷した傷がもとで会津に落ち延びる途中で命を落とし、独自色を打ちだした長岡の戦いは終わった。

◇　◇

「奥羽越列藩同盟」は結果的には東北の地域連合として結成されたが、名目としては「天下之公議」に訴えて新政府との戦闘を避けようと、全国の有力諸藩にも連携協力を求めた。上野戦争後、会津に落ち延びた輪王寺宮公現親王が6月、同盟盟主に就いた際は「御深意、奥羽諸民まで布告、且西国までも達」することを確認した。薩長の離間工作や列強国への支援要請も展開し、奥羽を訪れる諸藩士にも協力を求めた。

特に肥後藩の動きは見逃せない。肥後は奥羽の諸藩と共に、王政復古の政変を批判する建白書を新政府に提出した。閏《うるう》4月下旬から奥羽探索にきた肥後藩士は同盟結成の動きを「義挙」と受け止め、状況によっては「肥後も出兵すべし」と結論づけた(実行されなかった)。

新政府側は多くの兵を東北戦線に投入することで戦局を優位に進め、同盟を構成する小藩が「寝返り」始めた。9月4日に米沢藩、15日に仙台藩が相次いで降伏した。

河井継之助

宮城県公文書館公文書等専門調査員の栗原伸一郎さんは「同盟は多様な価値観のもとで結成され、時期によって組織の性格が変化した。各藩の対応にも温度差があり、瓦解《がかい》が早まる一因にもなった」とみる。

◇　◇

会津と並んで「朝敵」とされたのは出羽・庄内藩だった。慶応3（1867）年暮れ、江戸市中警備の任から「薩摩藩邸焼き打ち事件」を起こし、譜代大名として徳川への忠誠も強かった。旧幕府から寒河江《さがえ》・柴橋代官支配地（出羽内陸部）の管理が任されていたが、3月末に前年分の年貢米を接収したところ前後して新政府が旧幕領没収を布告。一連の行動が問題視された。

追討令が発せられ、隣国の新庄藩士を含む新政府軍が4月23日に庄内藩領に進攻した。官軍側の参謀は、薩摩藩の大山綱良だった。庄内軍は善戦を見せた。農兵や町兵を加え、豪商の協力も得て最新鋭の武器を購入、装備していた。新政府側を圧倒し、逆に天童まで攻め込んだ。

7月4日に秋田藩が同盟を離脱、庄内藩は14日に新庄城下に攻め込み城を奪取した。勝利を続けて北上し、8月18日には秋田城までわずか5キロの地点にまで迫った。だが、局地的な戦いで勝利するものの、9月に入ると同盟の崩壊が決定的となった。会津が降伏した翌日の23日、「一度も負けず」に新政府の軍門に下った。庄内の降伏で北越東北戦線は収束に向かった。

9・箱館戦争／榎本降伏し戦乱が終局

新選組の元副長・土方歳三は刀を銃に持ち替え、フランス式の軍服をまとって最前線に立っていた。蝦夷《えぞ》(北海道)箱館の五稜郭《ごりょうかく》。改元されて年も改まった明治2(1869)年5月、新政府軍は、土方ら旧幕軍を追い詰め、五稜郭へ総攻撃を開始した。

新政府軍参謀は黒田清隆(薩摩)。早朝から箱館湾奥まで軍艦を進め、陸上の敵に砲弾の雨を浴びせた。数に勝る陸上部隊もじわじわと迫った。一方、土方は五稜郭につながる一本木関門に駆け付け、「吾《わ》れこの柵に在《あ》りて退く者は斬らん」と味方を叱咤《しった》激励した。直後、銃弾が土方の腹部を打ち抜いた。致命傷だった。前年1月の鳥羽・伏見の戦いから、幾多の戦場を疾走してきた猛将はここに落命した。

土方は、最期を予感していたのかもしれない。この戦いの直前、小姓に写真を持たせて海路落ち延びさせた。この写真こそ、彼のだて男ぶりを伝える洋装、ざんぎり頭の肖像写真だ。辞世は「よしや身は蝦夷とふ島辺に朽ちぬとも　魂は東の君やまもらむ」(他説もある)。遠く蝦夷の地で朽ち果てようとも、魂は徳川家を守り続けるとの思いが詠まれていた。

◇　◇

旧幕内で海軍副総裁を務めていた榎本武揚は、新政府に下るのを良しとせず、慶応4(1868)年4月の江戸城明け渡しの際、幕艦「開陽丸」に乗り込み江戸を脱出した。勝海舟は西郷隆盛に軍艦も引き渡す約束をしていたが、榎本は旧式の4隻だけを引き渡し、艦隊主力を引き連れて北上。その後、奥羽越列藩同盟の支援などに回り、同盟側の敗色が決定的となった10月12日、奥州各地の将兵を艦隊に乗せ、蝦夷へ向かった。当時、「脱走」と呼ばれた。

総勢約2500人に上った「脱走」軍一行は、20日に箱館から40キロほど離れた鷲ノ木に上陸。新政府が蝦夷統治のために設置していた箱館府に迫り、府庁が置かれていた五稜郭を26日までに占領した。さらに松前城下にも侵攻し、瞬く間に平定に成功した。

12月15日、軍士官による選挙が実施され、榎本が総裁に選ばれた。ここに「榎本政権」が誕生。副総裁に松平太郎、陸軍奉行に大鳥圭介、同奉行並に土方らが選ばれた。フランスの軍人ブリュネらも同行しており、英仏軍艦の艦長に「事実上の政権」と認めさせるなど外交的な策も取っていた。

　榎本は12月初旬、新政府に嘆願書を送付。頭目がいないのを理由に「徳川血統の者一人御撰任」してほしいと願った。要望が認めてもらえれば、蝦夷地開拓や列強国からの北門警備にあたり「皇国の為」に尽くすことを訴えた。

降伏調印に臨む新政府軍兵士。薩摩藩英国留学生の一人の村橋久成（前列右端）も確認できる

箱館戦争図（ともに市立函館博物館所蔵）

　市立函館博物館の保科智治学芸員は「『蝦夷共和国』とも呼ばれた榎本政権だが、独立国家建設や反政府を企図していたわけではなかった」と語る。

　だが、新政府は許さず、翌年3月雪解けを

待って排除に本腰を入れた。

◇　◇

すでに全国の諸藩が新政府に恭順姿勢を示し、抵抗していたのは唯一、榎本らだけだった。4月9日、江差方面に上陸した新政府軍は瞬く間に各地を制圧し、陸海の両方面から箱館に迫った。

五稜郭に立てこもる榎本軍に対して新政府軍は5月11日総攻撃をかけ、ほぼ壊滅状態に追い込んだ。そこで、13日に官軍参謀の黒田は榎本へ降伏を勧告。榎本は徹底抗戦の強い意志を示したが、追伸もあった。オランダ留学で持ち帰った「万国海律全書」だけは戦火で失うのは惜しいと、黒田に託したのだった。

その行為に感じ入った黒田も「長々の御在陣、如何《いか》にも御苦労に存じ候《そうろう》」として酒樽《さかだる》五つを敵陣に送った。榎本は周囲の説得を受け入れ、18日朝降伏した。

京坂から関東、東北を経て蝦夷にまで戦線が延びた1年半にわたる「戊辰戦争」は、ついに終局した。

■10・戦後処分／庄内と会津に大きな差

鹿児島市武2丁目の西郷武屋敷跡に、2体の銅像が向かい合って鎮座している。一人は言わずと知れた西郷隆盛で、もう一人は元庄内藩家老の菅実秀《すげさねひで》だ。「徳の交わり」とも呼ばれる二人の親交は、戊辰戦争がきっかけだった。

庄内藩は、東北戦線で新政府軍に最後まで抵抗した。周辺諸藩の降伏が相次ぐ中、慶応から改元されたばかりの明治元（1868）年9月下旬、恭順の意を示した。

「薩摩藩邸焼き打ち事件」（慶応3年12月）では、庄内が主となって、浪士を率いた益満休之助、伊牟田尚平ら薩摩藩士を追い詰め、藩邸を砲撃した。こういった経緯から、庄内側一同は厳しい処分を覚悟していた。

新政府軍の参謀・黒田清隆（薩摩）は降伏にあたって庄内藩主・酒井忠篤以下、藩首脳が居並ぶ上座から勅命を言い渡した。だが、黒田はすぐさま下座に戻り、非礼をわびた。城の明け渡しと武器弾薬の没収、国境の兵撤退だけという寛大処置となった。

後日、家老の菅が黒田に感謝を述べたところ「全ては西郷（隆盛）先生の指示」と答えたという。感銘した藩主・忠篤は明治3年11月、家臣78人を引き連れて鹿児島の西郷を訪問。菅自身も教えを請い、親交を温めた。

西南戦争後のこと。亡くなった西郷の罪が晴れたことを受けて、菅らは動き出した。「翁(西郷)の盛徳そして大業を世に知らしめん」。明治23(1890)年、西郷の言行をまとめた「西郷南洲翁遺訓」として刊行した。

◇　◇

本州最北端の下北半島。死んだ犬の肉を食べられずにいる少年に向かって、父親が叱りつけた。「会津の武士ども餓死《がし》して果てたるよと、薩長の下郎どもに笑わるるは、のちの世までの恥辱なり。ここは戦場なるぞ」。会津武士の気概を示した一言だ。

戊辰戦争の敗戦処理にあたり、庄内藩に比して厳しい処分を受けたのが会津藩だ。一度は藩取りつぶしの憂き目に遭い、明治2年に再興を許されたが、極寒の下北半島・斗南《となみ》に転封(斗南藩)された。

石高は23万石から3万石となった。半年間は雪に覆われる痩せ地で、実収は7千石程度。全ての藩士をまかなうことができず、藩士らは斗南周辺に点在したり、東京や北海道に移ったりと離ればなれに苦難の道を歩むこととなった。日々、飢えと寒さをしのぐ苦しい生活が続いた。栄養失調でやせ衰える人が続出するなど厳しい環境にさらされたが、会津の誇りを失うことはなかった。

〝敗戦〟した諸藩に次々と処分が行われ、会津以上に石高を減らされたのが仙台藩。上総・

西郷隆盛（右）と菅実秀の交流を紹介する座像「徳の交わり」＝鹿児島市武2丁目

請西《じょうざい》藩にいたっては唯一の取りつぶしとなった。その一方、薩長を筆頭に、岡山や水戸など新政府軍に参軍した諸藩には俸禄《ほうろく》が与えられた。

◇　◇

約1年半にわたった戊辰戦争は、新政府側、旧幕府側それぞれに多くの兵が動員された。一説には、190家余りの諸藩が参加したとされる新政府軍は戦闘機会のなかった部隊もあるものの、総勢約12万人が従軍。対して旧幕府軍は延べ5万人とも言われた。

戦死者の数も新政府側が3750人を超え、主力として最前線に投入された薩長の両藩が最も多かった。薩摩関係では、西郷の弟・吉二郎や英国留学生の東郷愛之進らが命を落とした。一方の旧幕府軍は4700人近くに上り、会津が2500人と極めて多い。これに刑死者や暗殺などの犠牲者を含めると、両軍合計で死者数は1万3千を超すといった分析もある。国内最大規模の内戦だった。

一連の戦いは、軍隊編成や天皇観、民衆意識など各分野でさまざまな変化をもたらした。東京大学史料編纂所の保谷徹教授は「明治という時代が、将軍ではなく天皇を頂点とした新たな政権によって運営されていくことを、国内外に知らしめた。結果的に近代国家の礎を築く戦いとなった」と分析する。

第2部　万国への扉　外交黎明期

序

新政府は、西洋列強と対等に向き合う「万国対峙《たいじ》」を目標に掲げた。その一歩は、正当政府として外国から承認を取り付け、外国勢力を追い払う「攘夷《じょうい》」意識を払拭《ふっしょく》することから始まった。外交制度整備はもとより、先進諸国の文物調査・視察など近代化を図り、幕末に諸外国と結んだ不平等条約改正へ向けて模索した。薩摩藩出身者も深く携わった黎明期外交をたどる。

■衝突事件続発／新政府、国際法に則り対処

「下がれ、下がれ」――。慶応4（1868）年1月11日昼すぎ、岡山備前藩兵隊列は、先頭の掛け声とともに神戸村（兵庫県神戸市）を進んでいた。西宮へ警備に出向く途中、村人は土下座したが、外国人は物珍しげに見物していた。その態度を不遜とみて、備前兵は敵意をあらわにした。

事件は外国人の居住や貿易が認められた居留地近くの三宮神社前で起こった。仏人兵が制止を振り切り、隊列を横切ったのだ。見とがめた藩兵がやりで一撃、仏兵側が短銃で応

戦の構えを見せたのを機に一斉に銃撃戦が始まった。領事館に逃げる外国人を追って射撃が続いた。その後「神戸事件」と呼ばれた。

神戸港の各国軍艦の警備兵が続々上陸、戦闘が起こったが、双方に死者は出なかった。だが、激怒した駐日英国公使ハリー・パークス主導で列強国は日本船６隻を拿捕《だほ》、居留地一帯を占領下に置く強硬策に出た。「日本全体に重大な紛争を引き起こすかもしれない」との声明で、開戦すらにおわせた。

◇　◇

鳥羽・伏見の戦いが終わってわずか５日後、新政府にとって初の外交問題だった。戊辰戦争緒戦に勝利し、前将軍・徳川慶喜追討令を発したとはいえ、旧幕府勢力はいまだ恭順しておらず、諸藩の動向も不透明な情勢。国を二分する状況で、対外紛争をしている場合ではなかった。

外交を扱う「外国事務掛《がかり》」が１月９日、設置されたばかりだった。参与の東久世通禧《みちとみ》、岩下方平（薩摩藩）らが任じられた。早速、大坂に飛んだ岩下は11日の事件当夜、寺島宗則、五代友厚ら薩摩の主要藩士と対応を協議した。同藩外交顧問のフランス貴族モンブランも加わった。

鹿児島県史料に残る結果概要はこうだ。「万国公法では先に手を出した方に非があるので、備前藩から発砲したのなら、下手人と賠償金を出さなければならない。備前が承知しなければ、朝命で処罰すればよい。そうすれば外国人も公平な処置に感銘を受け、日本のためにもなるだろう」

決めたのは「異情に通じ候方々《そうろうかたがた》」だった。鹿児島純心女子大名誉教授の犬塚孝明さん（近代日本政治外交史）は著書で「岩下、寺島、五代の面々であり、モンブランが意見を付け加えた」とみる（「幕末　独立を守った〝現実外交〟」）。

3人は幕末に渡欧、英国をはじめ各国との外交交渉を経験していた。当時の世界レベルでの現場を踏んだ寺島らは、西洋の価値観に基づく近代国際法を指す「万国公法」に通じていた。

◇　◇

全権を委ねられた東久世は1月15日、神戸運上所（税関）で英米仏など列強6カ国代表と会見した。諸外国との初の公式折衝で、天皇親政と幕府の結んだ条約の継承が通告された。

岩下、寺島、吉井友実のほか海外経験のあった伊藤博文（長州藩）らが列席した。寺島は事件翌日に外国事務取調掛《とりしらべがかり》を任され、早々に英国領事館を訪問。パークスや書記官アーネスト・サトウに新政府の外交や対応方針を伝えた。

「文明国の所業とは思えない」と詰め寄る諸外国代表に、東久世は「万国公法に則《のっと》り、天

神戸事件発生地の石碑。三宮神社の境内に立つ＝神戸市中央区

皇の責任で処置に当たる」と明言。責任を認め、外国人の生命・財産保護、備前藩の処罰を約束した。先の在坂薩摩藩士の方針通りだった。

外国側から「発砲命令者の死罪」を求められ、新政府はもめた。日本の慣習に沿った備前藩の行動を、西洋のルールで裁くことへの不満があった。副総裁の岩倉具視は同藩に「国家のため」などと因果を含めた。伊藤は五代あての書簡で速やかな解決を促しており、五代は相当骨を折ったという。最終的に備前藩は処分を受け入れ、2月9日、命令責任者・瀧善三郎の切腹で解決した。

パークスは、新政府の迅速な対処に統治能力を認め、米国公使も毅然《きぜん》と対処できなかった旧幕府を引き合いに「(新政府は)交際を深めるに値する」と好感した。解決まで1カ月足らず。対処を見誤れば軍事介入の恐れもあったが、危機は去った。薩摩出身者らの経験や現実主義によって国際的承認を得た、近代外交の幕開けとなった。

【俯瞰図】外国の信頼獲得へ厳罰

「神戸事件」の衝撃さめやらぬ間に、根強い攘夷意識による外国人襲撃が相次いだ。「堺事件」は2月15日に起こった。測量で堺港（大阪府）に停泊中の仏軍艦から上陸した水兵20人に、警備していた土佐藩兵が発砲。死者11人、負傷者5人が出た。一説に台場（砲台）偵察を疑わせる行動に藩兵らが反発したことがきっかけという。責任者、箕浦《みのうら》猪之吉が排外思想の持ち主だった上、堺が外国人の上陸通行許可地だったことを知らなかったという背景もあった。

小松帯刀は仏側との交渉、五代友厚が水兵遺体収容や証言者取り調べ、切腹立ち会いなどに駆け回った。新政府は仏側の要求を受け入れ「万国公法」により、箕浦ら11人の切腹など処分を実行。処置は新政府が同法にのっとり西洋諸国に対応する方針に偽りがなく、違反者処罰の力量があることを改めて示し、列強国の信頼を高めたとされる。

駐日英国公使のパークス襲撃事件（縄手事件）は、月

パークス英国公使が襲撃された事件（縄手事件）を報ずるイラストレーテッド・タイムズ（1868年6月13日付、薩摩英国館所蔵）

ハリー・パークス公使

末の30日（旧暦のため２月が30日ある）に発生。天皇拝謁《はいえつ》のため京都御所へ向かうパークス一行が浪士２人に襲われた。護衛の中井弘《ひろむ》（薩摩出身）と後藤象二郎（土佐藩）が応戦、１人を中井が討ち取り、もう１人も取り押さえられた。

パークスは陳謝に訪れた新政府要人に冷静に対応。中井らの勇気をたたえ、浪士の「不名誉な死罪」を求めた。外国人への襲撃を天皇への忠節行為とする間違った考えを国民から払拭する必要性も説いた。新政府はパークスの意向を受け、浪士２人ともさらし首にして信頼回復に努めた。パークスは３月３日に参内、天皇との謁見《えっけん》を果たした。

識者はこう見る／薩摩の経験と人材を柱に

＝神田外語大学日本研究所・町田明広准教授

明治初期の外交は薩摩藩出身者の活躍が目立つ。その背景などについて神田外語大学日本研究所の町田明広准教授に聞いた。

―外交畑を支えた人材について、どう見るか。

「慶応4(1868)年1月、薩摩の岩下方平、町田久成、小松帯刀、寺島宗則、五代友厚は、いずれも参与兼任で外交に取り組む外国事務掛《がかり》を任された。小松以外は幕末、薩摩藩が欧州へ派遣した使節や留学生たち。特に寺島は英外相や外務次官と直接交渉し、英国による幕府への政策に影響を与えた。岩下がパリ万国博覧会で、薩摩藩と幕府が対等な立場であるとアピールした外交戦略も周到だった。寺島らは藩政時代から外交官として活動し、(当時の欧州レベルで)外交の何たるかを知っていた。登用されたのは当然といえる」

「攘夷《じょうい》意識が濃厚に残っていた時代。寺島や五代は上司の小松らの下、外国人が襲われた神戸事件、堺事件など新政府が直面した最初期の外交処理に当たった。彼らは駐日英国公使パークスや書記官アーネスト・サトウを頼り、解決への助言を仰いだ。英国との友好関係による〝薩摩外交〟が新政府の柱になった」

―海外経験はそれほど大きかったのか。

「文久2(1862)年から慶応3(67)年までの幕府と諸藩の海外派遣者数は130人。そのうち薩摩が26人、次が伊藤博文や井上馨らを出した長州の16人。幕府側を除くと、両藩で6割を占める。富国強兵へ向けた政治感覚や対外意識、情報収集能力の高さを物語っている」

「薩摩は海外に開かれ、外交を意識せざるをえない環境にあった。実効支配した琉球王国の存在も大きい。琉球と清の貿易に関与し、情報や文物を手に入れるなど近代外交を先取りするような訓練をしていたと言える」

―薩摩藩留学生の働きは。

「廃藩置県以降、活躍したのは鮫島尚信、森有礼ら渡航時に20歳前後だったメンバー。在外外交官が必要とされた時に白羽の矢が立った。情報の少ない当時、実際に海外を知り、ネットワークもあるのは強みだった。新政府に生かされたのは外交面ばかりでなく、文化、教育、産業、軍事など多岐にわたった」

―旧幕府側の人材はどうか。

「旧幕臣も忘れてはならない。欧米視察に派遣された岩倉使節団（明治４＝１８７１年出発）の構成を見ればよく分かる。使節46人のうち幕臣は14人で３割を占める。１等書記官は田辺太一や福地源一郎ら４人とも旧幕臣。経験と能力をもった彼らに頼らないと国は動かなかった。鉄道、電信といったインフラ移入にも貢献した」

【略歴】まちだ・あきひろ　1962年、長野県生まれ。上智、慶応両大学の文学部卒。佛教大文学研究科博士後期課程修了。著書に「島津久光＝幕末政治の焦点」「グローバル幕末史」など。専門は明治維新史。

1・天皇の公使謁見／「諸国と対等」準備整う

満15歳の明治天皇は、即位の礼など主な朝廷行事がある紫宸殿《ししんでん》に現れた。烏帽子《えぼし》をかぶった引直衣《ひきのうし》姿。駐日外国公使らの敬礼に立ち上がって応えた。眉をそり、ほおに紅、唇は赤く塗り、お歯黒に染めていた。左右に議定の山階《やましな》宮晃親王、参与の岩倉具視らが控えた。「両国の交際が親密を深め、永久不変となることを望む」――。ささやくような声を山階宮が声高に伝え、伊藤博文が通訳した。

慶応4（1868）年2月30日、天皇は外国公使を初めて謁見《えっけん》した。相手は仏・ロッシュ、オランダ・ポルスブルックだった。

同日予定されていた英・パークスは浪士による襲撃事件によって延期され、3月3日に行われた。英公使と同席した書記官ミットフォードらの回想などによれば簡素な大広間。中央に漆塗りの柱で支えられた天蓋《てんがい》があり、模様入りの白い絹の御簾《みす》で覆われていた。

述べた言葉はほぼ同じだったが、パークスには事件への「遺憾」の意と、引見の喜びが加えられた。綿密に段取られた儀礼は15分足らず。ミットフォードは「突然に神殿のベールは引き裂かれ、現人神《あらひとがみ》の少年が雲から降りて来て、人間の子と同じ席に着いた。その尊い顔を人の目に触れさせ、『外夷《がいい》』と親交を結んだ」と記した。

一方、旧幕府と関係が深かったロッシュは「その風貌は、知性の一片の痕跡をも示していない」と評した（石井孝「増訂明治維新の国際的環境」）。

◇　◇

「天皇が外国公使を直接謁見することが必要」。英国公使館書記官アーネスト・サトウは、王政復古直後の慶応3年12月末、参与の大久保利通の意向を受け、大坂を訪れた薩摩藩きっての外国通、寺島宗則にこう助言した。「新政府を諸外国に認めさせるにはどうすればいいか」との質問に対する答えだった（青山忠正「明治維新の言語と史料」）。

サトウの提案を踏まえ、翌年2月7日、松平春嶽、山内容堂、島津忠義ら武家議定6人は連署で、外国人を忌み嫌う風習を改め「（天皇自ら）万国普通之公法を以《も》って参朝をも命ぜられ候様《そうろうよう》、御賛成あらさせられ」と外国公使の参内謁見と、その旨を一般に広く知らせるよう求める建言書を出し、新政府は布告した。

先帝・孝明天皇が文久3（63）年、攘夷《じょうい》祈願のため賀茂社と岩清水八幡宮に行幸するまで

237年間、歴代天皇は京都御所から出たことがなかった。その姿は宮中奥深くにあり、民衆の日常生活には無関係だった。公家が雲上人として祭り上げてきた結果だった。新政府が天皇親政を宣言した以上、「見える天皇」となり、西洋並みに君主たることを示すことを迫られた。

◇　◇

謁見に先立ち、朝廷内では反対論が渦巻いた。

参与だった東久世通禧《みちとみ》の回顧録では当時は公卿《くぎょう》から庶民まで外国人を「禽獣《きんじゅう》半分人間半分」のように考えていて、公使との握手に関して「わが国の臣下にさえ手を握らないのに、天照皇太神宮に申し訳ない」と訴える者もいた。

天皇の祖父の中山忠能《ただやす》は前夜、天皇は侍医の診断で微熱があるとして延期を申し入れた。だが、岩倉は別の医師から「大丈夫」とのお墨付きを得て強行した。

※オランダ公使ポルスブルックの謁見の様子

国際日本文化研究センター（京都市）のジョン・ブリーン教授＝日本近代史＝は「朝廷の反対は、謁見によって天皇が開国和親を掲げる新政府の象徴になるという重要性を熟知していたからだ」と指摘。日本が主権国家になる条件は「万国公法を受け入れ、公法が定める文明国家になることだった。その過程で天皇のあり方も文明化を求められた」と語る。

謁見儀式は欧州の宮廷と近い形で行われた。諸外国による事実上の天皇政府（新政府）承認だった。ミットフォードは「日本は国際礼譲の場へ諸国と対等の条件で入る準備が整った」とその画期性を書きとめた。

2・最初の外交官／慣行を吸収、「足場」築く

「弁務使」に任ぜられた鮫島尚信は、明治3（1870）年閏《うるう》10月5日、海外通の旧幕臣らを従え、横浜から欧州へ向け出帆した。25歳。現在の代理公使に当たり、最初の〝外交官〟となった。新政府にとって最大の課題は、幕府が結んだ不平等条約改正だ。日本は当時、欧米列強に治外法権を認め、関税自主権もなかった。外国に赴き交渉する外交官がどうしても必要だった。

前年7月、外務省が誕生したばかりで薩摩藩出身の国際派・寺島宗則が外務大輔《たゆう》（現在の

次官）として実権を握っていた。鮫島は幕末、長崎の英学塾に学び、薩摩藩英国留学生に選ばれた。その使節として同行した寺島とは旧知。その後渡米した鮫島は明治維新の報を受けて帰国、新政府に出仕した。英語もフランス語も話せる若き後輩に、寺島が白羽の矢を立てたのは当然だった。

鮫島は、日本が初めて外国に提出する信任状を携えていた。最優先の大国・英国ほか仏独の両国宛てだった。「（鮫島は）誠実、高潔なることと、祖国に尽くす熱意と献身とにおいて我が政府の全き信頼を得ているものであり、全幅の信頼を賜りますよう願い上げます」と、日本側の熱意あふれる言葉が記されていた（『鮫島尚信在欧外交書簡録』）。

◇　◇

外国からの要請によらない、日本独自の外交政策は注目された。

米ニューヨーク・タイムズは70年12月16日付で「日本人は西欧に駐在する使節を派遣することを決めた。急速な進歩を遂げている『日出ずる帝国』の使節として選ばれた役人は、鮫島五位（五位は鮫島の位階から）。（中略）日本人代表の任命は、あちらこちらの文明国家で生じつつある日本人に対する敬意の念を増長させようとするところにある」と報じた（『外国新聞に見る日本』）。好意的な内容だった。

しかし、仏国経由で明治3年12月17日、ロンドンに着いた鮫島は、幕末薩摩と近しい関

英国留学時代の鮫島尚信（後列左から2人目）と森有礼（後列右端）＝薩摩藩英国留学生記念館所蔵

係を築いていた英国から外交代表の資格を認められなかった。「わが大英帝国に鮫島のような卑賤《ひせん》の輩《やから》を派遣するとは何事か」。人事を聞いて烈火のごとく怒った駐日英国公使パークスから本国へ、反対する書簡が送られていた（犬塚孝明「ニッポン青春外交官」）。

神田外語大学の町田明広准教授＝明治維新史＝は「日本は国際政治の中で台頭してきた米国との関係を深めつつあった。対日外交で主導権を握ろうとするけん制の意味があったのではないか。英国との友好関係が通じず日本や鮫島は、国際政治の厳しさを思い知らされたろう」と話す。

◇　◇

欧州の外交事務は当初、薩摩藩の外交顧問を務めていた仏人貴族モンブランが任されていた。だが、国際法では日本代表（代理公使）と認められなかった。英国の〝門前払い〟にあった鮫島はその後を継ぎ、明治4（71）年夏に活動拠点の在外公使館をパリに置いた。

凱旋門近くのマルソー街75番地に残る、鮫島尚信が日本公使館を移した建物＝パリ

国際事情に通じた英国人秘書マーシャルを雇い、条約改正の交渉実務、留学生の調査・監督、政府雇いの外国人との契約交渉など精力的に取り組んだ。王族に出す手紙の用紙や許される行数、封印に至るまで慣行や儀礼など一からだった。

人脈を広げて信頼関係を築き、存在感は増していった。日本の近代法整備に貢献した法学者ボアソナード招へいは、成果のほんの一例にすぎなかった。明治6(73)年9月、公使館は凱旋《がいせん》門からほど近い一等地に移った。仏外交界だけでなく、各国大使らとの交際が広がるにつれ、従来の公館は手狭になっていた。

同じころ、鮫島は外交上の基礎知識を日本の若い外交官に伝えるため、外交入門書を英語で書いた。現場で多くの経験を積むことを強調した点に特徴があった。欧米列強の外交がいかなるものかを身をもって教え、黎明期日本の外交の「足場」を築くという、大きな役割を果たした。

■3・〝開明派〟渡米／文化交流、教育視察に力

欧州に一足早く赴任した鮫島尚信に遅れることふた月、明治4（1871）年1月12日、森有礼が米国サンフランシスコ経由でワシントンに到着した。25歳。〝2人目の外交官〟だった。

森は幕末、薩摩藩の洋学校「開成所」に学び、藩派遣の英国留学生に抜てきされた。留学先から鮫島らと渡米、宗教家トマス・ハリスの下で一夏を過ごし、新しい社会制度を目指す教えの影響を強く受けていた。

森の日記によると、新政府の外交官としての出発前、横浜であいさつした駐日公使は「接遇甚だ優し」かった。本国で信任状を受け取った国務長官ハミルトン・フィッシュは「立派で正直な男」と歓迎した。

米紙「ニューヨーク・タイムズ」は、森について「英語に堪能」と評価、政策も「自由に述べる」と、開明派リーダーとして期待をにじませた。

公使館はワシントンに構えた。実務は一からだったが、フィッシュ自ら掲揚する国旗のサイズ、外国間の公用紙の選び方まで伝授するなど厚遇した。英国で外交官として認められなかった鮫島に比べ、順調だった。

◇　◇

森の派遣までには、実は曲折があった。

新政府から出府命令を受けた明治3年9月当時、森は鹿児島の英学塾で教えていた。幕末の渡英以降、英米両国で約3年学んだ森は戊辰戦争の最中に帰国。議事機関「公議所」の議長心得という要職に就き、近代化のために刀を捨てるよう説く「廃刀案」を自ら提案し、猛烈な反発を呼んだ。森の進んだ言動は極端な「洋癖」に映り命を狙われるまでになって辞職。鹿児島に引きこもり、1年ほどがたっていた。

「およそ洋行の都合かと案じ居り申し候《そうろう》」―。上京を求める朝命の内容は詳しく知らされなかったので森は「洋行だろうか」と推測、官を辞して大阪にいた五代友厚へ手紙を送った。

外務省で実権を握っていた外務大輔《たゆう》・寺島宗則は、不平等条約改正など山積する課題を前に人材を求めていたが、森については、くすぶる悪評を懸念し「書記」程度が適任とみていた。それでも岩倉具視が前向きで、大久保利通と事を慎重に運んだ（犬塚孝明「森有礼」）。

森有礼関連年表

明治2年	(1869)	7月	外務省創設、寺島宗則が外務大輔
同3年	(70)	閏10月	森有礼、弁務使に任命。鮫島尚信は欧州出発
		12月	鮫島、ロンドン着も、外交代表と認められず
同4年	(71)	1月	森、ワシントン着。国務長官に信任状提出
		2月	鮫島、パリに移り、同夏に公使館開設
		8月	森、米ワシントンに公使館開設
同5年	(72)	1月	岩倉使節団、ワシントンに到着

鮫島が欧州に出発した閏《うるう》10月、同じ弁務使としてアメリカ駐在を拝命した森は、〝兄貴分〟の五代に宛て「まず気張《きばり》相勤《いそし》む心得にござ候《そうろう》」と決意を記した。

◇　◇

米国での森はフィッシュを仲介に人脈を広げ、政府雇いの米国人招へいや、邦人留学生の世話などに尽くした。

北海道開拓のモデルにするべく、米国人農政家を雇用するため、開拓次官・黒田清隆が訪米した際には農務長官ケプロンを引き合わせた。開拓の基本方針をはじめ、日本初の女子留学生実現にも黒田とともに関わった人物だ。同志社、専修両大学のそれぞれ創設者となる新島襄、目賀田種太郎ら、留学生の教育環境の整備に親身に当たった。

駐米時代とみられる森有礼
（薩摩藩英国留学生記念館所蔵）

文化人との交流や教育機関視察など〝文化外交〟に積極的だった。

日本での紹介を目的に私設秘書と協力、米国文化の案内書をまとめた。暇があれば各地の学校や幼稚園まで視察した。明治4年秋には、留学生仲間で当時大蔵少輔《しょうゆう》だった吉田清成に「基礎トナルモノハ教学之良制ニ如《し》クナキ」と書き送った。米国各界の有識者に宛てて、教育に関する質問状を送り回答を求めたのも同じ頃だ。

鹿児島純心女子大名誉教授の犬塚孝明さんは著書「森有礼」で「教育の普及によって、国民が知的、道徳的に文明化されなければ、国家そのものの独立維持さえ危ぶまれる。そうした危機感が、森を教育制度の調査研究へと駆り立てた」と指摘する。

翌明治5年1月、岩倉を全権大使とする大使節団を迎える大役が待っていた。

■4・岩倉使節団／首脳、留学生ら100人渡米

ドーン、ドーンー。明治4（1871）年11月12日午前、欧米視察に向かう岩倉使節団の一行が蒸気船「アメリカ号」に乗り込んだ。晴れ渡る横浜港の空に祝砲が打ち上がり、船上は使節の大使・副使の随従者や留学生ら総計100人余りでごった返していた。正午にいかりを上げ、アメリカへ出発した（久米邦武「特命全権大使　米欧回覧実記」）。

これに先立つ6日、太政大臣《だじょう》三条実美は、自宅で開いた送別会で「海外各国と並立《ならびた》」つた

めの使節の使命を説き、「行けや海に火輪を転じ、陸に汽車をめぐらし、万里馳駆《ちく》、英名を四方に宣揚し、恙《つつが》なき帰朝を祈る」と格調高く一行を送り出した。

◇　◇

使節団は、右大臣の特命全権大使・岩倉具視を筆頭に大蔵卿・大久保利通、参議・木戸孝允、工部大輔《たゆう》・伊藤博文、外務省少輔・山口尚芳の副使４人と書記官ら46人。薩長を代表する新政府の実力者が顔を並べた。

岩倉が47歳で最年長、大久保は42歳、中心は20～30代だった。米国の大学で学んだ薩摩藩英国留学生の一人、畠山義成は通訳などに急きょ呼ばれ、報告書として久米邦武（肥前藩出身）がまとめた「回覧実記」の記録役を一緒に務めた。

また留学生には、若き団琢磨（三井財閥の指導者）や中江兆民（土佐藩出身、自由民権運動指導者）らもいた。兆民は大久保邸まで押しかけ、是が非でもと直談判した（鹿児島県教育会編「甲東先生逸話」）。北海道開拓使次官・黒田清隆提案による日本初の女子留学生５人もおり、最年少の津田梅子（津田塾大学創設者）はわずか８歳だった。一行は、それぞれ使命感と意欲をたぎらせていた。

◇　◇

当初、派遣計画は「大隈使節団」というべきものだった。新政府の顧問的立場にあった米国人宣教師フルベッキがこの2年前、外国官副知事・大隈重信へ出した建言書がたたき台になった。「西欧諸国を理解するには実際を観察すべき」と西欧視察を強く勧めた。政府内の派閥争いも絡み、大隈が外され、規模や顔ぶれが変わったという。

主な目的は二つあった。翌明治5年5月が、幕末に諸外国と結んだ不平等条約改正交渉の開始期限に当たるため、その予備交渉と各国における制度・文物調査だ。

条約改正は「万国公法(近代国際法)」によらねばならず、新政府は国内法や制度の整備が迫られていた。国内の「近代化」を進めた上で条約改正の話し合いの場に着きたいと交渉の延期を求める予定だった。数年のうちに国内体制を整備するには先進国の制度・文物を早急に取り入れることが必要で、二つはセットと言えた。

廃藩置県の4カ月後、一揆騒動など治安は不安定な上、政府内の摩擦もあるこの時期、首脳が長期間政府を留守にする異例の事態だった。神田外語大学の町田明広准教授は「近代化しないと列強国と対等になれないとの焦りがあり、条約改正も国益にかかわる差し迫った課題。西洋を見ておかないと政府内の主導権を握れないとの意識も、首脳の人数が増えた一因ではないか」とみる。

約2年間に及ぶ視察の一歩は明治4年12月6日、西海岸のサンフランシスコに刻まれた。山脈、海岸に朝日が輝くゴールデンゲート(金門)は「景色ウルワシ」かった。

一行は、5階建てのホテルの広大さ、エレベーターに驚嘆。工場や会社、学校などの視察後、地元の大歓迎ぶりに気をよくしながら、2年半前に開通したばかりの大陸横断鉄道で、東海岸ワシントンを目指した。

岩倉使節団首脳。（左から）木戸孝允、山口尚芳、全権大使の岩倉具視、伊藤博文、大久保利通（国立歴史民俗博物館所蔵）

途中、大雪で3週間も足止めを食い、明治5年の正月はロッキー山脈の山懐、ソルトレークシティーで迎えた。シカゴからワシントンに入ったのは米国に入って1カ月半後の1月21日だった。駐米代理公使の森有礼が、駅で待ち構えていた。

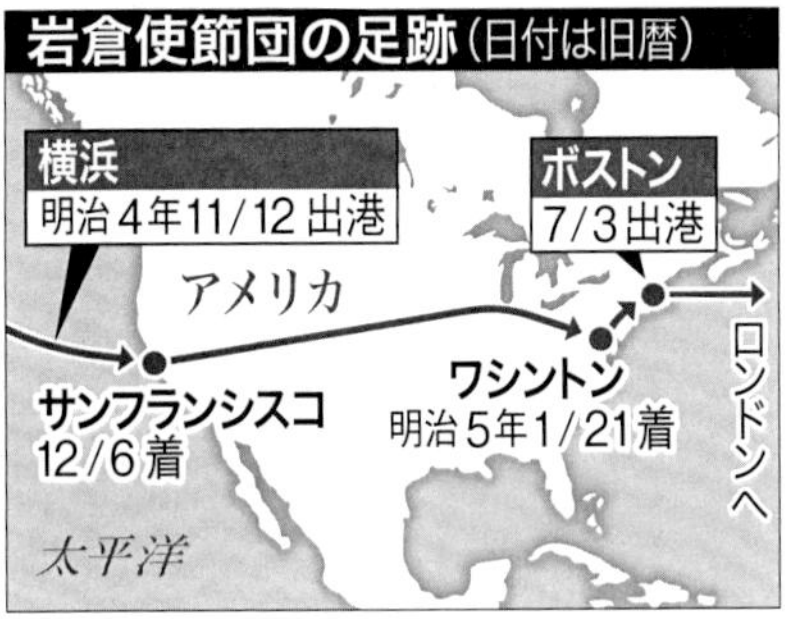

■5・初の条約交渉／森、米国の出方見誤る

明治5（1872）年1月21日、岩倉具視率いる使節団一行が米国ワシントンに着いた。あいにくの雪交じりの天候だったが、歓迎の群衆が沿道を埋めた。駅で出迎えた駐米弁務使（代理公使）の森有礼はホテルまで案内。そこにはグラント大統領夫人から、ぜいを尽くした花束が届けられていた。

「人民の富強および幸福は、他国との通商貿易の奨励によって（略）国内に居住する外国人への宗教問題の寛容によって、進められる」。ホワイト・ハウスで25日、行われた謁見《えっけん》式でグラント大統領はそう述べた。外交問題の協議に前向きな姿勢がうかがえた。

27日には国会による歓迎会が開かれた。米国議会は使節接待費に5万ドル支出を決定、元治元（64）年8月の下関戦争（四カ国連合艦隊砲撃）の賠償金返還についても大統領が協力を約束した。官民挙げての大歓迎に、使節団は〝有利な条約改正ができる〟と希望的観測を抱き始めた。

雰囲気醸成に大きな役割を果たしたのは米国務長官をはじめ、米国側と深い人脈を築いていた森だった。英語が堪能で存在感が増していた伊藤博文も同調した。「伊藤副使・森弁務使などは（略）立派に条約を改正して見せる」と主張、方針が決まった（「保古飛呂比─佐々木高

行日記」）。

◇　◇

「天皇の委任状を持っているか」「委任状は持たずとも之《これ》をもったも同様」「さうはゆきませぬ、是《これ》は万国公法の規制でござるから」　――（尾崎三良自叙略伝）。

２月３日、使節団は任務を超えワシントン国務省で条約改正交渉に入ったが、最初につまずいた。調印のための全権委任状を持っていなかったのだ。大久保利通と伊藤が、日本に取りに帰ることになった。森と伊藤は、多少の譲歩をしても調印した方が日本の近代化に有利と判断していた。

だが、交渉は難航。日本が要求した関税自主権回復や領事裁判権撤廃は問題にされず、逆に日本での外国人の旅行や商業の自由、輸出税の撤廃などを突きつけられた。米国は「日本に好意を示しておいて、まっさきに日本と、自己の利益の拡大を目指す新条約を目指した」のだ（石井孝「明治初期の国際関係」）。

岩倉が「最恵国条項」を知ったのはこの頃だ。英米の外交関係者に内容の説明を受け「最も重大な事件」と叫んだ。日本が米国にした譲歩全てが他国の条約に反映され、日本が得た譲歩に他国は同意しなくていい不平等なものだった。佛教大学の青山忠正教授＝明治維新期政治・外交史＝は「政府内で条約の内容や課題が完全に確認されておらず、準備と認識が不足していた。だから対米交渉後、使節団は、各国の制度や産業などの見聞に徹することになった」と語る。

◇　◇

森は使節団を迎えてから、駐米公使館内に衣冠束帯姿と洋装の対照的な岩倉の写真を並べ「昔の日本、今の日本」と題して文明国化をアピールするなど、やる気に満ちていた。だが、交渉が行き詰まると、使節団と森の間には溝ができ、深まっていった。

久米邦武編「特命全権大使　米欧回覧実記」から合衆国国会議事堂。絵は現地で収集した案内本や新聞などを模写・模刻し制作された

木戸孝允は、軽々に森や伊藤に従ったことを後悔し「実に余等《よら》の一罪成《なり》」と日記に記した。米国紙などを通じ、使節の優柔不断な姿勢を批判したり、会議途中で突然席を立ったりといった奔放な行動が目立つ森について「実に解せざるものにして無礼というべし」と切り捨てた。

一方、森は辞意を固めていた。4回目の交

涉後、全権委任状を取りに2月12日、ワシントンを立った大久保と伊藤に「若年の未熟者は外交代表にふさわしくない」と辞表を託した。

日本から大久保と伊藤が戻った6月17日、既に使節団は交渉中止の方針を決めていた。全権委任状を手にしながら2人は決定を追認するしかなかった。ニューヨークなどの繁華街も訪れ、活気とその影も感じ取った一行は7月3日、航路で次の目的地・英国へ向かった。

■6・富国の方針／「欧州型」を決定づける

まず「外人をして我《わ》が法律に従はしむる」ことが肝要—。明治5（1872）年10月、駐英特命全権公使の寺島宗則は、英国外務省で語気鋭く言い放った。相手は外相のグランヴィル。外国人の日本旅行や沿岸貿易許可の要求に対し、治外法権撤廃を盾に切り返した。

岩倉使節団による英国との条約改正予備交渉には岩倉具視、副使山口尚芳が列席した。英国側は自国の利益拡大をもくろむ急先鋒《きゅうせんぽう》、駐日公使パークスが並んだ。日本側の主役は寺島だった。「新たな譲歩」を求める相手に、いったん外国人に権利を与えると「後で取り返しがつかない」と一歩も引かなかった。

寺島は外務省の外務大輔《たゆう》から転身、日本初の全権公使として自ら欧州の第一国・英国との交渉に臨んだ。7月に日本の駐英公使として初めてビクトリア女王に謁見《えっけん》、信任状を奉呈していた。欧州に派遣された外交官・鮫島尚信が赴任拒否されてから1年余り、英国は〝大物外交官〟を大いに歓迎した。

◇　◇

ドーバー海峡を渡った使節団一行を11月、仏国で迎えたのは鮫島だった。翌明治6年1月、ベルサイユで始まった条約交渉では岩倉と同席した。鮫島はキリスト教をめぐる政策について日本の立場を主張するなど役割を果たした。

しかし「予備交渉」は、寺島が手腕を発揮した英国をはじめ、使節団が歴訪した各国とも手ごわかった。温度差はあるものの、日本の要求は受け入れず譲歩を求める姿勢で一致、条約改正の壁の高さが際立つ結果となった。

鮫島の仕事は交渉だけではなかった。調査のため赴いた各省の理事官らを施設に案内したり、外交慣行に則《のっと》り、調査協力の依頼状を関係各大臣に送り許可を得たり駆け回った。司法省派遣の川路利良（薩摩藩出身）も便宜を受けた一人だ。「鮫島尚信在欧外交書簡録」によると、パリ警視総監宛てに「川路が会っておくべき方をご教示下さい」と書き送った。川路は帰国後、日本の警察制度確立に貢献し初の大警視となったが、その功績には鮫島の一助があった。

世界をリードする英国は使節団に強烈な印象を残した。リバプールの造船所、マンチェスターの木綿工場、グラスゴーやニューカッスルの製鉄所―。大久保利通は、西郷隆盛らに宛てた手紙で「巨大にして器械は精工を極めたり」と驚き「英国の富強をなす所以《ゆえん》を知る」と感じ入った。

帰国前の大久保利通（2列目左から3人目）。その背後に村田新八、右隣が川路利良、ついで大山巌（国立歴史民俗博物館所蔵）

◇　◇

3月に入った6番目の訪問国は、大国に成長しようとするドイツだった。一行は宰相ビスマルクから歓迎会に招かれた。鉄血宰相の異名通り、ビスマルクは「大国は利を争う時は、己に利があるとみれば万国公法をたてにとるが、もし不利とみれば公法など無視し、一転して兵力を用いてくる」と演説。万国公法は国力に左右され、最終的には軍事力だと言ってのけたのだ。

大久保は、ビスマルクについて国民に信頼され、政策はいずれも「この人の方寸（心中）から出ている」「大先生に会えたことだけが益というべきか」と感銘を西郷らへの手紙に記した。政府の帰国命令を受け、直後に立ち寄ったパリで、川路や理事官随行の村田新八、留学生の大山巌ら薩摩出身者に見送られた。

佛教大学の青山忠正教授は、国際政治の観点から見た時に、岩倉使節団の体験は「力の論理を身をもって知らされた所が大きい」と指摘。「政治経済、軍事力の強さを基準に据え、欧米列強にならう形で肩を並べようとする方向性を決定づけた。欧米流の外交を東アジアに拡大する契機にもなった」と話す。

岩倉使節団は約1年10カ月かけ政府首脳が米欧12カ国を歴訪、初の条約改正交渉は失敗に終わったが、国際外交を知った。文物・制度の視察は、大久保らによる殖産興業政策の礎となった。

岩倉使節団の足跡（日付は旧暦）

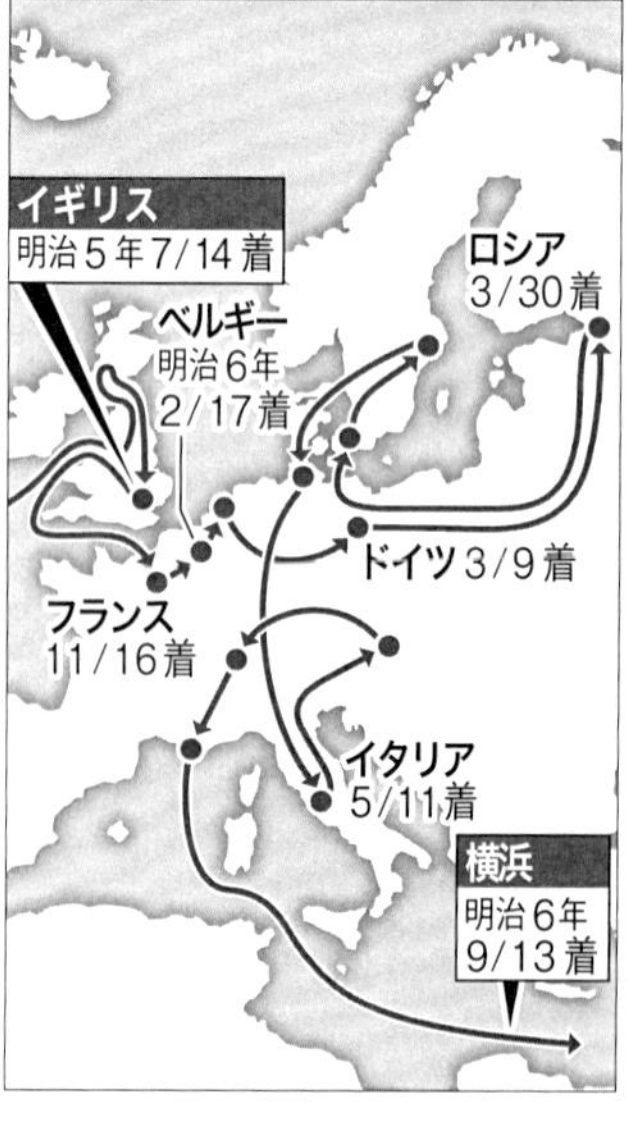

第3部　創世の模索　近代国家建設

序

徳川幕府の倒壊で、鎌倉時代から続いた武家支配は幕を閉じた。天皇を中心に、欧米と肩を並べる強く新しい国造りへと歩み始めた明治新政府だが、たどるべき道筋は誰の目にも見えてはいなかった。混沌《こんとん》の中、手探りしながら近代国家建設に挑んだ姿を追う。

■五箇条の御誓文／「万機公論」第1条に

慶応4（1868）年3月、京の宮中・紫宸殿《ししんでん》に衣冠束帯姿の百官が威儀を正していた。2カ月前に元服を済ませたばかりの明治天皇に代わり、神前に進み出た政府副総裁・三条実《さね》美《とみ》が声を発した。

「広く会議を興し、万機公論に決すべし」

この第1条に始まる「五箇条の御誓文」が明治新政府の「国是」となった。天皇親政の新たな国造りの方針を天地の神々に誓う、さながら平安時代の絵巻物のような光景だが、新しい時代の政治を示そうとの意気込みも感じられる。

第1条は会議による「公議」を掲げ、第2、第3条に「挙国一致」で取り組む姿勢を、第4、

第5条には万国に対峙《たいじ》し、新たな文化を取り入れる意気込みを示した。

◇　◇

幕末、薩摩や土佐などの雄藩は「公議政体」という諸侯会議による政権を模索したが、意見の相違や主導権争いにより瓦解《がかい》した。慶応3年12月の「王政復古の大号令」は「神武創業之始《はじめ》ニ原《もと》キ」と初代神武天皇という原点にまでさかのぼり、日本古来の天皇の存在と近代政治の融合を試みた。

御誓文の原案「議事之体大意《ぎじのていたいい》」を起草したのは参与、由利公正《きみまさ》（福井藩）だった。「万機公論に決し、私に論ずるなかれ」として第5条に置いた。原文の「公論」の文字をよくよく見ると「公議」を書き直してあり、親交のあった坂本龍馬の船中八策を参考にしたとされる。

これに制度取調参与の福岡孝弟《たかちか》（土佐藩）が「列侯会議を興し」と加筆して筆頭に移したが、参与で総裁局顧問の木戸孝允（長州藩）が、「広く会議を興し」と改めた。後に、木戸のこの修正が後の民選議会設立の根拠となっていった。

公論、公議。文字は微妙に違うが今日では、いずれも世間一般の議論や意見、公平な議論を指す。だが、この時代の「公議」の意味づけは、立場や思想によって少しずつ違っていたようだ。

◇　◇

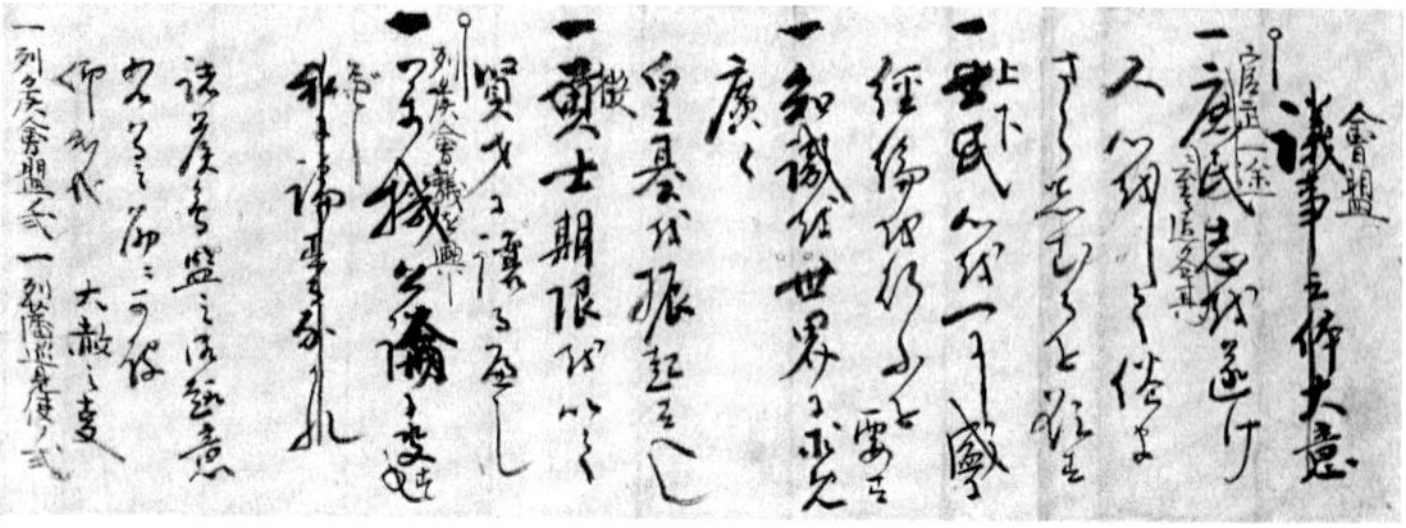

由利公正（福井藩）が書いた「議事之体大意」は五箇条の御誓文の基となった。御誓文の第1条は由利による原案では第5条にあり、福岡孝弟（土佐藩）の修正が入っている（福井県立図書館所蔵）

明治2(69)年3月、政府は「公議所」を設け、御誓文の精神を踏まえた法整備に着手。公議人と呼ぶ各藩の代表者が集まり、租税、外交、商業、学校など多方面について検討した。これが日本で初めての議会制度だった。

諸藩の公議人は227人。大人数の議論は困難な上、根回しや事前調整にも批判が集まった。特に、森有礼(薩摩藩)をはじめ海外を知る開明派と、保守派は激しく対立した。廃刀案を提出した森が、激高した保守派に詰め寄られて命からがら逃げ出したこともあった。

保守派の一人が岩倉具視にあてた書簡には「公議輿《よ》論《ろん》を尽くすなどというのは今日の流行語」「とるに足らないことまで衆議するのはよろしくない」とある。不信感やうんざりとした様子が見て取れる。

そもそも公議所の上奏に強制力はなく、岩倉や大久保利通ら政府首脳は、その多くを採用しなかった。「衆論」による公議の上位に「至当の政治」があり、それこそが正しい「公議」政治と考えていた（明治維新史学会編「講座明治維新　維新政権の創設」）。

空転を繰り返した公議所は破綻し、同年7月には権限を大幅に縮小された「集議院」に改組された。廃藩置県後には政府への不満が集まるようになり、ついに明治6（73）年に廃止された。

●五箇条の御誓文

・広く会議を興し、万機公論に決すべし
・上下心を一にして、盛《さかん》に経綸《けいりん》を行ふべし
・官民一途庶民に至る迄《まで》、各其《おのおのその》志を遂げ、人心をして倦《う》まざらしめんことを要す
・旧来の陋習《ろうしゅう》を破り、天地の公道に基《もとづ》くべし
・智識を世界に求め、大《おおい》に皇基を振起《しんき》すべし

【俯瞰図】「藩閥政治」の芽生え／藩士層、実力で中枢入り

「五箇条の御誓文」の原案を起草した由利公正は、元の名を三岡八郎といい、王政復古直前に坂本龍馬が新政府の財政担当者に推薦した人物という。なぜ国家方針という最重要事項が皇族、公家、大名など高位の面々を差し置いて、身分の低い新参者に託されたのか。

「王政復古の大号令」で幕府や摂政関白など旧来の官が廃され、新たに「三職」が置かれた。総裁の有栖川宮熾仁《たるひと》親王をトップに、議定は皇族2、公家3と尾張、福井、安芸、土佐、薩摩の藩主（前藩主も含む）5の計10人。実務スタッフというべき参与は岩倉具視ら公家5人、上記5藩から大久保利通や由利らの藩士3人ずつ。これを皮切りに官制は次々と変わった。

朝廷や公家の財源はごくわずかで、軍事力もなかった。人材も含めて雄藩頼みだ。後に「薩長藩閥政治」「薩長土肥」などと批判を浴びたが、当初は長州や肥前は含まれていなかった。長州は「朝敵」の処分を解かれた直後で、肥前は戊辰戦争の功績によって参加することになった。

後には、戊辰戦争で敵対した旧幕臣や旧佐幕派からも有能な人材が次々と登用されていった。日本の近代化を推進した前島密、渋沢栄一ら幕臣の活躍はめざましい。箱館で投降した榎本武揚も、そういった人材の一人だ。

一方、公家や皇族の存在感は薄まるばかり。幕末の朝廷を王政復古へ導いた岩倉、長州と関係の深い三条実美のほかは、活躍の場面がなかった。大名たちも同様で、家臣らほどには価値観を切り替えられず、中枢から遠ざかった。

その差は幕末の政治経験にあると、勝田政治・国士舘大学教授は語る。「雄藩出身の参与らは幕末、藩主の意を受けるだけでなく、高度な政治判断を迫られるたび、臨機応変に独自で対処し力をつけた」。中でも大久保利通や木戸孝允は政策立案や政権運営の能力を育み、薩長の力を背景に政権の中核を担っていった。

「封建制度」を倒して誕生した天皇中心の新政府だが、その柱となったのは実力と経験豊富な武士階級だった。それは、分権制や身分制の解体という「新政府最大の課題」の足かせにもなった。

識者はこう見る／武力背景に廃藩、中央集権
＝国士舘大学・勝田政治教授

激動の中で新たな国家像を模索した明治新政府について、明治維新史学会会長の勝田政治・国士舘大学教授に聞いた。

―新政府が支配体制を構築する上で最も重要な出来事は。

「明治維新の意義は、封建制という幕府中心の地方分権国家体制から、天皇中心の中央集権国家体制へと転換を果たしたこと。幕府を廃絶して天皇親政主義を掲げた明治政府の

成立(1868年)と廃藩置県(71年)が最も重要な出来事だ。この2段階で幕藩体制が解体され、今の日本の原型が生まれた」

―「五箇条の御誓文」で政府の方針を明らかにした。

「最も重視されたのが、政策決定方式を表明した第1条の『広く会議を興し、万機公論に決すべし』。譜代大名らによる幕府政治を『私政』と否定し、外様を含む雄藩の『公論』による公の政治に変わることを宣言した。さらに挙国一致体制を示す第2条、第3条で補足した」

―目指した国家像は。

「中央集権国家をつくりあげることが最初の課題だった。幕府が欧米諸国と結んだ不平等条約を改正して、各国と対等になる必要があったが、当時の日本は文明国と見なされていなかった。旧来の藩体制や身分制を解消して中央集権化を進めたのは、西洋に近代国家と認めさせるため。西洋をモデルとした近代化に本格的に取り組んでいった」

―中央集権化に伴う社会の枠組みの急変は、地方や武士層に不満を蓄積した。

「新政府自体が藩や武士に依存しており、急速な解体は困難だった。漸進策を余儀なくされ、版籍奉還を行った。実質的な変化がなかったため廃藩置県を断行し、急進的に武士階級の解体を進めた」

「近代国家に不信感をもつ島津久光に、政府が特別に手厚く対応したのは、旧勢力への影響を警戒したからだ。当時の薩摩は最大の士族＝武力を有し、大久保利通でさえほとんど手をつけられなかったほどだ。鹿児島で近代化が本格化するのは、西南戦争の後になる」

―新政府首脳陣をどう評価する。

「有力な藩と皇族、公家で構成する新政府が成立したが、実質的に薩摩と長州が中核を担う。特に政権運営に高い能力を発揮した大久保、木戸孝允らが中心となった。公家では、朝廷を王政復古へと導いた岩倉具視だ。一方で小松帯刀も新政府創設の功労者だったが、早世が惜しまれる」

【略歴】かつた・まさはる　１９５２年、新潟県出身。早稲田大学大学院博士課程修了。著書に「大久保利通と東アジア」「廃藩置県」など。国士舘大学文学部教授。明治維新史。

■1・東京〝遷都〟／「因循」を離れ新天地へ

「明治」と改元されたのは慶応4（1868）年9月8日。直後の20日、明治天皇を乗せた鳳輦《ほうれん》（天子の輿《こし》）は3千人余りの行列とともに京都の御所を出発した。天皇は沿道各地で高齢者や親孝行に褒賞を与え、稲刈りを見物するなど、民衆に慈悲深い姿を定着させながら進んだ。ふんどし姿の漁民と対面するハプニングもあったが、大いに喜んだ。

10月13日、江戸に到着した一行は衣服を改めて威厳を正し、楽を奏でながら城へと入った。この日、江戸城は東京城と改称した。

沿道には物見高い江戸っ子が、数十万詰めかけたという。数多くの錦絵が描かれ、庶民の関心の高さが分かる。酒が下賜され、幕府解体で廃れ始めていた街には活気が戻った。

11月27日、政府は京都還幸（京都へ一度帰る）と、翌年再び東国行幸（東幸）することを発表した。孝明天皇の三回忌と明治天皇の結婚が予定されていたこと、加えて近畿関西の人々を安心させるためだった。往復の総額は約78万両（当時の税収のおよそ4分の1）。出発前に太政《だじょう》官札《かん》の発行、関西の豪商たちに金を出させて調達した。

◇　◇

遷都の地は浪華《なにわ》に如《し》くべからずー。江戸（東京）へ遷都が決まる以前の慶応4年1月、新

■近代国家への施策年表

慶応3(1867)年	
12月	王政復古の大号令、小御所会議
明治元(68)	
1	鳥羽伏見の戦い 大久保が大坂遷都建白
2	大坂行幸
4	江戸無血開城
7	江戸を東京と改称
10	明治天皇が江戸城到着、東京城と改称
明治2(69)	
2	公議所開設
5	戊辰戦争終結
6	版籍奉還
7	公議所を集議院に改組
明治3(70)	
12	3藩献兵の提案
明治4(71)	
7	廃藩置県
11	岩倉使節団が出発
明治5(72)	
3	御親兵を廃止し近衛兵設置
6	明治天皇が鹿児島巡幸

政府参与・大久保利通は「大坂遷都」を提案していた。

朝廷トップの総裁と議定による評議結果は「満朝不同意」。薩長の「奸謀」と非難された。鳥羽伏見の戦いからわずか20日足らずと政情不安定な時期でもあり、年若い天皇を千年の都・京から移すのに根強い反対があった。

その千年の歴史こそが、大久保の〝真の敵〟だった。建白書で「数百年来、一塊したる因循の腐臭を一新」する以外に政府の一体化はない、と訴えた。「因循」とは古いしきたりや習慣に従うばかりで改めようとしないこと。身分差や宮中の慣習が政務を妨げる状況に直面した大久保は「因循打破」へ奔走した。

遷都への手始めに2月3日、親征としての大坂行幸が発令された。天皇が長く御所を離れるのは、南北朝期の後醍醐天皇以来500年ぶり。3月21日に京を発した明治天皇は2泊3日かけて大坂へ達し、初めて海を見た。大坂城で藩兵調練や大砲演習を閲覧し、行幸は成功裏に終わった。

明治元（1868）年10月、初めて江戸城に入る明治天皇の行列。中央が鳳輦（皇族御写真画報より）

◇　◇

大坂での50日という長期滞在の間に、懸案だった「江戸城総攻撃」が西郷隆盛と勝海舟の会談により回避。当時、世界有数の大都市が戦火を浴びずに残ったことで、歯車は動いた。江戸遷都案の意見書が前島密（旧幕臣）らから出され、大久保もそれを認めた。

新政府は東幸を計画。公家や大名諸侯には慎重論が根強かったが、7月17日「東京奠都《てんと》の詔」を発した。天皇自ら万機親裁を宣言した上で、「江戸を称して東京とせん」と述べた。奠都とは、新しい都を定めること。千年にわたって朝廷を支えてきた京の人々の反発を避けるため「遷都」の言葉を避け東西2都を同格とした。

9月改元とともに1度目の東幸がなされ、政府機関の東京移転は徐々に始まった。外交と会計の機関は東京に置かれ、新たな宮殿造営計画も公表。京都御所に戻り新年を迎えた天皇は、明治2年1月には会議のために全藩主と知事を東京へ召集し、2月太政官が東幸とともに移転すると布告した。

3月28日、天皇は再び東京城へ入り、新たに「皇城」と称し本拠とすることを宣言した。因循に縛られた京都を離れ、政府はようやく国造りの舞台を整えた。

■2・天皇育成／武士に囲まれ意識改革

わずか1年のことで、見違えるように変化した。明治5（1872）年に撮影された明治天皇は、冠を身につけた古式ゆかしい姿。だが翌6年、断髪し西洋風の軍服姿でりりしい姿となった。服装や雰囲気の違いが、環境や内面の変化をうかがわせた。

近代国家形成を目指す明治新政府にとって、天皇は自らの正当性を示す源泉であり、新時代のシンボルだった。

◇　◇

明治天皇は孝明天皇の第2皇子として嘉永5（52）年に生まれた。幼名は祐宮《さちのみや》で母は権大納言・中山忠能《ただやす》の娘。万延元（60）年に儲君《もうけのきみ》（後継ぎ）と定められ、親王の位と睦仁《むつひと》の名を授かった。

（右）明治５（1872）年に撮影された束帯姿の明治天皇（左）翌明治６年の写真は既に断髪し、軍服姿となっている（いずれも「明治天皇御写真帖」より）

きょうだいはすべて早世し、睦仁親王も病弱だった。孝明天皇はただ一人残った子に期待と愛情をかけ、和歌を手ほどきした。女官の回想によると、毎日化粧をして振り袖を着た「姫宮様のような」姿で習字やカルタをして過ごしていた。

孝明天皇の急逝で、慶応3(67)年1月、数え16歳で位を継いだ。だが、王政復古の直後、土佐前藩主・山内容堂が「幼沖《ようちゅう》(幼いこと)の天子」と失言し、岩倉具視に追及された。新政府の成立後は、政治経験がない少年天皇を巡って、公家らと薩長を中心とした首脳とが次第に対立していった。

17歳の少年をたくましい君主に育て上げる国家プロジェクトが始まるが、道は遠かった。維新直後、英公使パークスと謁見《えっけん》する天皇の姿に接した外交官アーネスト・サトウは「天皇《みかど》は恥ずかしがっておずおずしているように見えた」と、どこか頼りなげな印象を記していた。

慶応4年1月、大久保利通が提出した「大坂遷都」の建白書は、しきたりに縛られた宮中への批判が大半を占めた。天皇が御簾《みす》の内にあり「君主としての本来の役割とかけ離れている」と糾弾した。

近代国家にふさわしい威厳ある「君主」となってもらうため、身分や旧弊に固執して政務を妨げる公家や女官を引き離すべきと考えた大久保は、大坂や東京への行幸で、天皇に海や民衆の暮らしなど外の広い世界を見せ、関心を引き出していった。

8月、明治天皇は正式に即位した。その式には地球儀が登場し、「宇内《うだい》（世界）の大勢を洞観し、皇威を四表に発揚せん」（飛鳥井雅道「明治大帝」）と海外と向き合う姿勢を示した。

◇　◇

本格的な宮廷改革はその年から始まった。御座所での勤務時間を定めて女官の出入りを禁じ、毎日政府首脳と面会することなどを定めた。女官制度は2度にわたり改革。皇后の管理下にわずかな者を残し、活動も後宮に限定した。

天皇の心と身体も大きく変わった。宮内省は明治4年、薩摩出身の吉井友実と村田新八、元幕臣の山岡鉄太郎（鉄舟）ら多くの武士を起用した。特に、公家が占めていた侍従は、薩摩の高島鞆之助《とものすけ》ら硬骨漢の武士に入れ替わった。

青年天皇は武家出身の侍従との交流を喜び、負けず嫌いな性格をあらわにし、剣術や乗馬の訓練に精を出した。時には侍従らと酒も酌み交わし、世界情勢や各国の歴史の話をせがんだ。また外国語など勉学にも励んだ。

武士の側近起用は、参議・西郷隆盛の案とされる。天皇と親密な関係を築いた西郷は親戚への手紙で、病弱な若者が「至極御壮健」に成長して「大元帥は自らあそばさるとの御沙汰《ごさた》」と、君主の自覚が芽生えたことを大いに喜んだ。

明治5年、西日本を巡幸した天皇は、初めて軍服を着た。最終目的地の鹿児島では騎馬で西郷隆盛、従道兄弟らを従えて鹿児島城に入り、沿道の人々に威容を印象づけた。翌年には自ら近衛兵の演習も指揮した。宮中生活も西洋化が始まった。肖像写真には「国家の統率者」へと成長した姿がありありと見て取れた。

■3・廃藩置県／　突然の断行、久光は抵抗

明治4（1871）年8月初め、鹿児島の夜空に花火が次々と打ち上がった。城下の人々は「祭りでもないのに」と驚き、喜んだかもしれない。だが、鳴りやまぬ轟音《ごうおん》に、やがて不穏さを感じたはずだ。花火は国父・島津久光の屋敷からのものだった。

久光は激怒していた。3日に「廃藩置県」の知らせが届き、鎌倉以来600年守り続けた薩摩を召し上げられた。息子・忠義への手紙には新政府高官となった、かつての家臣たちへの鬱憤《うっぷん》が吐露されていた（芳即正「島津久光と明治維新」）。

「藩を廃し県と為《な》す」。7月14日、知藩事（藩知事とも）らが急きょ東京・皇居に集められ、明治天皇が「廃藩置県の詔《みことのり》」を発した。知藩事とは旧藩主。明治2年に新政府へ領地領民を返上（版籍奉還）し、地方行政官となっていたが、東京移住も命ぜられ「寝耳に水」の詔によって父祖の地と切り離された。

◇　◇

慶応4年閏《うるう》4月、新政府は新たな統治機構を定めた政体書を布告。旧幕府領などの政府直轄地を「府・県」、大名の領地を「藩」とし、体制に組み込んだ。

土地支配の在り方を根本的に改革する廃藩置県は中央集権化の最重要課題だった。日本

を近代国家とするには封建制を解体し、強固な統治体制をつくらねばならない。だが、新政府は薩長中心の雄藩の力を背景にしており、改革は反発を招きかねなかった。

政府首脳の意見は分かれた。木戸孝允が王政復古の精神に基づき、領地領民の早期返還を主張したのに対し、大久保利通は反発を懸念、段階的な移行を考えた。

明治2年1月、薩長土肥4藩主が連名で版籍奉還の建白書を提出。土地と人民の私有を否定しつつ「其《その》与ふべきは之を与へ其奪ふ可《べ》きはこれを奪ひ」と再交付を求めた。旧藩主に配慮した漸進的な大久保案が元で、諸藩も続いた。

6月、藩主らに知藩事として旧領支配が認められた。世襲や領有権はなく、薩摩は鹿児島、長州は山口などと藩名が一新されたが、従来の支配体制が温存された。翌3年9月、政府は藩制を公布し、各藩の統制を図った。当初、大小300を超える藩があった。

「薩摩兵を率いた西郷隆盛が政治刷新を求めて上京する」。薩摩の藩兵千人が東京から引き揚げると、不穏な噂《うわさ》も流れた。政府の協力要請を拒み続ける久光と、国内最大の薩摩の兵力は脅威だった。

だが、時勢は廃藩へと傾く。小藩や盛岡、南部など戊辰戦争の「朝敵」藩が、財政難のため相次ぎ廃藩を願い出た。さらに徳島、鳥取、熊本なども廃藩の建白や知藩事の辞職願を提出した。

明治4年、政情不安の解消の求めに西郷が政府復帰し、天皇や御所を護衛する「御親兵」を創設。鹿児島・山口・土佐の3藩計8千人で構成された直轄軍は、抵抗への備えとなった。

◇　◇

軍制の統一を図りたい山縣有朋らの議論をきっかけに6月、廃藩論が急浮上した。慎重だった大久保も「今日のままにして瓦解《がかい》せんよりは寧《むし》ろ大英断に出て瓦解」した方がよいと決意。木戸・大久保・西郷で断行が決まった。

軍服姿で馬に乗り、鹿児島城に入る明治天皇が描かれた「中国西国巡幸鹿児島着御下絵」
（部分、山内多門画、都城市立美術館所蔵）

突然の詔は各方面に衝撃を与えたが、目立った反発はなかった。職を免じられた旧藩主らは「華族」となった。紛糾する政府内でも、西郷が反乱は「撃ち潰《つぶ》す」と一喝すると沈黙した。

例外が久光だった。政府はその慰撫《いぶ》に腐心し、官位を異例の従二位にまで進めようとするが固辞された。ついには明治5年6月、天皇が鹿児島へ足を運んだ。

これが火に油を注いだ。開化政策に反発する久光の前に現れた若き天皇は、洋装の軍服姿だった。「共和政治の悪弊に陥り、ついには洋夷の属国たらん」。久光は批判の建白書を、一行に提出。公家や西郷らは困惑し、すごすごと立ち去るほかなかった。

■4・武士階級解体／権力移行まるで下克上

「朝廷の大綱に依遵《いじゅん》し、各新たに徳政を敷くべき」「人情事実を察せず（略）刻薄《こくはく》の所置」──。明治3（1870）年7月、東京で1人の薩摩（鹿児島）藩士が切腹して果てた。横山安武、後に文部大臣を務める森有礼の実兄だ。直前、集議院の門前に藩への統制強化や新政府高官のモラル低下を批判する建白書を残していた。

近代的な中央集権国家を目指す新政府は、画一的な地方支配の指針となる「藩制」の制定に着手。各藩バラバラだった職制や財政配分、軍事費の上納などを一律に定めた原案を同年5月、各藩の代表が集まる集議院へ提出していた。

横山のように、国の統制強化に反感を抱く者は少なからずいた。薩摩藩大参事の伊地知正治は不満をあらわにして帰国。土佐藩大参事の板垣退助も「動乱」を覚悟するよう述べていた。

さらに藩制論議は進んだ。同年12月、大蔵大輔・大隈重信は「全国一致之政体」を求めて建議、これが太政官《だじょうかん》に認められた。府・藩・県の三治制の非効率さを解消しようと、藩を廃して統治を一元化する「廃藩置県」が進められた。

歴代の藩主らが眠る福昌寺跡に立つ横山安武の顕彰碑（左端）と墓石（左から2番目）＝鹿児島市池之上町

廃藩を推し進めた形の大久保利通だったが、手紙に横山の諌死《かんし》を「忠義の志を感じた」と記し、西郷隆盛は後に建てられた横山の顕彰碑に哀悼する言葉を刻んだ。

◇　◇

政府による変革は、行政機構はもちろん社会構造にも及んだ。各地の藩政改革では、下克上さながらの権力移行もみられた。

鹿児島では戊辰戦争の勝利で意気の上がる凱旋《がいせん》兵士らが、藩へ改革を迫った。明治2年、倒幕に慎重だった家老・島津久治が非難を浴び、罷免された。久治は国父・久光の次男で、知藩事(旧藩主)忠義の弟だ。その忠義も自ら「藩政府を自己の政府と心得違いした」と退城を宣言し、公私の別を明確にした。

代わって藩政を執ったのが、凱旋組と近い桂久武や、忠義に事態収拾を求められた西郷だった。門閥や城下士といった称号を「士族」に統一。3万4千石を誇った都城島津家をはじめとする私領主、門閥層の領地を没収するなどして確保した約20万石のうち、その4分の1を下級武士に手厚く再配分した。残り4分の3は軍備に回し、1万8千の常備兵を温存した。

薩摩の藩制改革を主導した桂久武
(鹿児島県立図書館所蔵)

幕末の動乱期から戊辰戦争にかけ、主力となって働いたのは各藩の中・下級武士たち。彼らは次第に発言力を増していき、政府や藩の中核を担った。

明治大学の落合弘樹教授＝明治維新史＝は「命懸けで戦った下級武士たちの功績が評価された。家柄ではなく、能力を重視する時代になった」と語る。能力主義による人材登用は改革を推し進め、やがて身分制の枠組みも打ち壊していった。

血も流れた。長州改め山口藩は、幕末の躍進を支えた奇兵隊などの諸隊を再編。切り捨てられた1200人余が脱走し、農民一揆と合流して不満を訴えた。木戸孝允が自ら武力鎮圧に乗りだし、130人余りが処刑された。

近代国家の建設は、何百年と続いた武家社会に変容を迫った。横山の諫死や山口の脱隊騒動は、その難しさを象徴している。

◇　◇

一方で、能力主義は戊辰戦争で敗れた者たちに再起の場を与えた。特に重宝されたのが旧幕臣だ。

発足時の明治政府は薩長土、越前などの雄藩出身者や公家、皇族といった面々で構成され、大久保利通や木戸孝允、岩倉具視ら政局を動かしてきた猛者もいたが、全国レベルの行政経験や統治組織はなかった。

旗本、御家人といった幕臣らも、江戸開城で主家の徳川宗家が静岡へ減封され、生活基盤を確保する必要があった。

勝海舟の記録によると、幕臣約3万3400人中、政府関係に転身した者は「朝臣」5千人、大蔵省130～140人、外務省100人。旧幕臣たちは財政、直轄地の支配、外交など幅広いジャンルの実務担当者となっていった。町奉行所をはじめ幕府の人員、機構を引き継いだことで社会秩序も保たれた。旧体制と新体制、状況に応じて使い分けながら、明治日本は形づくられていった。

■5・警察組織創設／川路利良、武士の活路探る

「オイ、コラ」。薩摩なまりの呼び掛けと、紺地のハイカラな制服とは対照的に、表情はさえなかったという。原因は手に持った3尺(約90チセン)のこん棒。「足軽でもあるまいし、刀でなく棒を持たされるとは情けない」と嘆き、涙をこぼす者もいた。明治5(1872)年、東京に誕生した「邏卒《らそつ》」は、今日の警察官の先駆けだった。

江戸改め東京は治安が乱れ、取り締まるはずの各藩の兵士も無法な振る舞いを繰り返した。彼らに代わるべく、明治新政府は3千人の邏卒を置いた。「邏」は警戒、「卒」は階級の低い武士を指す。

明治3年、参議・西郷隆盛は欧州視察から戻った弟・従道から「ポリス」というパリの警察官について報告された。物々しい銃の代わりに棒を持った警察官は人々に親切に接し、

市民の保護や犯罪捜査、治安維持にあたっていた。

この後、従道に伴われ、薩摩の武士100人余が上京。彼らが日本警察の基盤となった。兄弟の思惑は、困窮する武士の再就職先確保にあった。

◇　◇

幕末の動乱期から戊辰戦争を戦い抜き、新時代の幕を開いた武士だったが、栄光から一転、間もなく生活基盤も誇りも失う瀬戸際に立たされた。新政府は、財政を圧迫する家禄《かろく》や賞典禄といった支出の整理に手をつけた。

明治2年の版籍奉還で藩主は政府の一地方官（知藩事）になると、各藩が家格の廃止や武士の給料にあたる家禄の削減を実施。禄制の改革は徐々に進み、明治9年に廃止（秩禄処分《ちつろくしょぶん》）に至った。武士らは特権を失っていくにつれ、不満を募らせていった。

当初から禄の廃止を見越して、藩士の帰農（家禄と武士の族籍を返上して農民になる）を勧める藩も多かった。とはいえ農地は十分でなく、たいていは山林や原野の開墾など厳しい条件を強いられた。

美濃・苗木藩（岐阜県）は財政再建が見通せないとして、藩士に帰農を強制した。当初は耕地や資金提供が約束されたが、扶助米以外の手当はほぼ受けられず、士族の籍も失った旧藩士らに大きな遺恨を残した。

薩摩では西郷隆盛や桂久武らの改革によって、全国最大の武士団を温存していたが、やはり余裕はなかった。明治4年、廃藩置県を前に薩長土が編成した御親兵も、政府に負担を肩代わりしてもらえるという利点があった。兵なら士族の身分も保障された。生活費に加え、武士の誇りにも配慮する必要があった。

「武士が生きる道をどう整えるか」が中央政府、地方ともに懸案事項となっていた。

◇　◇

明治4年秋、邏卒3千人の設置が決まり、西郷と川路利良は郷里・鹿児島から2千人を東京に送った。選ばれたのは主に身分の低い郷士たち。残り千人は他府県から募った。

川路利良
（鹿児島県立図書館所蔵）

戊辰戦争で活躍し、薩摩藩の兵器奉行などを務めた川路は、東京府では治安を担当していた。翌年、警察業務は東京府から政府へ移管され、責任者として川路は初代大警視（警保助兼大警視）に任じられた。

早速、川路は欧州視察へ旅立った。主な目的地はパリ。従道だけでなく、福沢諭吉ら幕末に渡欧した人々が欧州を代表する大都市の警察制度に着目していた。

西郷従道
（国立国会図書館ＨＰより）

４カ月かけてパリ市内を歩き回り、警察業務の幅広さを痛感した。防犯はもとより、伝染病を防ぐ衛生活動、監獄の居住環境など、学ぶことは山のようにあった。ガス製造施設にも足を運んだという。夜の街を明るく照らすガス灯が、防犯に効果を発揮したと聞いたからだ。

１年の滞欧を経て帰国した川路は、行政警察と司法警察の区分、消防の近代化、邏卒の地方派遣なども建白した。武士の登用も積極的に進め、旧幕臣の子弟など幅広い人材が加わっていった。

「声無きに聞き、形無きに見る」「行政警察は予防をもって本質とす」――。川路の語録をまとめた「警察手眼」は、現在も警察官の指針となっている。川路の構想は今日の警察制度の礎となり、新時代に武士たちが生きていく道を示した。

第4部　富国に挑む　殖産興業

序

船出したばかりの明治新政府は、欧米列強と対等に渡り合うため、強い国造りを目指して積極的な「殖産興業」政策に打って出た。政府が主導し先進的な技術を導入。産業革命を促し、各種産業を活発化させて富国を図る「挑戦」が始まった。

■工部省発足／海外経験者、施策けん引

旅費に困り入る次第なれば、何とぞ拝借は叶《かな》いますまいか――。

慶応元（1865）年夏のロンドン。先進的な産業技術を学ぼうと、海外渡航の禁を破って渡英した「長州ファイブ（五傑）」の一人・山尾庸三は、同じ密航者で「薩摩藩英国留学生」の学頭・町田久成に打ち明けた。旅費工面の

殖産興業に関する年表

※明治5年までは旧暦

明治元（1868）年	5月	太政官札発行
明治2（69）年	7月	大蔵省・民部省・開拓使設置
	12月	初の電信開通（東京―横浜間）
明治3（70）年	10月	土佐開成商社創立（後の三菱商会）
	閏10月	工部省設置
明治4（71）年	1月	郵便制度布告（東京―大阪間）
	2月	大阪で造幣寮開業
	5月	新貨条例制定
明治5（72）年	9月	初の鉄道開業（新橋―横浜間）
	10月	富岡製糸場開業
	11月	国立銀行条例制定
明治6（73）年	6月	第一国立銀行設立
	11月	内務省設置

相談だった。

山尾は日本を出発する直前に、「生《いき》たる器械」（西洋の文明技術を身につけた人間）になって帰ってくると藩上役に上申。英国着後、造船業の盛んなスコットランド・グラスゴーでの技術習得を志すが、藩からの送金もなく厳しい生活を余儀なくされ、諦めかけていた夢であった。

町田は熟考の末、他の留学生たちからカンパを募り計16ポンドを貸し与え、受け取った山尾は秋ごろグラスゴーへ旅立った。藩という枠を超え、「日本人」としての同胞意識が芽生えていた（犬塚孝明「アレキサンダー・ウィリアム・ウィリアムソン伝」）。

異国で苦学しながらも先進的な技術を身につけた山尾。5年後、その姿は日本にあった。明治3（1870）年閏《うるう》10月22日、発足したばかりの政府機関「工部省」の工部権大丞に任じられ、殖産興業政策の中核を担うこととなった。

◇　◇

慶応3年12月に誕生したばかりの新政府にとって、最初の難題は「宇内《うだい》（世界）の大勢」を把握し、「万国と対峙《たいじ》」することだった。

明治7(74)年　6月屯田兵制度制定
明治9(76)年　7月三井銀行開業、三井物産会社設立
　8月札幌学校開校（9月に札幌農学校に改称）
明治10(77)年　8月第1回内国勧業博覧会開催
　12月初の電話開通（工部省―宮内省間）
明治11(78)年　1月駒場農学校開校
明治13(80)年　11月官営工場払い下げ概則制定

列強国に肩を並べるには、国を豊かにして強兵を目指すしかなかった。〝開国〟したばかりの日本は、途端に貿易収支の赤字や金の流失が進んだ。政府にとって貿易不均衡を修正し、殖産興業を進めることが急務となっていた。

当初は民部大蔵省などを中心に、幕府や各藩が経営していた鉱山、機械工場を官営化するといった諸政策が進められた。しかし、政府内部での対立もあり、同省は明治3年7月に解体。数カ月後に工部省が発足した。設置目的は「百工を褒勧《ほうかん》し、智巧を開き、貨物を殖《ふや》し（中略）神州富強開化の力を逞《たくま》しく」すること。全ての職工が知恵を絞って殖産を促し、物流を増やして富国を図るとの意味。英国人技師エドモンド・モレルの提言も盛り込まれ、政治色は排除し、山尾をはじめ積極的に産業を興そうとする技術官僚らの思いが反映された。

主な業務は鉱山、鉄道、電信、灯台、製鉄など。発足当初は工部卿は置かれず、山尾が事実上のトップに就き各分野の施策をけん引した。

長州ファイブと呼ばれた長州からの密航留学生。手前右が山尾庸三（「密航留学生の幕末維新」より転載）

◇　◇

新設された各省では、とりわけ西洋諸国で見聞を広めた者が重宝された。中でも工部省に所属する渡航経験者の数は突出していた。

明治４年11月時点での同省内の洋行経験者は山尾のほか、同じ長州五傑の井上勝、薩摩藩留学生の朝倉盛明や中村博愛、佐賀出身の佐野常民らが名を連ね、４割を超えた。モレルをはじめ多数のお雇い外国人も抱え、「西洋色」の強い機関となっていた。

その一方で山尾らは同年４月に、外国人の力に頼らずとも、日本人自身の手で〝自立〟が維持できるよう技術者養成機関の設置を要望した。８月に「工学寮（後の工部大学校）」の創設として実現。定められた教育課程による技術習得が図られ、卒業生は行政だけでなく、民間などさまざまな舞台で活躍していった。

関西大学の柏原宏紀准教授＝日本経済史＝は「技術官僚の思いが形となった工部省による各種施策は、明治初期の殖産興業政策の重要な部分を占め、実際の経済効果は別にして、近代化の素地《そじ》を築いたことは間違いない」と分析する。

【俯瞰図】「お雇い外国人」活躍

明治初期における殖産興業は政府主導で進められたが、進んだ技術を導入するため海外から技術者を雇用し、教授してもらった。これを「お雇い外国人」と呼んだ。

その端緒には安政2（1855）年、幕府が創設した「長崎海軍伝習所」などがある。軍人カッテンディーケや医師ポンペらオランダ人の教官が教え、航海術や造船技術のほか、物理や化学、医学なども伝えた。伝習生には幕臣からは勝海舟、薩摩藩の五代友厚や佐賀の佐野常民らがおり、後に殖産興業に深く関わった。

大阪造幣局の応接施設としてウォートルスが設計し、建てられた「泉布観」＝大阪府北区

幕末期は幕府だけでなく薩摩をはじめ、各藩でも技術導入のため外国人を雇用。当初はオランダ人中心だったが、横浜などの開港後は米・英・仏など各国から技術者らが招かれた。

明治政府も幕末からの流れを引き継ぎ、各分野で積極的に外国人を採用。最終的に2500人以上を数え、8割以上を欧米人が占めた。お雇い外国人の待遇は各分野で多少の差はあるものの軒並み高く、給与では政府高官よりも高いケースもあった。

鹿児島に縁があった人物だけでも、建築家ウォートルス（奄美で製糖工場を建設、大阪造幣寮や銀座・レンガ街の建設に関わる）▽鉱山技師コワニエ（山ケ野金山など調査。朝倉盛明とともに兵庫・生野鉱山開発）▽ケプロンとクラーク（北海道開拓使や農学校に関与。黒田清隆と森有礼らが招聘《しょうへい》）▽キヨッソーネ（キヨソネ。造幣寮で紙幣や切手の原版製作。西郷隆盛の肖像画も有名）と多数に上る。

また産業分野に限らなければ、西洋医学を鹿児島に伝えた医師ウィリスや、町田久成と親交を結んだ文化人フェノロサら、日本の近代化に大きく寄与。これらの貢献の一方で、農業分野では失敗事例もあった。また日本人技術者が育つにつれ、高給が財政負担ともなって徐々に雇用は減っていった。

識者はこう見る／　国挙げて世界に飛び込む

＝東京大学・鈴木淳教授

明治初期、政府の推し進める施策の中で中核をなした「殖産興業」政策。時間とともに官から民に移行していく過程などを、東京大学の鈴木淳教授に聞いた。

――殖産興業政策が進められた背景、具体的には何が実施されたのか。

「そもそも明治維新の段階で、『殖産興業』という言葉はほとんど使われておらず、主に『勧業』『勧工』『勧農』といった語が用いられ、さまざまな産業の育成が図られた。目的は欧米列強の外圧にさらされる中、産業を興すことで富強の国をつくり独立を保つこと。列強国の高い技術を積極的に輸入し、国力をつけることが政府の最重要課題だった」

「殖産興業政策は当初は政府、とりわけ工部省、その後は内務省が主導した。さらに、官営工場の払い下げなどが進み、民間レベルにも波及して企業勃興《ぼっこう》の時代を迎える。国を挙げて〝積極的〟に世界に飛び込んでいったのは日本の特徴だろう」

――薩摩藩（鹿児島）**関係者の果たした役割は。**

「極端に言えば、幕末の島津斉彬が主導した近代化政策『集成館事業』の理念が、明治政府にも引き継がれた。他藩にはあまり見られなかった、薩摩の近代化政策の特徴として、武器の製造や造船といった軍事力強化にとどまらず、農業やガラス工芸をはじめ各種産業を育成したことが挙げられる」

「明治6（1873）年に内務省が設置され、大久保利通が内務卿として殖産興業政策を主導するようになってからは、その理念が色濃く表れる。それまでの工部省を中心とした重工業分野だけでなく、軽工業や勧農なども進められ、民間企業の台頭も図られた」

―日本の殖産興業政策は自国経営にこだわった。

「維新期はお雇い外国人の力を借りつつも、鉄道敷設や鉱山開発をはじめ自国経営にこだわり、できるだけ外国資本に頼ろうとしなかった。根底には独立を保とうとする意識があり、攘夷《じょうい》思想も見え隠れする。早く列強国の技術を習得しようと、海外渡航経験者が重用されるなど、人材育成に力が入れられたことも明治期の特徴の一つ」

―人々の生活にも変化が生まれた。

「鉄道敷設などにより交通の便は格段に上がった。衣類でもより質のいい製品が普及、江戸時代からの変化は見られる。土地開発が容易になるなど〝規制緩和〟の時代でもあった。新たな事業への挑戦が許され、称賛される時代に突入し、競争社会の到来でもあった」

【略歴】すずき・じゅん　１９６２年、東京都生まれ。東京大学大学院博士課程修了。単著「明治の機械工業」、編著「工部省とその時代」など。東京大学文学部教授。専門は明治社会経済史。

■1・鉄道開業／交通網整備、発展の柱に

秋晴れの下、ひときわ甲高い汽笛が一声響いた。車輪がゆっくりとレールの上を回り始め、明治天皇を乗せた蒸気機関車は新橋を目指して動き出した。

明治5（1872）年9月12日午前、新橋—横浜間（29キロ）の鉄道開業式が横浜駅で盛大に催された。日の丸をはじめ万国の国旗が翻る会場には紅白の提灯《ちょうちん》も飾られ、日本初の鉄道開通は国家的イベントとなった。

天皇は直衣《のうし》に烏帽子《えぼし》姿で臨席した。皇族や各国公使に加え、岩倉使節団として外遊中の面々を除く、三条実美や西郷隆盛ら政府要職も顔をそろえ、国の威信をかけた事業だった。天皇は「交通輸送が便利になることで交易が活性化し、庶民生活が豊かになることを期待する」と勅語を発した。蒸気車は正午に出発し、午後1時に新橋駅に到着。天皇はそのまま新橋駅での開場式にも臨み記念日を祝った。

◇　◇

蒸気の力で陸上を疾走する蒸気車は、まさに産業革命の産物で、文明国の象徴だった。〝最初の工業国家〟イギリスで1830年に運行が始まって以来、基幹の交通輸送インフラは瞬く間に世界各地に広まった。

幕末の薩摩藩英国留学生の面々は初乗車体験に、「早きこと疾風の如し」（松村淳蔵）「気車の進行速やか」（畠山義成）と一様に驚いた。また、慶応3（1867）年に渡欧し、後に経済界の重鎮となった渋沢栄一も「国家はかかる交通機関を持たねば発展はしないと思った」と回顧していた。

〝開港〟以来、幕府にはフランスやアメリカが、日本国内での鉄道敷設をたびたび提案していた。明治政府にも同様だったが、鉄道の経営権を外国側が持つ「外国管轄方式」の建言がほとんどだった。政府は〝独立〟が脅かされる危険性を危惧し、踏み切れずにいた。

だが、殖産興業の推進に鉄道の必要性は認識しており、明治2年2月までに「我内《わが》国人民合力を以《もっ》て」敷設すると決めた。軍備充実を主張する西郷や黒田清隆らは反対したが「長州五傑」の井上勝が鉄道頭《てつどうのかみ》として事業を推進。英国人技師エドモンド・モレルの下で明治5年5月に品川―横浜間を仮開業、9月に天皇臨席の開業式にこぎ着けた。

新橋―横浜間は9月13日から営業開始。旅客車が1日9往復運行し、所要時間は53分（徒歩は約6時間）。途中駅は品川、川崎、鶴見、神奈川だった。新橋―横浜間の運賃は1円12銭5厘～37銭5厘。白米が10㌔約35銭の時代で、手軽な乗り物ではなかった。

◇　◇

政府は新橋―横浜間の敷設を端緒に鉄道網を各地に延ばしていく。明治6年9月には同

鉄道開通を祝う式典が描かれた「大日本鐵道發車之圖」（国立国会図書館ＨＰから転載）

区間の貨物運行を始め、翌年5月に大阪—神戸、明治10年に京都—神戸が開業。目的は人の輸送にとどまらず、各物産の生産地と消費地、輸出地（港）を結束することだった。

沿線では養蚕や織物業をはじめ各産業が興り、鉱山からの産出物輸送などのため、鉄道網はさらに張り巡らされていった。収益が見込めると明治10年代には最初の民間鉄道会社「日本鉄道」が設立（明治14年）。企業勃興《ぼっこう》の一助にもなった。

鉄道敷設は人々の生活にも影響を及ぼした。ごう音を上げ、見たことのない速さで陸を駆け抜ける蒸気車は「陸《おか》蒸気」ともてはやされ、乗客には羨望《せんぼう》のまなざしが向けられた。

運賃は割高だったが、鉄道を使った各地への旅行など観光業の端緒にもなった。またダイヤの設定により、全国一律の時間運行が求められるようになったた

日本鉄道の父と呼ばれた井上勝」（国立国会図書館ＨＰから転載）

め、地域で時刻が異なる「不定時法」から、明治6年1月1日から導入された西洋式の「定時法」定着にも一役買った。

跡見学園女子大学の老川慶喜教授＝日本経済史＝は「各種の殖産興業を支えたのが鉄道敷設で、明治政府にとってインフラ整備も重要な施策の一つだった」と指摘した。

■2・鉱山開発／近代化進め増産を図る

ドーン。爆音が坑道に響きわたり、火薬が仕掛けられた岩塊は見事に砕け散った。坑夫が細かに破砕された鉱石を外に運び出して、欧米から輸入した製錬用機械にかけ、目当ての金や銀が取り出された。

古くは室町時代から銀の採掘で知られた生野《いくの》鉱山（兵庫）。明治2（1869）年、西洋式の採掘手段「発破法」が国内で初導入された。従来の鎚《つち》と鏨《たがね》の手作業で経験則だけを頼りに掘る手法から刷新。立て坑と水平坑とで計画的に掘り進め、火薬で一挙に鉱石を破砕採集する採掘法が取り入れられた。

欧州でノーベルがダイナマイトを発明したのが、まさに同じ時期（67年）だ。発破により坑道が格段に広がったことで通気性も良くなり、じん肺にかかっていた坑夫らの健康状態も改善された。削岩道具のほか鉱石の運搬や排水用の機械、照明設備が整うなど近代化が進み、生野鉱山の生産力は一気に増した。

最新の技術をもたらしたのは、鉱山技師の「お雇い外国人」として第1号となったコワニエ率いるフランス人たちだった。傍らに薩摩藩英国留学生の一人、朝倉盛明の姿もあった。渡仏し学んだ朝倉は帰国後、通訳として出仕していた。明治元年9月、初めて生野の地を踏んだ2人の役目は、鉱床などを調査し再生させることだった。鉱山開発の近代化を図る上でのモデルケースとして期待された。

◇　◇

貨幣の原材料などになる金や銀といった金属鉱物の採掘は、財源確保の面からも殖産興業を目指す新政府にとって重要だった。

政府は、幕府が経営していた生野と佐渡金山（新潟）、南部藩の小坂銅山（秋田）の3カ所を接収した。複数の中小鉱山も所管して開発計画を練った。民間にも官営計画のない鉱山採掘については許可し、採掘された鉱物資源を政府が買い取る仕組みが整えられた。

ところが、明治６年に定めた「日本坑法」では築石や土砂、粘土といった建築に用いるもの以外の無機物は全て「日本政府の所有」と定め、政府だけが鉱物を採用できるとした。日本国籍のない外国人については、試掘をはじめ一切の鉱山業務を禁止すると決めた。

経営区分として1等鉱山は工部省、2等は地方庁（府県）が管理し、3等は民営としつつも、全て国からの請負という方式に改められた（田村貞雄「殖産興業」）。行政が旗振り役となって当初推進したが、半田銀山（福島）をはじめ、全国各地の鉱山経営に乗り出した薩摩出身の五代友厚をはじめ、民間人・企業の参入が徐々に増えていった。

◇　◇

「支庁長（鉱山長）をはじめ長年勤務してきた朝倉が、生野の発展に尽くした貢献度は計り知れない」。兵庫県朝来市生野町の郷土史家・杉浦健夫さんはこう評価した。

朝倉はコワニエが去った後もとどまり、肩書は何度か替わりつつも最終的には支庁長として20年余り生野で過ごした。技術的な部分は仏人らに譲りつつも、機械購入など政府との仲介役を担い、明治９年の巨大工場群の完成にこぎ着けた。

加速度的に進んだ近代化で、生野鉱山の生産額は明治２～３年時点が１５９０円に対して、翌３～４年が７万４５９２円と急増。工場群が完成した直後の明治10～11年は

生野鉱山の支庁長（鉱山長）を務めた薩摩出身の朝倉盛明（前列左から５番目）

明治９年に完成した生野鉱山の工場群（ともに朝来市教育委員会提供）

24万１２１5円を誇った（藤原寅勝「明治以降の生野鉱山史」）。

朝倉は、貨物輸送のための道路改修などにも着手。数年の間だったが、技術者を養成するための鉱山学校が設置され、後進育成も図られた。同時期、別子銅山（愛媛）の総支配人広瀬宰平をはじめ、多くの鉱山関係者が生野を訪問。近代的な鉱山開発を学び、その手法は各地に広まった。

その偉業をしのび、生野町には「盛明橋」と名付けられた橋が残る。幾度か架け替えを経たものの、変わらぬ名で親しまれている。

■3・電信・郵便／通信網で全国つなげる

「電信機を新設したい」。神奈川府判事を務める寺島宗則（薩摩藩出身）は慶応4（1868）年9月、外国官にそう要望した。東京府の開市（市場の開放）を前に、神奈川府との書簡往復が増え、経費もかさんでいた。それまで海路での輸送が主だったが天候の影響などで船が使えないこともあり、さらに連絡案件の増加も予想されていた。

文字や数字を電気信号に変えて伝え、遠方にも瞬時に連絡できる電信。当時、英国は上海からロンドンまでの電信網を完成させようとしていた。だが、「針金中の電気で手紙を送る」など日本では〝おとぎ話〟のような最新の通信技術だった。

幕末に2度の欧州渡航経験があり、島津斉彬の下では電信機の製造実験にも携わった寺島にとって有効性は言わずもがなであった。東京―横浜間の通信網整備を提案し、すでに機械一式を注文しているので「承知してほしい」と訴えた。

明治政府は寺島の建議を契機に12月、電信整備を決定。翌年6月に英国の電信技師ジョージ・ギルバートを招いて建設に着手、32キロにわたる電線の架設工事が始まった。

構想決定から1年となる12月25日、国内初の電信事業を担う「横浜電信局」が開業した。始業式には寺島も初代電信長官として臨み、創業を祝った。寺島が「電信の父」と呼ばれるゆえんだ。その後明治4（1871）年に長崎―上海間、明治6年に東京―長崎間、大阪―京都間など電信網は次々に整備された。

◇　◇

明治初期に整備された公共通信インフラが「郵便制度」である。制度確立に向けて中核を担ったのが、前島密だ。

越後上田藩の出身で、後に幕臣・前島家を継いだ前島は、13歳で江戸に出て学問に励み、全国行脚に出た。長崎で語学や数学などを学び、薩摩藩の洋学校「開成所」に招かれ、教べんを執った時期もあった。異色の経歴の持ち主だ。

寺島宗則（薩摩英国館収蔵）

各地を旅していた前島は「異郷にあって最も知りたいのは故郷のことだったが、当時は知るすべがなく、嘆くばかりだった」という。その経験が官民問わず一定料金で書状などのやり取りができる近代郵便制度への関心につながっていった。

◇　◇

江戸時代、陸の公共通信インフラは「駅制（宿駅制度）」と呼ばれるものだった。五街道など主要道において一定の距離間隔で宿駅が置かれ、各駅常駐の飛脚や馬を使って、次の駅まで人や物資、書状などを届ける仕組みだ。

駅制は公的機関を主としたが、全ての階層が利用することができた。ただ公用は低価格で利用可能で、その件数が増えたため採算が合わなくなり、幕末期には破綻しかけていた。前島は「駅制」を再編、利用しようと考え、各宿駅に郵便取り扱い機能を持たせて事業開始を目指した。

明治2年、政府に出仕し、翌年に通信を管理する役所「駅逓司《えきていし》」の事実上の長官に就いた。東海道筋で東京から京都、大阪を毎日往復する郵便制度の実施をうたった「郵便創業」を建議。国内に広く誰でも利用できる郵便網確立に向け、本格的に動き出した。

郵便事業が始まった当初の郵便差出箱（郵政博物館収蔵）

前島は駅逓司を一度離れたものの、郵便制度の準備は進み、明治4年3月に東京―京都―大阪間で書状のみの取り扱いが始まった。郵便事業は当初官吏が担ったが、次第に民間が代替していった。翌5年に全国配送が実現し、その後全国均一の料金体系が確立した。

明治4年の取り扱いは56万通で、3年後は1673万通(はがき含む)にまで延びた。殖産興業をはじめ、中央と地方の密な連携が求められる時勢に通信インフラの整備は政府にとって重要施策の一つになっていた。

郵政博物館の井上卓朗館長は「旧来システムの刷新ではなく、再利用したのが幕臣だった前島の特徴。通信分野の発展においては、江戸から明治への連続性があった」と指摘する。

■4・内務省発足／博覧会、民業育成へ波及

巨大な風車や在来技術でつくられた紡績機など、あらゆる機械類が顔をそろえた。各地の特産物や園芸品、美術品も多数展示。日本の産業文化の粋が一堂に集められた会場は、来場者が途切れなかった。

西南戦争の戦闘が九州各地で続くさなか、明治10(1877)年8月21日、東京・上野の特設会場(約10万平方メートル)で「第1回内国勧業博覧会」は始まった。博覧会を主催したのは内務省。

総裁を務める内務卿の大久保利通は「百工相見《ひゃっこう》て互いに自ら奮励し、商売は販売交易の途《みち》を開く」機会とうたい、殖産興業の推進を図った。

内国博は欧州での「万国博覧会」を参考に計画。内務省勤務の町田久成（薩摩出身）らの姿もあった。準備期間はわずか1年余りだったが、各府県から出品を募り、官民合わせて8万4352点の機械産物が集められた。だが、鹿児島県からの出品はなかった。

会場には本館、機械館、農業館などが設けられ、11月末までの3カ月余りで来場数は45万4168人に上った。優秀な出品物には褒賞もあった。西南戦争で開催も危ぶまれた一方、この〝成功〟が各地で小博覧会が開催されるきっかけをつくり、産業奨励に貢献した（國雄行「博覧会の時代」）。

◇　◇

工部省主導による政府の重工業を中心とした殖産興業政策は、明治6年に転換点を迎えた。政府を主導する立場になった大久保が11月に、内務省を発足させたためだ。

岩倉使節団で1年半ほど欧米を巡り、最先端の産業文化に触れてきた大久保。「人品が変化した」と評されるほど識見を蓄え、富国のためには殖産興業の必要性を胸に帰国した。内務省は警察や地方行政に加え、勧業の業務も担った。大久保は官による誘導奨励を頼りにせず、民間の主体的な工業化、殖産を目標として施策を進めた。

第１回内国勧業博覧会の会場（国立国会図書館ＨＰから転載）

積極的な民業育成の一つとして、軽工業や農業分野の勧業があった。東京の農業研究機関「内藤新宿試験場」の機能充実や、指導者を養成する「駒場農学校」などを整備した。安積原野開墾（福島）をはじめ、東北地方の開拓も奨励した。

東京大学の鈴木淳教授は「西洋での体験はもちろんだが、幅広い分野での殖産興業を進めた薩摩の集成館事業の気風を受け継いだ大久保らしい政策」とみる。

◇　◇

土地開発を中心に近代的な勧業政策が進められたのが、北海道（蝦夷）の地だ。明治2年に設置された開拓使が主導した。山林を国有化し、河川や沿岸に漁業権を設定していった。

薩摩出身の黒田清隆が着任したのは翌3年8月で、4年後には長官に就いた。開拓の推進に向けて自ら渡米し、同郷の駐米弁務使・森有礼の協力を得て、現職にあった合衆国農務局長ケプロンを北海道に招いた。ケプロンは辞職して訪日、開拓顧問となった。

ケプロンは農業機械を生かした、大規模経営による西洋式農業が適していると助言した。開拓使は早速それに従い、小麦や麻、ブドウ、ホップなどの栽培を展開した。外国製機械も積極的に導入され、農具や家具を生産する「札幌機械場」や、水産加工場が官営で次々に建設されていった。

開拓使には多くの薩摩出身者が加わった。英国留学生で、麦酒醸造所(サッポロビールの前身)建設に尽力した村橋久成もその一人。札幌で造られたビールは、第2回内国博(明治14年)で表彰された。また北海道の開拓と警備を目的に、黒田の建議で明治8年に設置された「屯田兵」にも薩摩出身者は少なくなかった。

明治9年、札幌農学校が開校し、クラークが初代教頭を務め、人材育成にも力が入れられた。北海道では農業に限らず鉱山開発や鉄道、道路、港湾の建設なども進行した。戊辰戦争で敗れた東北諸藩の士族らが厳しい環境に耐えながら労働の担い手となり、先住民族アイヌの生業を奪いながらであったが、殖産興業は波及していった。

■5・紡績・製糸業／薩摩に原点、進む機械化

明治改元の前年にあたる慶応3（1867）年5月、鹿児島城下の磯地区に国内初の近代紡績工場「鹿児島紡績所」が産声を上げた。蒸気動力で稼働する最新鋭の精紡機や開綿機など150台が備え付けられ、綿糸は従来の手紡ぎの6倍近い生産量を誇った。

石造り平屋建ての紡績所には、200人の職工が一日10時間勤務。英国から招かれた技師7人が技術指導した。西洋式の紡績技術を駆使することで1日に約180キロの綿糸を紡ぎ、白木綿などが織られた。

最新機械は、2年前に密かに英国派遣された新納久脩と五代友厚が紡績大手の「プラット・ブラザーズ社」から買い付けたものだ。背景には使節派遣前、機械輸入を藩に献策していた人物の意向も働いていた。当時、薩摩藩洋学校「開成所」教授を務めていた、石河確太郎だった。

大和国出身の石河は、江戸や長崎で西洋への見識を深めた後、藩主・島津斉彬に請われ、鹿児島にやって来た。「集成館事業」に携わり、斉彬の命を受けて紡績分野の研究も進めた。

文久3（1863）年には「木綿布は貴賤《きせん》共日用不可欠」とした上で、産出の莫大《ばくだい》なる西洋の「器械一具《いちぐ》御取り入れ成し下されたく存じ奉《たてまつ》り候《そうろう》」と建言した。在長崎のオランダ人からの

石河確太郎
（尚古集成館所蔵）

購入を推奨しており、この建言が五代らの手配につながった。

薩摩は明治に入ってからも紡績事業の手を緩めず、綿作が盛んな関西地方に石河らを派遣。明治3年、「堺紡績所」を操業し、近代紡績の礎を築いた。石河は〝斉彬の遺志〟を守り続けたのだった。

◇　◇

政府では内務省が中心となり、洋式工場の設置に取りかかった。明治11年、水車動力の「ミュール精紡機」を英国から輸入した。明治14年に紡績業界では初となる官営模範工場「愛知紡績所」を建設した。だが、地理的な悪条件などで経営はふるわなかった。

政府は起業基金でイギリスから紡績機械10基を購入し、民間に払い下げる事業も展開。機械の払い下げを受けた士族や豪農らによる民間10社（十基紡）が発足した。だが十基紡も技術的な失敗や資金繰りの問題で悪戦苦闘だった。

小規模経営による採算性が課題となる中で明治10年代後半に入ると、蒸気機械を生かした大規模工場の建設が始まり、経営が軌道に乗り始めた民間企業も出てきた。官よりも民

国内最初の官営製糸工場として操業した富岡製糸場。色鮮やかな錦絵に描かれた（国立国会図書館ＨＰから転載）

が業界を先導し、綿糸、綿織物は日本の主要輸出品目に成長していった。

◇　◇

〝開国〟以来、日本の主要輸出品は生糸だった。当時、西洋における主産地のフランスやイタリアで蚕の病気が流行し、日本からの生糸が高値で取り引きされた背景があった。輸出額も全体の8割ほどに上った。

欧州での高値は、国内各地で養蚕や製糸業を盛んにさせていった。政府による鉄道敷設により効率的な輸送も期待される中、生糸検査技師ブリューナの指導の下で明治5年、フランス式繰糸機を備えた官営製糸工場「富岡製糸場」（群馬）が建設された。機械の設置にあたり、石河も指導的な役割を果たした。

同製糸場では、各地から技術伝習を望む工女が募集された。信州松代藩士の娘だった和田英は工女になるため国元を離れる際、「たとい女子たりとも、天下の御為《おんため》になることなら参るが宜《よろ》しい」「この地（信州）に製糸場出来《しゅったい》の節差し支えこれ無きよう覚え候よう」と激励されて送り出された。

工女の年齢は10～20代が中心で、明治６年1月時点では４０４人が勤め、高品質に重点を置きつつ明治26年まで官営が続いた。当初はブリューナをはじめ、お雇い外国人への高額給与の支払いなどによって赤字経営が続いたが、明治８年に外国人が去ると黒字に転じた。

工女らは高い技術を身につけた後、各地方に戻り習得技術を伝えていった。男性中心の重工業に比して、軽工業では女性たちの活躍も目覚ましかった。

■６・企業勃興／五代や渋沢らが先駆け

「欧羅巴（ヨーロッパ）に於いて国家の基本たるもの二《ふたつ》あり、『インヂストレード（産業）』、『コンメンシアール（貿易）』と云《い》ふ。（中略）此二を以て国力を充《み》たし強兵に及ぼすことなり―」

渡欧中だった薩摩藩の五代友厚は、列強国を実地に見聞して得た自身の国家論を、慶応元（１８６５）年11月11日付の書状で国元（薩摩）に伝えた。産業を興して貿易を活性化させることが、国力をつけるのに欠かせない。帰国後の五代の半生は、この理念の実践だった。明治政府に出仕し外国事務掛で活躍したが、明治2(1869)年7月官職を辞して、大阪に居を定めた。維新の混乱で停滞していた商都・大阪の経済再生を目指しつつ、民間の立場から殖産興業による国造りに動き出した。

五代は、鉱山経営に民間としていち早く乗りだした。製藍業をはじめ各種事業を展開しつつ、利害対立する起業家たちの力を結集させる組織づくりにも奔走。大阪では堂島米商会所を再興したり、大阪株式取引所や大阪商法会議所(のち商工会議所)の設立に尽力したりした。

晩年、こう語ったという。「余はたとえ事業に失敗して財産を失ったとしても、国家国民を幸せにすることができるのであればそれが余の望みだ」(五代龍作『五代友厚伝』)

◇　◇

明治13年11月、官営工場の払い下げ概則が公布された。「工業勧奨のために其の模範を示すに止めるもの」といった基準を設定した。これまで内務、工部の両省が管轄していた工場14カ所を払い下げ対象とした。

内務省が漸次進めてきたとはいえ、民間主導の殖産興業に大きくかじを切る政策転換だった。官営工場はお雇い外国人の高額給与や、品質競争ができないといった理由などから軒並み赤字経営に陥り、財政を圧迫していた。

だが、厳しい条件で希望者が現れず、翌年10月同概則は廃止された。政府が特に産業界の中核として期待する政商に優遇するかたちで、工場は払い下げられた。薩摩出身の商人で川崎造船の創業者、川崎正蔵に兵庫造船所が譲渡されたのをはじめ、長崎造船所が三菱、三池炭坑は三井などの手に渡った。

開拓使の官営工場を、長官の黒田清隆が同郷の五代に安価に払い下げようとして、世間から批判されたのもこの時期だった(開拓使官有物払い下げ事件)。

重工業は政商が中心となる一方、薩摩切子職人も学んだ「品川硝子製造所」などの官営施設も順次払い下げられた。薩摩出身の吉井友実の勧めでマッチ研究を始めた、清水誠が明治9年に立ち上げたマッチ製造所「新燧社《しんすい》」ほか、各種分野の企業が勃興していった。

◇　◇

「西の五代」に対し、東京を中心に経済界で不動の地位を築いたのが、元幕臣で「東の渋沢」と呼ばれた渋沢栄一だった。

渋沢も五代と同様に藩政時代に渡欧し、先進的な社会制度に触れて帰国した。政府出仕後は、貨幣制度や国立銀行条例(明治5年制定)の草案づくりなど殖産興業政策を支える基盤整備に精を出したが、官界を辞して実業界に転じた。

五代友厚と渋沢栄一（ともに国立国会図書館ＨＰから転載）

まず取り組んだのが、明治6年に設立した国内初の民間銀行「第一国立銀行」の運営だった。佐賀の乱や台湾出兵で国内経済が混乱する中、頭取として陣頭指揮を執りながら難局を乗り切り、その後の民間銀行開設の先駆けとなった。

その後も、多くの会社の経営や支援に尽力。王子製紙や日本鉄道など分野は多岐にわたり、生涯に関わった企業は500社に上った。もとは農家の生まれで、幕臣となり敗軍に回るなど逆境にも立たされたが、才覚で経済界の頂上に上り詰めた。終始一貫したのは「官尊民卑」の打破だった。

志學館大学の原口泉教授＝日本近世近代史＝は「五代、渋沢は共に自ら財閥になろうとしなかった。個別の実利だけを目指したのではなく、列強国と肩を並べるための富国造りのために、民間側から殖産興業を支えた」と分析した。

第5部　変貌の足音　文明開化

序

明治新政府は、近代国家建設のために、欧米先進国の制度や技術だけでなく、衣服や食、建築、慣習など文化・生活面でも欧米式の導入を推し進めた。いわゆる「文明開化」と呼ばれ、都市部から広がり、徐々に変貌していった世相文化を追う。

■近代西洋の文物／洋行知識人、経験を発信

散切《ざんぎ》り頭を叩《たた》いてみれば、文明開化の音がする—。明治維新後、急速な西洋文化の流入が始まったが、広く口にのぼった流行《はやり》歌が象徴していた。この「文明開化」という言葉は、福沢諭吉が英語のシヴィライゼーション（文明）の訳語として使ったのが始まりだ。徳や教養のあることを意味した「文明」と進歩をはかる「開化」とを合成した造語だった。まさに日本

文明開化に関する年表

※明治5年までは旧暦

慶応2（1866）年	12月「西洋事情」初編刊行
明治元（68）年	4月 慶應義塾開校
明治2（69）年	本木昌造、鉛活字の量産技術導入に成功
	この頃、人力車が発明
明治3（70）年	12月 初の日刊紙「横浜毎日新聞」創刊
明治4（71）年	4月 戸籍法公布（72年施行）
	仮名垣魯文「安愚楽鍋」刊行
	7月 廃藩置県
	8月 散髪・脱刀、華士族・平民の通婚許可。賤称廃止
	11月 岩倉使節団出発
	洋食店開業が盛んに

全体の「近代化」を象徴した。

大分・中津藩出身の福沢が著した「西洋事情」初編は慶応2(1866)年に刊行、一説に25万部という今で言う〝ベストセラー〟になった。世界各国の歴史や政治・経済、社会、風俗までを解説する内容だ。当時、民衆に欧米に関する知識はほとんどなく、体験を基にした見聞記が反響を呼んだのは自然なことだった。

福沢は、外国にしかない文物や制度を理解し、伝えるのに苦労した。郵便制度が分かるまでに数日を費やし、銀行や保険会社の仕組みを飲み込むのにも骨を折った。原書に「バターのようにやわらかい」とあるのを「味噌《みそ》のように」と書き換えたり、難字難文を避けたりと伝わるように心を砕いた(富田正文著「考証　福澤諭吉」)。

慶應義塾福澤研究センターの西澤直子教授は福沢が圧倒的に支持された理由は「分かりやすさだ」と言う。「福沢はヨーロッパで新聞の影響力を肌で感じ、情報の大切さをよく分かっていた。だから出版を手がけ、多くの人々に伝える努力を惜しまなかった」と指摘する。

維新前後の約10年間、社会や国家論を説く「学問のすすめ」「文明論之概略」を次々刊行。

明治5(72)年　2月　兵部省添屋敷から出火、銀座京橋など焼失
12月　太陽暦採用
明治6(73)年　3月　天皇断髪
8月　明六社設立
散切《ざんぎ》り頭、牛肉店流行
明治7(74)年　7月　銀座煉瓦《れんが》街完成
12月　煉瓦街にガス灯点火
明治9(76)年　3月　廃刀令

洋服の着方などの案内「西洋衣食住」や世界の国情を知らせる絵入りの紹介本、和暦から西洋暦への改暦を説く「改暦弁」など数々の〝文明開化〟の主導者として名を響かせた。

◇　◇

福沢は万延元（1860）年から慶応3年にかけ、幕府の遣欧米使節に3度も参加するというまれな体験をした。

初めての渡米は27歳。軍艦奉行の従僕として、軍艦咸臨丸で勝海舟らと同行した。ホテルに敷かれた高価なじゅうたんに驚き、コルクを抜くと音がするシャンパンに肝を冷やし、そのグラスに浮く時節外れの氷にも感心した。

2度目が一番長く、約1年旅した欧州だ。香港、シンガポールなどを経てフランス、イギリス、プロシアといった列強国を訪問した。

30歳だった薩摩藩士寺島宗則も同乗していた。外国方翻訳局員の同僚で、ともに英学の才を買われ抜てきされた。二人には浅からぬ縁もあった。福沢は安政5（1857）年、中津藩命で同江戸藩邸の蘭学《らんがく》塾教師に就くが、その前任者は寺島であった。日本の将来について船中で論じ合い、滞欧中は監視するような上司を「鎖国をかついで」やってきたようだと笑い合った。

福沢は購入した1冊の手帳に聞き取りなどを詳細に書き留めた。こうした体験に加え、大量に買い込んだ原書が結実したのが「西洋事情」だ。吸収した先進国の文明、文化を知らせて日本の独立を守り、新国家建設に役立てるのが使命と考えていた。

福沢諭吉（国立国会図書館ＨＰから転載）

◇　◇

維新直後、福沢は新政府からの出仕要請を固辞していた。開化政策の方向性が信用できなかったことと、「学者は国家権力から距離を置き、政策を提言すべき」との持論からだ。

明治６(73)年設立の学術団体「明六社」の機関誌では「学者は在野にあるべき」との福沢の主張を巡り論争になった。発起人で薩摩藩出身の森有礼は、国家への義務を果たしうる自立的学者の必要性を説き、福沢に反論した。

福沢は、主張通り官職に就かなかった。明治元年、「慶應義塾」と命名した東京の芝新銭座(現浜松町)の学塾を拠点として教育者、言論人、出版事業者として歩んだ。

「列強と対等の国づくり」という志を同じくしながらも、外交や教育畑など政府の要職を歴任した森や寺島とは対照的だ。西澤教授は「精神的、経済的に独立した人材が、西欧諸国と並ぶ国家形成につながると考えていた。人づくりが最優先だった福沢にとって自然な選択だった」とみる。

【俯瞰図】　福沢と西郷、互い認め合う

新政府の参議を務めた西郷隆盛が、福沢諭吉と直接会う機会はなかった。しかし、その思想に共鳴し門弟に著作を薦めるなど、福沢に対して敬意を持っていた。

明治7（1874）年、大山巌宛て書簡に、福沢の著書について「実に目を覚まし申し候《そうろう》。先年より諸賢の海防策過分に御座候え共、福沢の右に出るものこれある間敷《まじく》と存じ奉り候」としたためた。感銘を受けたのはベストセラー「学問のすすめ」（明治5年）か「民間雑誌」とみられる（石河幹明著「福澤諭吉伝」）。国防に関する意見に共感を覚えたようだ。西郷は「文明論之概略」（明治8年）も読み、少年子弟に読んだ方がいいと勧めた。福沢の全集の緒言に、そう書かれていた。

慶應義塾開塾から明治10年までに薩摩出身の入門者は130人。うち2人には西郷自ら保証人となっていた（富田正文著「考証　福澤諭吉」）。その後10年でさらに100人余りが加わった。

西郷が保証人になったうちの一人、高橋仲二によれば明治5、6年ごろ太政官《だじょうかん》からの帰り道、西郷が礼装の時に着ける角帯を薩摩の書生に買ってやったという逸話が残る。東京

の芝日陰町（現在の新橋）の古着屋に立ち寄り、「お前たちは此帯を締めて行かねば福沢の塾に入れられぬぞ」と与えたという。

一方の福沢も、西郷の良き理解者だった。西南戦争（明治10年）に際し、征討令の発令猶予を求め、休戦と裁判による問題解決を求める建白書を起草した。終戦直後に「丁丑《ていちゅう》公論」で西郷を擁護。政府の専制に武力で立ち向かったことには賛成しないが、「抵抗の精神」については「間然（非難）すべきものなし」と評価した。

長く西郷の名誉が回復されていないことを嘆いた。明治16年、西郷銅像の計画が持ち上がると「永く翁《おきな》の偉勲を欽慕《きんぼ》するの意を表せん」。義援金を募る趣意書を書いたのも福沢だった。

識者はこう見る／　欧米文化、都市から地方へ

＝日本大学商学部・刑部芳則准教授

明治新政府は衣服や食など生活、文化面でも欧米文化の導入を進めた。その受容の過程や変化について日本大学の刑部芳則准教授に聞いた。

――文明開化とは。

「大きく言えば江戸時代までの慣習や常識が新しいものに切り替わる大転換のことだ。明治4（1871）年7月の廃藩置県によって開化政策は本格化した。これ以降、散髪・脱刀や華士族と平民の結婚が許されたり、太陽暦が採用されたり、新たな政策が次々に打ち出された」

――具体的な変化は。

「服装では、政府官員がまず洋服を着始めた。建前では大名と家臣という主従関係は解消されたが、意識は簡単に変わらない。明治新政府は、大久保利通や西郷隆盛といった士族らが政府中枢を担ったが、それぞれの出自が政権運営に影響する弊害を避けるため髪型や帯刀を含め公家、藩主、家老といった身分を外見から分からなくする必要があった。国際社会の一員になる上でも公家や武家の伝統的装束より洋服がふさわしかった」

――スムーズに受け入れられたのか。

「もちろん反発もあった。その象徴的な存在が、生涯まげを切らず和装を通した島津久光だ。服制については廃藩置県以前に戻るよう主張し続け、公家や不平士族らの期待を集めた。だから新政府も改革は慎重に進めた。久光の考えは現代から見れば古く感じられるかもしれないが、日本独自の慣習を重んじる点など、理解できる面もある」

―食などはどうか。

「外国人が住む居留地の食習慣が持ち込まれ、肉食が広まった。和洋折衷の『牛鍋』はその波に乗り人気を博した。福沢諭吉は『肉食之説《にくじき》』を執筆、奨励している。また、アイスクリーム店も開業した。幕末の遣米使節団の一人が、アメリカで食べた体験を基に横浜の馬車道で初めて売ったとされている。ほかにもコーヒーや牛乳などさまざまな新しい食文化が現れた」

「文明開化の舞台は新しい都となった東京であり都市。その意味で銀座煉瓦《れんが》街は、象徴的な都市空間だった。『地方も、あなたがたが住んでいる所も、やがてこうなる』と視覚的に発信された。欧米文化の導入は、反発や地域ごとの受容の時間差をはらみながら、都市から地方へと徐々に広がっていった」

【略歴】おさかべ・よしのり　１９７７年、東京都生まれ。中央大学大学院文学研究科博士後期課程修了。著書に「洋服・散髪・脱刀」「帝国日本の大礼服」など。専門は日本近代史。

■1・西洋料理／牛鍋が流行、政府も奨励

「牛は至極高味《こうみ》（おいしい）でごすネ」「文明開化といッてひらけてきやしたから、我々《われわれ》までが食うようになったのは実にありがたいわけでごス」――。

戯作者《げさくしゃ》仮名垣魯文《かながきろぶん》の書いた「安愚楽鍋《あぐらなべ》」は、文人画家、花魁《おいらん》、落語家などさまざまな階層の客があぐらをかきながら、牛鍋を囲む庶民の生態を素描した。明治4～5（1871～72）年に書かれ、牛肉のおいしさと効用などを訴える文明礼賛の書として支持された。

牛鍋は牛肉とネギを、みそやしょうゆ、砂糖で煮込んだ料理だ。流行は瞬く間だった。安政5（1858）年、アメリカなど諸外国と通商条約が結ばれたのを皮切りに、外国人の居留地向けに牛肉の需要が増加した。「おいしい」と分かれば横浜、東京などで牛肉店や牛鍋屋が相次ぎ開店していった。牛をはじめ肉食が庶民に受け入れられる様子は外国人に風刺されたほど。英国人画家ワーグマンは「牛肉を食べ、ビールを飲めば人間になれると思っている」と、オウムに見立てた風刺画で当時の日本人の〝西洋崇拝〟を皮肉った。

明治期の風俗史に詳しい川崎市市民ミュージアム元学芸室長の湯本豪一さんは「牛肉が広く受け入れられたのは日本的な調理法が大きかった。庶民の口にぴったり合った」と解説する。

◇　◇

獣肉食は江戸幕府が禁令を出し、仏教の「殺生禁断」や神道のけがれの意識の影響も相まって禁忌とされていた。例外だったのは薩摩藩。幕末、徳川慶喜から豚を再三所望された家老小松帯刀が、国元に「皆々差上候《さしあげそうろう》（全部差し上げた）」と書いた手紙が残るなど、薩摩では豚肉を食べる習慣が根付いていた。中国から、実質支配していた琉球を通じて入ってきた可能性が高いとみられている。だが、これを除くと一般的には薬用などで食べられる程度だった。

牛鍋屋で食べる男性。メニューに「ビイル」「サンパン」が見える（「安愚楽鍋」より＝国立国会図書館ＨＰから転載）

禁忌が薄れていったのは、政府が肉食を奨励したという背景があった。西洋列強国に認められるには肉食を解禁し、生活の洋式化を進めることが必要だった。欧米人との体格差解消も念頭にあった。

明治5年1月、明治天皇は初めて西洋料理と肉食を体

日本の西洋崇拝ぶりを皮肉る風刺画
（「ワーグマン日本素描集」より）

験、大久保利通に「外国人との交際に必要だから食べた」との旨を語った。外国要人と食する宮中の正式料理は西洋料理だ。天皇は和服と和食を好んだとされるが、西洋流のテーブルマナーに取り組んだ。

知識人も洋食や肉食導入に一役買った。福沢諭吉は、けがれ意識からみだりに肉食を嫌う風潮を「道理をわきまえない」と切り捨て、いち早くナイフやフォークといった道具や食べ方を教える絵入りの「西洋衣食住」を出した。仮名垣や福沢に影響された加藤祐一らの指南本が次々に続いた。

◇　◇

西洋の主食パンを売る店も広まり始めた。中でも和洋折衷の発明は「あんパン」。東京で創業した木村屋総本店が、パン生地であんこを包み人気を博した。侍従の山岡鉄舟（元幕臣）が天皇にも献上し、明治8年御用達になった。

本格的な西洋料理店は東京・築地采女町の「精養軒」をはじめ、麹町、上野など明治5年ごろまでにいくつも開業していた。しかし、政府要人や上流階級向けで一般人には縁遠い存在だった。東京、大阪、京都など都市部から手頃な洋食屋が地方へ展開するのは、明治も10年代になってからだ。

鹿児島では15年に「城南松原亭ニ於《おい》テ洋食ノ饗応《きょうおう》アリ」との記述があった（前坊洋著「明治西洋料理起源」）。鹿児島の社会風俗に詳しい唐鎌祐祥氏の著書によると10年ごろ、鹿児島市の大門口に「ちょっとした洋食」が食べられる万勝亭、青柳亭、松原亭、朝日楼などの料亭が軒を並べた。

国士館大21世紀アジア学部教授の原田信男さん＝日本生活文化史＝は「牛鍋は日本料理の伝統を引く新しい和食と言っていい。しかし、庶民の洋食への関心を高め、その普及を準備した」と評価する。

■2・散髪・洋服／「四民平等」社会を象徴

「人の精神は頭部に宿るので丁重に愛護しなければならない。額を剃《そ》って月代《さかやき》にし、帽子をかぶらず日光や寒風に触れると病気の原因になる」。大阪府は明治5（1872）年9月、ちょんまげを切るよう奨励する諭達を出した。

和歌山県が続き、翌6年12月までに14府県で通達が相次いだ。健康上の理由に加え、通達の多くが月代のない髪型は日本古来への回帰とする歴史的な説明で説得を試みた。髷《まげ》を結う時間の損失までやり玉に挙がった。役人を派遣して強制したり、月代のある「半髪」の人や髪結い床に税を課したりした県もあった。

幕府の遣欧使節団や薩摩藩英国派遣使節で幕末に渡欧した寺島宗則は「髷をして道路を歩けば、人が群集し笑われた」と後に回想した。ちょんまげは西洋人にとって「奇怪な未開国」の風俗だった。近代国家の仲間入りを目指す明治新政府は、俗謡で「因循姑息《こそく》」と歌われたちょんまげを一掃しなければならなかった。

散髪は理髪店を生んだ。横浜の髪結い師が外国船に出入りし海外の理髪師から技術を習得、明治元年ごろ開業したのが最初とされる。明治後期の「明治事物起原」によると、散髪の割合は東京府で明治8年ごろ25%、10年ごろ60%と広がり、20年ごろに100%に達した。文明開化とともに散切《ざんぎ》り頭が広がった。

◇　◇

明治天皇は明治5年5月、近畿・中国・九州の巡幸へ出発した。黒色の立ち襟、ホック掛け、燕尾《えんび》形の洋装だった。これまで衣冠束帯だった正装から、洋風の軍服風に一新、開化政策の先導役にふさわしい格好に〝変貌〟した。

身なりの西洋化を図る政府は、明治３年に陸海軍服、翌年警察服、郵便員服、５年に鉄道員服などに洋服を採用、制服も露払いとなり生活に入り込んでいった。

「奇なり妙なり世間の洋服、頭にプロシヤの帽子をかぶり、足にフランスの靴を履き、筒袖はイギリス海軍の装い」――。木戸孝允が出資した東京の「新聞雑誌」に明治４年載った洋服店の広告だ。当時の民衆は洋服に帯刀、髷姿だったり、上から羽織を着けたり和洋混交で思い思いだった。それでも「お雇い外国人」の米国人教師は明治５年２月頃の東京を「刀をつけた人がいない」「ズボンの時代がやってきた。数千人が帽子、靴、背広」と驚きを持って記した。

散髪の通達や、洋服推進の基になったのは明治４年８月「散髪、制服、略服、脱刀共、勝手たるべくこと」とした太政官《だじょうかん》布告だ。自由に任せると言いながら実態は奨励や強制で、江戸時代の身分を象徴する髪型や服装からの解放を意味した。日本大学商学部の刑部《おさかべ》芳則准教授は「直前の廃藩置県によって四民平等に基づく社会へ移行したのが大きかった。大名に仕えた藩士出身者が多数を占める明治政府官僚らが政治運営を掌握することで実施できた」とみる。

◇　◇

急速な西洋化への反発もあった。象徴的な存在が島津久光だ。戊辰戦争で活躍し、帰藩

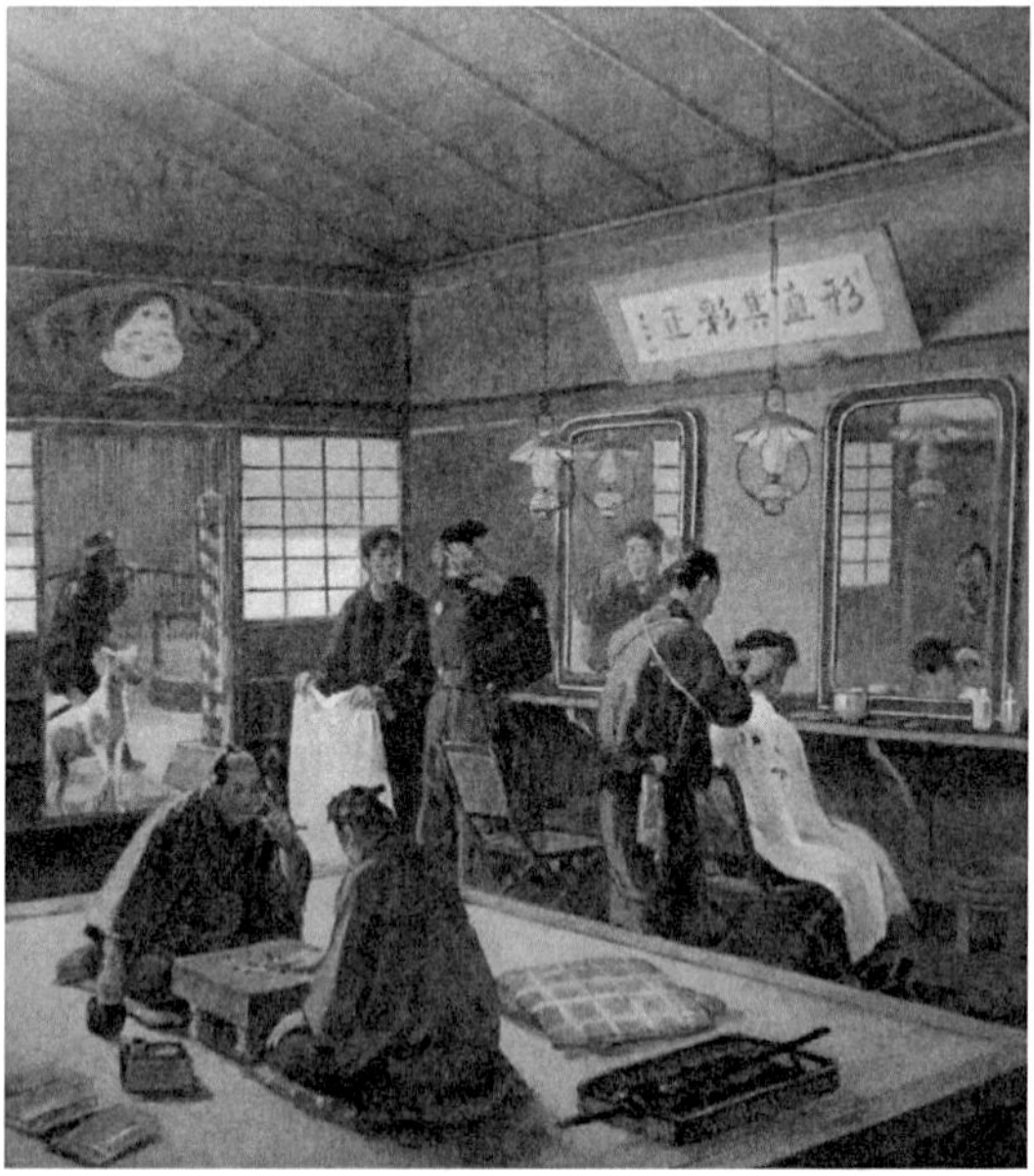

五姓田芳柳作の「断髪布告（理髪所内の景）」。明治初期の様子で、囲碁を打つ客の傍らには刀が見える（「幕末・明治・大正　回顧八十年史」より）

した凱旋《がいせん》兵が非常時の軍服や散髪を改めないことなどに不満を持っていた。明治4年の太政官布告の際も、鹿児島県の島津家家政を管理する内務局では許されなかった。

秩序や礼節を重んじる久光は、身分の区別のない散髪や洋服を容認できなかった。翌5年、廃藩置県以前の体制に戻すよう主張する建言を提出、共感する華族らの期待を集めた。しかし、政府は8年に却下、久光は左大臣を辞した。

この間、鹿児島市では既に明治6年、理髪店が現在の名山町で開業した。店主が研究熱心で東京から職人を雇い入れるなど「鹿児島における最優等」と鹿児島新聞（南日本新聞の前身）が伝えた。刑部准教授は「士族の象徴だった羽織袴《はかま》、結髪、帯刀を続けることは文明開化を理解しない陋習《ろうしゅう》とみなされるようになっていた」と指摘する。

不平士族と平民が結びつく暴動を警戒し、慎重に改革を進めてきた政府は久光の建言却下の翌年、帯刀禁止令を公布した。一方、久光は明治20（1887）年に亡くなるまで、かたくなに髷を結い続けた。

■3・銀座煉瓦街／西洋をモデル、憧れ生む

東京の中心地に西洋の街が出現した。明治10（1877）年5月、完成した銀座煉瓦《れんが》街だ。当時の案内本によると、建物はロンドンを模し、道はパリの街路をモデルとした。新聞の「日新真事誌」は、その景観を「街路一直線にして平坦《へいたん》砥の如く（略）あたかも神仙園の閣道に入るが如く（略）須《すべから》く知る、東洋第一の当府たるを」と伝えた。砥石のようになめらかで一直線の道が、神聖な場所に続くように思われたというのだ。

きっかけは明治5年2月の火事だった。兵部省添屋敷から出た火が延焼し約3千戸が全焼。銀座付近は2年前にも大火が発生した。新橋―横浜を結ぶ鉄道開通を控え、新首都・東京の玄関口整備は明治新政府にとって緊急の課題だった。道路の拡幅と不燃建築、そし

て西洋風が目標とされた。外観を西洋諸国に似せ、列強国への仲間入りをしようとする意図があった。

木造は禁止され、レンガ家屋が並んだ。大通りは歩道も含め約27メートルに拡幅、松や桜、楓《かえで》の街路樹が植えられた。裏通りも道幅を決めて造られた。京橋―新橋約1キロの大通りができた明治7年7月から5カ月後、ガス灯が初めて点灯した。先端に火種をつけた点灯夫が数メートルの長竿《ながさお》を担ぎ、つけて回った。雑踏の中を明治2年発明された人力車が走り、乗合馬車が客を運んだ。洋服姿の散切《ざんぎ》り頭が通りを闊歩《かっぽ》した。

◇　◇

銀座煉瓦街の設計はアイルランド人の建築技師、30歳のトーマス・ウォートルスが担った。彼の日本での出発点は幕末薩摩だった。

薩摩藩が奄美大島に進めていた白糖工場建設のため英国商人グラバーの斡旋《あっせん》で雇われた。慶応元(1865)年から、久慈(瀬戸内町)など4カ所の工場を建て、これは日本初の洋式製糖工場だった。宿舎は「蘭館《らんかん》」と称され、今も奄美市名瀬に地名が残る。通訳は同藩士の上野景範が務めた。

ウォートルスは大隈重信に宛てた手紙に「薩摩で(集成館事業に関する)五つの大工場を建てた」と記していた。白糖工場のほかは鹿児島紡績所、国分敷根の火薬製造所など諸説ある。

ガス灯が描かれた錦絵「東京名所之内　銀座通煉瓦道」（国立国会図書館ＨＰから転載）

維新後、長崎から大阪に移り大阪造幣寮（泉布観《せんぷかん》）建設に加わった。五代友厚やグラバーが政府に働き掛け起用が決まった。尚古集成館の松尾千歳館長は「鹿児島で実績を挙げ、薩摩の人脈を得たことが後の仕事につながった」と指摘する。

政府の「お雇い外国人」となって活躍。東京で最初のレンガ建造物の大蔵省金銀分析所、竹橋陣営兵舎などを手掛け、代表作となったのが銀座煉瓦街だ。現在の銀座１～８丁目にあたる約25万平方メートルの広大な街を設計、東京の小菅に設置した製造所でレンガを造り、約１５００戸を築いた。明治10年頃までは「ウォートルス時代」と冠される。

◇　◇

家の列柱が回廊をなす壮麗な街並みが人目を引いた銀座煉瓦街だが、住まいとしては日本の気候に合わず湿気や雨漏りなど欠点もあった。裏に回れば、蔵や物置などがある江戸時代の商家風で内部は畳敷き、板敷きも多かった。住民への払い下げ額が高く、空き家も少なくなかった。華やかさの裏には影も存在した。

当時の英字新聞では「長屋から転じた長い商店街」「ロンドン郊外の裏通り」と揶揄《やゆ》されるなど評価も高くなかった。

それでも銀座は庶民が西洋の大都会ロンドンやパリに行ったかのような錯覚を味わえる街だった。歌川広重ら錦絵作家がイメージ作りに貢献した。明治14年の東京府統計表で、新聞・雑誌社108社のうち50社が一帯に社屋を構えた。記者は「自己の活動の場を必要以上に美化する発言を好み」礼賛に一役買った（林屋辰三郎編「文明開化の研究」）。

白糖工場跡の発掘調査に参加した広島大学大学院助教の水田丞《すすむ》さん＝日本近代建築史＝は銀座煉瓦街について「洋風建築が都市に広がるきっかけになった。洋品店や喫茶店などが集まり、おしゃれな空間を楽しむ消費空間の原型にもなった」と指摘する。

4・活版印刷／情報伝達の量と質一変

「布告布達は活字版で印刷し配る」。明治6（1873）年2月、埼玉県令は明治新政府の出す布告などを活版で印刷すると県内に伝えた。この前年、長崎から東京に進出した活版所の平野富二が「素早く、確実に、手間や費用を減らして情報伝達できる」と売り込んでいた。それまで政府の布告布達は、筆写によって各府県に伝わった。東京の出張所で各府県担当者が転写後、それを受けた各府県で役人が写し取り、さらに各町村の戸長らを通じて住民に知らされた。情報伝達の仕組みは、江戸時代とさほど変わらなかった。

東京大学・鈴木淳教授の論考「活版印刷が開いた近代」によると、東京西部の村では、幕末から明治初年に数十件だった布達が６年に３７５件に激増。郵便制度や小学校設置など重要施策が次々打ち出され、長文もあった。筆写の負担に苦しむ各府県で活版印刷所が相次ぎ設立されていった。

民間の注文が少ない当時、活版印刷が急速に普及したのは「新政府の意図を全国くまなく伝える手段として用いられたからだ」(鈴木教授)。少ない労力と費用で同一文書を大量作製するのに最適だった。その礎を築いたのは、「活版印刷の父」とされる本木昌造で、平野はその片腕だった。

◇　◇

長崎のオランダ通詞だった本木は、幕末から長崎製鉄所に関わり、明治2年に活版伝習所を設置した。長崎英語伝習所の教師だったフルベッキの紹介で、上海の美華書館から印

（左）**本木昌造**（「贈従五位本木昌造先生略伝」国立国会図書館ＨＰより転載）と（右）**木村嘉平**（「木村嘉平とその刻本」より転載）

刷技師ガンブルを招請した。薩摩藩の高橋新吉、前田正名らが編さんし、同年出版した英和辞書、いわゆる「薩摩辞書」を2千部印刷したのが、ほかならぬ美華書館だった。本木はガンブルの指導で金属活字の鋳造に成功した。早くも翌3年、大阪に活版所を創設、事業化に踏み出した。

本木が導入した活字鋳造は電胎法（電気分解法）という。まず種字をつくり、それを硫酸銅の溶液に入れ、電流を流して表面に銅を付着させる。はぎ取った銅を鋳型とし、鉛を流し込んで活字をつくる方法だ。破損や摩耗しやすい木版印刷の欠点を克服できた。本木は、自らの活字鋳造と印刷技術を公開、普及を推し進めた。

本木が事業化する6年も前、島津斉彬の命令で同じ方法による金属活字鋳造に成功した人物がいた。江戸の木版師・木村嘉平だ。江戸薩摩藩邸に出入りする蘭学《らんがく》者から技術を学び試行錯誤したと言われる。後ろ盾の斉彬が亡くなった後も研究を続け、完成させたが、日の目を見なかった。

印刷文化研究家の河野通さんは「本木には技術、資本、人脈・人材など事業化に必要な条件がそろっていた。そうした環境があれば、木村が先んじていたかもしれない」と話す。

本木の人脈の一人として支えたのが、薩摩藩出身の五代友厚だった。二人は幕府や諸藩の俊才を集めた長崎海軍伝習所で一緒になり旧知の仲。官を辞した五代は、大阪活版所開設を本木に促し出資者になった。

◇　◇

同じ文書を大量に作製する力は、さまざまな情報を全国に流通させることにつながった。

新聞もその一翼を担った。日本初の日刊紙「横浜毎日新聞」は明治３年創刊、鉛活字で両面を印刷した。印刷には本木らも協力したという。同紙をはじめ、５年創刊の「東京日日新聞」などは当初、木活字や木版を併用していた。技術や設備の確立、分かりやすい表現を使った大衆向け新聞が創刊され、浸透していった。福沢諭吉の「学

木村嘉平が製作した活版印刷の道具（尚古集成館所蔵）

問のすすめ」など出版物が広まり、教科書の供給も活版印刷が支えた。

印刷博物館学芸員の本多真紀子さんは「大量印刷により値段が下がり、出版物を手に取りやすくなったのに加え、情報が伝わるスピードも早まった。政治や思想、芸術など幅広い分野にわたる知識がもたらされ、政治運動や新しい文化を生み出す原動力になった」と活版印刷の役割を評価する。

■5・太陽暦／財政難から急きょ導入

海外視察や幕末の不平等条約改正に向けた交渉を目的とした「岩倉使節団」は、明治4（1871）年11月21日、最初の訪問国アメリカに向かう船中で〝正月〟を迎えた。欧米先進国が採用する太陽暦（グレゴリオ暦）では、その日は72年1月1日に当たっていた。一行は外国人船客に付き合わざるをえず、シャンパンなどで祝杯を挙げた。

日本の正月も忘れなかった。約40日後、米中西部ソルトレークシティーで明治5年の元日を迎え、現地要人も交えた数十人で盛大に「2度目の正月」が催された。日本はこの時、まだ欧米とは違う太陰太陽暦（旧暦）で動いていた。

◇　◇

明治新政府は明治5年11月9日、何の予告もなく、この年の12月3日を、明治6年1月1日とすると発表した。千年以上の歴史がある旧暦から太陽暦への改暦だ。実施まで、わずか23日しかなかった。

改暦の詔書は「旧暦では2、3年に1回、1年が13カ月の閏《うるう》年を設け、季節との調整をしなければいけない。太陽暦は季節に遅れたり進んだりせず、旧暦よりはるかに精密」とうたった。旧暦のままでは、太陽暦の欧米列強との外交交渉に不都合だった。独立国家の立場を確保するために改暦は開化政策の中に含まれていたが、問題はタイミングだった。

改暦は、岩倉使節団の留守をあずかる参議兼大蔵卿・大隈重信が主導し、発表2、3カ月前に決めたとされる。財政問題が大きな理由だった。当時、政府は鉄道や各種工場、学校創設といった新規事業などで財政がひっ迫していた。「中央政府、各府県のひと月分の月給の総金高は随分多額で、2、3年ごとの閏年は、さらに1カ月分増える。この困難を救うには閏年のない太陽暦にするしかない」。大隈は回顧談で、おおむねこう振り返った。

明治5年12月は2日間しかなかったので、月給は支給されなかった。旧暦では翌6年は閏年だったため、改暦によって閏月の1カ月分と、前年12月分の合わせて2カ月分の人件費が節約されたのだった。

大隈重信（国立国会図書館ＨＰより転載）

◇◇

庶民にとっては、暮れの12月が2日で突然打ち切られ、いきなり太陽暦が導入されるという乱暴きわまりない事態だった。

新聞などによれば、当時あり得ないことの例えだった「晦日《みそか》に月が出る」ことが現実になり、人々は「晦日に月がいづれば、玉子の四角もあるべし」と戸惑った。市中では餅をつく間さえなく、元日となった旧暦12月3日の東京・浅草の年の市は「人出も寂々寥々《りょうりょう》」だった。

農家では「新暦は天朝様のお正月、旧暦は徳川様のお正月」と唱え、作付けや収穫などは従来通り旧暦で行われた。親しんだ旧暦からの切り替えは簡単ではなかった。

鹿児島でも年貢上納や未払い請求の支払いなどは、旧暦通りという臨時措置が取られたが、例祭や市の日取りなどが狂って県内各地で混乱し、問い合わせが県庁に殺到した（南日本新聞社編「鹿児島百年」）。

明治6年、福井では騒動が起き、断髪や洋服などの風習や太陽暦停止が要求された。同じ頃、福岡であった士族の暴動でも、禄《ろく》の増加や新暦廃止が掲げられ目の敵にされた。一方、福沢諭吉は「改暦弁」を出版、太陽暦がいかに合理的で便利であるかを巧みな比喩で説き、「日本国中の人民この改暦を怪しむ人は必ず無学文盲の馬鹿者なり」と強い表現も使っ

改暦前の明治２年の略暦。中段に１年が「凡三百五十五日」とある。金神は方位を侵すとたたる悪神

改暦後の明治９年の略暦。閏年のため１年は「三百六十六日」。その上に皇紀が見える

※いずれも国立国会図書館ＨＰより転載

て支持を得た。

改暦と同時に時刻法も変わった。昼夜別々に6等分し一刻とする不定時法が廃され、1日を24時間とし、60進法で分・秒をおく定時法が採用された。また週休制も導入（明治7年以降）、官庁や学校などから徐々に浸透していった。

こうして暦と時間が標準化される中、江戸期には許されていた地域独自の暦「薩摩暦」も姿を消した。

■6・壬申戸籍／全国対象〝国民〟定める

「士農工商の間に少しも区別を立てず、固《もと》より門閥を論ずることなく、朝廷の位を以《もっ》て人を軽蔑せず、上下貴賤各々其所《きせんおのおのそのところ》を得て（略）、天稟《てんぴん》の才力を伸べしむる」―。福沢諭吉は「西洋事情」（慶応2＝1866年刊）の冒頭部分にこう書いた。

身分制度に批判的だった福沢は「天は人の上に人を造らず、人の下に人を造らずと云《い》えり」（「学問のすすめ」）でも有名だ。後年、「門閥制度は親の敵」とまで自伝に記した。個人が自由に才能を発揮できる社会を理想としていた。

江戸時代、人口や宗教調査などを兼ねた「宗門人別改帳」が戸籍代わりに身分固定化を担った。明治期に引き継がれたが、戊辰戦争などで混乱が加速、各地で脱籍・脱藩者が増え、破綻しかけていた。対応を迫られた明治新政府が明治4（1871）年戸籍法を公布、これに基づき編さんされたのが干支《えと》にちなんだ「壬申戸籍《じんしん》」だ。最初の全国的な戸籍だった。

◇　◇

「四民平等」をスローガンに、それまで支配層として記載されなかった士族、「脱俗の徒」として特別視された僧侶らも居住地により組み組み込まれた。早稲田大学台湾研究所客員次席研究員・遠藤正敬さん＝政治学＝は「福沢の指向と違い、政府は中央集権化促進のために戸籍制度の抜本改革に乗り出した」と指摘する。

調査が開始されたのは明治5年のことだ。2年前に平民に名字が許されたばかりで、それを持たない人も少なくなかった。

鹿児島県内では、名字が義務化された明治8年以降も根付かず、蒲生のある地区では戸長役人が作業員を連れ、各戸に適当な名札を勝手に付けて回った。税金や徴兵逃れのため、ずいぶん後まで届け出を怠ったり、ごまかしたりしたという（「蒲生郷土誌」）。

国分では明治9年生まれの男性が「兄が死んでも届けがめんどうなのでほったらかしておき、次に生まれた弟がその代わりをつとめるのはザラだった」と語っていた（南日本新聞社

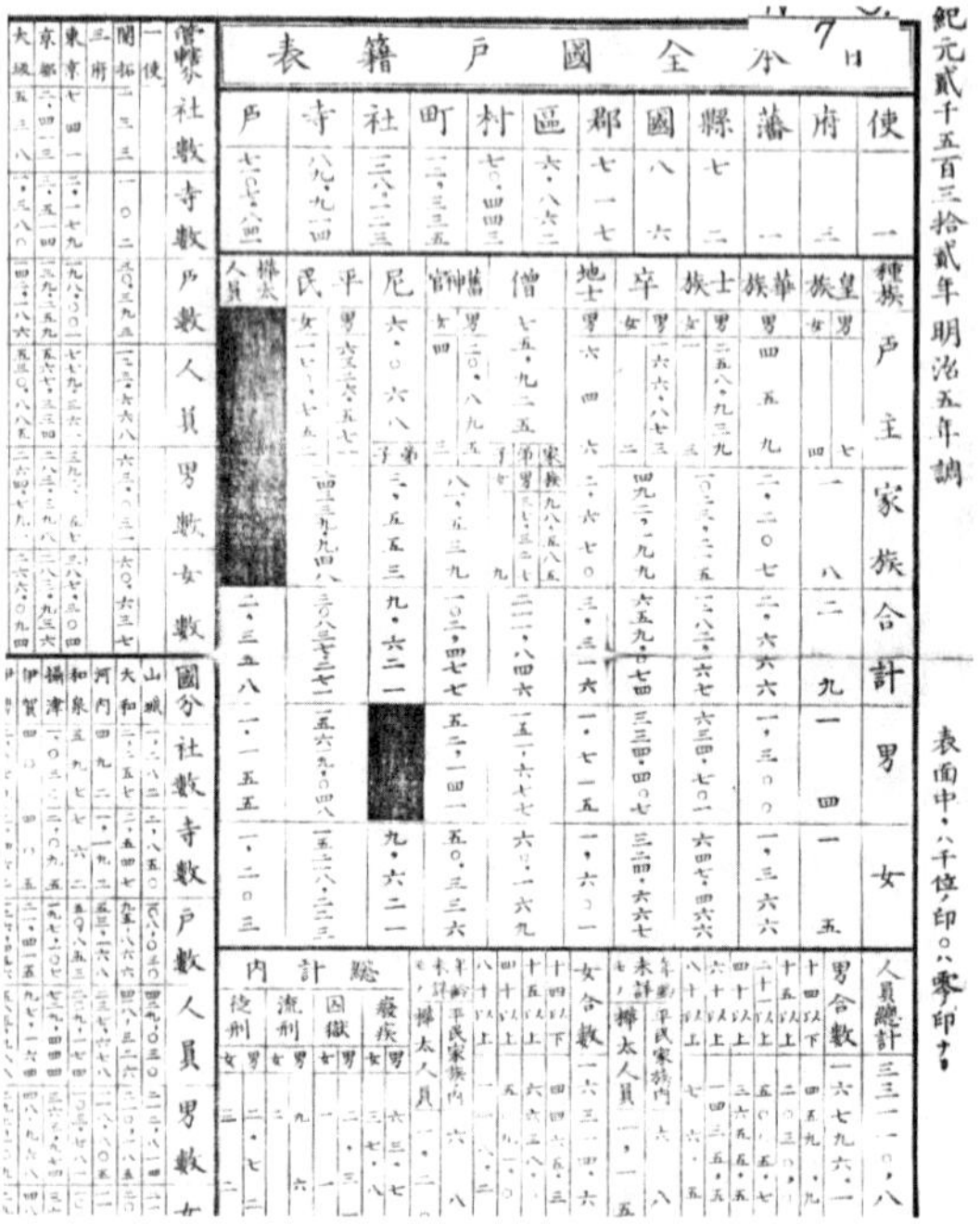

壬申戸籍による全国統計。府県数、士族や僧、平民など族籍別の数が見える。右下にある人口総計は約３千万人（国立国会図書館ＨＰより転載）

編「明治百年」）。

明治6年3月調査が完了、全国戸籍表にまとめられた。だが、各地の逸話が裏付けるように、多くの漏れや誤りが指摘された。「四民平等」は看板倒れで、華族、士族、平民といった族籍が残った。「穢多《えた》・非人」は明治4年にその呼称が廃止され、一般戸籍に編入されたものの、「新平民」などの記載によって身分差別は残った。

◇◇

戸籍の調査、登録は先住民や琉球などの島々にも及んだ。「日本領土」と画定し、蝦夷《えぞ》地から改編された「北海道」でも調査が実施された。日本人として登録することで実効支配を

司法卿となった江藤新平
（国立国会図書館ＨＰより転載）

示す意味もあった。先住民のアイヌが従来用いた名前は、日本式に統一された。明治5年、琉球王国から改められた「琉球藩」でも簡易なものだったが、戸籍表が作られた。

欧米列強国と対等になるための富国強兵策として、戸籍法の必要性を訴えたのは佐賀藩出身の江藤新平だった。壬申戸籍は地租改正（明治6年）、徴兵令（同）などと続く政策において人的資源を把握するのに不可欠な基礎資料だった。調査は内務卿大久保利通が明治9年、「等閑疎漏《とうかんそろう》」（いいかげんさ）が目立つとして一次停止を提言せざるを得なかった。しかし、届け出厳格化などを経て身分登録制度の精度を増していった。

「戸籍法の「臣民一般其住居の地に就いて之を収め専ら漏らすなきを旨とす」との記述から、遠藤さんは壬申戸籍の理念を分析。「天皇を頂点とし、『一君万民』という形で国民を統合しようとの意図が読み取れる。天皇の治める領土に帰属することで『臣民』と認められ、その証明が戸籍であるという国民の定義が示された」と指摘する。

第6部　流浪する神仏　宗教の変革

序

「諸事神武創業の始めに原《もと》づき」―。近代国家建設へと突き進む明治政府が理想としたのは、天皇親政による古代日本の姿だった。天皇家の祖先をまつる神道が重んじられるとともに、全国を廃仏毀《き》釈《しゃく》の嵐が席巻、寺院や仏像などが破壊され、文化財は危機にさらされた。一方で信教の自由化も進み、宗教観に変革が起こった。激変に流浪した人々の祈りの形を追う。

■廃仏毀釈／薩摩から寺が消えた

筋肉が盛り上がった肩口に、容赦なくのみが振り下ろされた。憤怒で見開かれた目に、太い首に、次々と刃や石がたたきつけられた―。明治の初め、全国でそんな光景が繰り広げられたに違いない。

鹿児島市の慈眼寺公園に立つ石造の仁王像は、失われた太い腕

宗教政策に関する年表

※明治5年までは旧暦

- 安政5(1858)年　薩摩藩が梵鐘《ぼんしょう》を集めて大砲鋳造を計画するが、島津斉彬の死で中止
- 文久3(63)年　薩摩藩が寺の梵鐘から銅銭を鋳造
- 慶応元(65)年　大浦天主堂で隠れキリシタンが信仰告白
- 慶応3(67)年　浦上の隠れキリシタンを大量摘発、各地へ移送(浦上四番崩れ)
- 慶応4(68)年　神仏判然令を機に寺が破壊される　神祇《じんぎ》官を設置
- 明治2(69)年　島津家が神道に転向、藩内の寺をすべて廃絶
- 明治4(71)年　社寺領の上知　神祇官を神祇省に改組

の断面が痛々しい。鼻や足先もなく満身創痍《そうい》だ。飛鳥時代の創建とされ、かつては薩摩三大寺に数えられた慈眼寺の門を守っていたが、伽藍《がらん》は今や跡形もない。

指宿市の光明禅寺の本尊は鎌倉時代の阿弥陀像。１５０年ぶりに美しくよみがえった。数年前まで表面が青黒く変色し、首や胸は陥没、足先も欠けていた。難を免れるため、馬糞《ばふん》の中に隠されたのだった。「僧が殺され、檀家《だんか》が命がけで持ち出したと聞いた」と野口良雄住職。「よほどの危険があったのだろう。廃仏とはそこまで激しいものだったのか」

◇　◇

明治５（72）年　神祇省を廃し教部省を設置
明治６（73）年　キリスト教解禁
明治７（74）年　神代三陵を鹿児島県内に治定
明治９（76）年　鹿児島で一向宗解禁

馬糞の中に隠されていたという阿弥陀像。顔の漆や螺髪（らほつ、巻き貝のような形の頭髪）の一部など腐食した部分を取り除き、美しくなった＝指宿市の光明禅寺

これほどまでの過激な破壊や全国的な仏教排斥が、なぜ起こったのか。

慶応３（１８６７）年、「王政復古」を宣言して成立した新政府だが、天皇中心の中央集権国家をつくることが第一義となった。西洋列強に対峙《たいじ》する近代国家建設を目指しながら、時

慈眼寺を守っていた仁王像。腕や顔の傷が痛々しい＝鹿児島市の慈眼寺公園

代に逆行するかのようにその精神的な支柱に「勤王思想」をすえ、神に頼らざるを得ない事情があった。

直接的なきっかけは、慶応4年3月、神社から仏像や仏具を取り払うよう命じた、いわゆる「神仏判然令」(分離令)だった。皇室の権威を伝え、国民統合を図ろうと、古代の天皇や祖神をまつる神道の国教化が図られたのだ。

それまでの日本における宗教観はいわゆる「神仏習合」であった。神道は平安時代以降、仏教と密接に結びつき、仏が神に姿を変えて現れるとの「本地垂迹《ほんじすいじゃく》説」に基づいて神と仏、神社と寺が共存。神の本性は仏であるとして、神社は寺の下に、神官は僧の下に位置づけられていた。

日本古来の神々に対し、仏は後で大陸から入ってきた新参者。「神武創業の始め」には存在し得ない。さらにその上に仏がいては、神と皇室の権威が損なわれる。新政府は、千年続いた神仏習合の宗教観を変える必要に迫られた。背景には、平田篤胤《あつたね》に端を発する復古神道や水戸学の流行があり、武士に限らず庶民にも「勤皇」が浸透していた。

神仏分離の発令3日後、比叡山の鎮守、近江坂本の日吉大社に神官や武士ら120人が乱入したのが、「廃仏毀釈」の始めとされる。御神体となっていた仏像や経典を破壊、焼却した。仏像の顔に弓矢を射て喜んだともいう。抑圧されていた神官らが、長年の鬱積《うっせき》を爆発させたのだった。

「破壊せよ」との命令こそなかったが、都のそばで起きた事件は衝撃を与えた。暴挙に反感を抱く者もいたが、瞬く間にこの動きが広がった。幕府による民衆支配として寺請《てらうけ》制度（寺に檀家として登録、住民票代わりに掌握する手段）があり、これが封建支配の象徴のように思われていた。また大寺院などが幕府権力と癒着し腐敗していたこともあり、「寺＝既得権益を守る保守階層」との認識もあった。慶応4年は9月改元され明治元年となるが、実質的に新政府も黙認したことで、熱病のように全国へ波及した。

◇　◇

薩摩藩の廃仏は一足早く、幕末から始まっていた。藩政改革を進めていた家老桂久武の提案で、慶応2年に「上知」が行われた。寺領を没収し、藩財政強化や藩士へ分配するという目的だった。当初は島津家の菩提寺《ぼだいじ》や勅願所などの大寺は例外として残された。

明治2年、忠義夫人の葬儀を機に島津家が神道へ転向して状況が一変。菩提寺の福昌寺や大乗院、朝廷との縁が深い坊津の一乗院、慈眼寺とあった大寺が廃寺となった。初代忠久の父とされる源頼朝の遺髪は寺から花尾神社に移され、戦国の雄・義弘の妙円寺は徳重神社と名を変えた。

薩摩大隅日向にまたがる領内1066寺はことごとく消滅、僧侶2964人は還俗《げんぞく》(俗世に戻ること)、兵士に転身した者もあった。県歴史資料センター黎明館の栗林文夫調査史料室長は「寺請制度が機能しなかったなど複数の要因もあるが、すべての寺が消えたのは鹿児島だけ」。

皇室や公家と縁の深い京、奈良の大寺も免れなかった。大多数の公家の祖、藤原氏の氏寺である興福寺(奈良)はすべての僧が退去して無人となり、五重塔が売り出された。由緒ある寺の古仏が焼かれて金品をとられ、千年以上前の経典が土産物の包み紙になった。廃寺から奪われた仏像が、外国に売り飛ばされることもあった。

【俯瞰図】 大砲や銅銭になった梵鐘

明治初頭、爆発的に広がった廃仏毀釈だが、地方によっては幕末以前から始まっていた。江戸時代前期(17世紀後半)、朱子学や神道を結合した水戸学の中心、水戸藩は寺院整理で

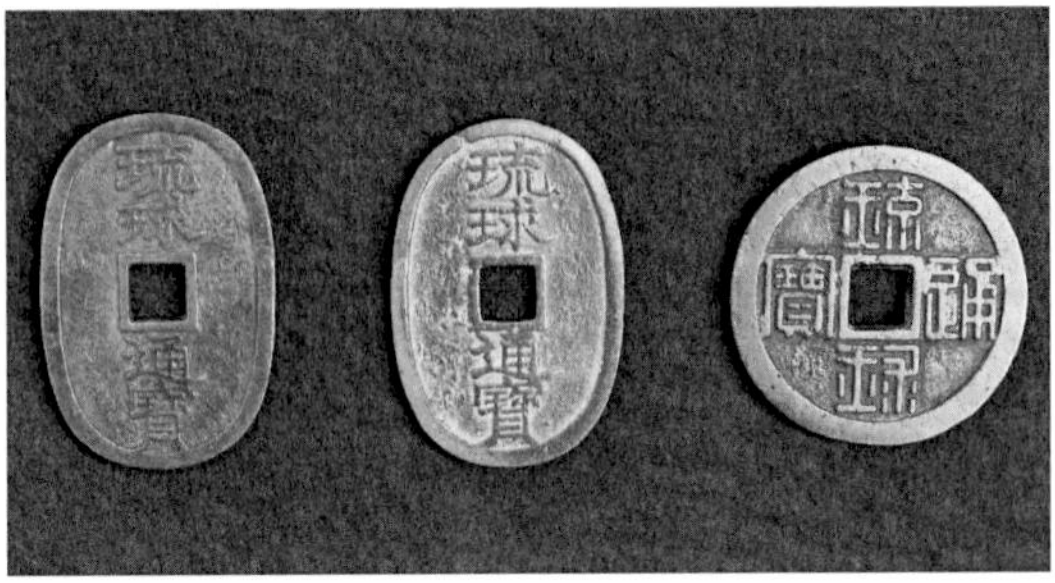

幕末に薩摩で鋳造された「琉球通宝」。額面は丸形が半朱（125文の価値）、だ円形は百文（黎明館所蔵）

合理化を図り、藩主が神道を重んじた岡山藩は明治を先取りするような神仏分離を実施していた。薩摩藩でも、種子島家は文化5(1808)年、島内の寺院整理に着手した。寺が多く維持改修費が島民の負担となる、との理由だった。

幕末になると、寺は〝資材庫〟とみなされた。安政元(54)年、朝廷は「応以諸国寺院之梵鐘鋳造大砲小銃事」を布告。ペリーの黒船来航の翌年のことだ。「寺の梵鐘《ぼんしょう》を武器に鋳換えて、海岸の防備を固めるように」との孝明天皇の意思表示だった。

水戸藩では強硬に攘夷《じょうい》を主張する徳川斉昭の下、藩内の寺に梵鐘や仏像、仏具といった銅製品の供出を求めていた。反射炉で鋳つぶしてつくったのが「太極砲」と呼ばれる大砲。75門あったというが、水戸市教育委員会によると実戦の記録は残っていないという。

薩摩藩でも同様の命令が出されたが、島津斉彬の急死で頓挫。文久3(1863)年に再度、領内の寺から鐘や花瓶、香炉などの仏具が集められた。鋳つぶされて銅銭「琉球通宝」として活用されたことが知られている。

幕末維新期、薩摩藩活躍の陰には、この経済的貢献もあったはずだ。

識者はこう見る／　古代「天皇親政」を理想化
＝京都大学人文科学研究所・高木博志教授

明治維新に際し、廃仏毀釈がなぜ起きたのか。近代天皇制を研究する高木博志・京都大学人文科学研究所所長に聞いた。

――廃仏毀釈の背景は。

「天皇中心の新政権樹立にあたり、古代の天皇親政を理想とした。それにならって祭政一致の国家を目指して、神道国教化を図った。その急進的、象徴的な動きが廃仏毀釈だ。尊王攘夷《じょうい》ともあいまって、神道を復古し仏教を排除する国学や水戸学の思想の影響があった。廃仏や神道国教化といった一連の動きは、新政権をつくるための国学者・宗教者のイデオロギーでもあった。また地域差、温度差もあった。暴力的な破壊もあったが、寺領没収による経済的打撃がより大きく、大寺院も廃寺や縮小を余儀なくされた」

――神道国教化は結局、実現できなかった。

「古代の神祇官《じんぎ》を再興して祭政一致を図ったが、矛盾もあり挫折した。国家神道は宗教ではなく『国家の宗祀《そうし》』とされ、20世紀には国民道徳や儀礼とみなされた」

「神道のみを認め、仏教やキリスト教を弾圧する姿勢も欧米から批判された。だが、皇室は神道だけを崇敬したわけではない。明治４年に皇室の神仏分離が行われたが、それ以後も仏教信仰や病気平癒の祈願などで菩提寺の泉涌寺《せんにゅうじ》などと私的な関係を保っていく」

―政府は一度否定した伝統文化の保護に転じる。

「海外に学び、伝統文化が皇室の権威につながると認識した。岩倉具視や伊藤博文らは、各国が固有の文化や神話、儀礼を重んじていると知る。例えば、オーストリアやロシアでは戴冠式の際、独自の儀式や慣習を守っていた」

「日本はギリシャ・ローマに匹敵する長い歴史をもつ。『一等国』と認められ、条約改正を果たすには、法律や制度、先進技術を学ぶだけではなく、伝統文化をアピールする必要があると悟った」

「ヨーロッパの王室はプライベートコレクションを持ち、自国の文化財や芸術品を保護している。明治５年に行われた日本初の文化財調査『壬申検査《じんしん》』には、廃仏で流出を続ける文化財の保護だけでなく、皇室の私的な宝物を探す意味もあった」

―都市の景観も変わった。

「京都の円山公園や御所は文明開化や殖産興業の象徴的空間となった。円山の寺院の塔頭《たっちゅう》は外国人用のホテルとなり、天皇が不在の御所は博覧会場になった」

「一番の転機は明治10年の行幸。天皇が東京遷都後に荒廃した京都御所を目の当たりにしたことだ。その後、京都御所は伝統的空間として保存され、御所を中心とする市域に天皇家ゆかりの人物や功臣をまつる神社が建てられた」

【略歴】たかぎ・ひろし　1959年、大阪府出身。立命館大学大学院博士課程単位取得退学。専門は日本近代史。著書に「近代天皇制の文化史的研究」「近代天皇制と古都」など。

■1・天皇神格化／新国家のため神道利用

「一生に一度はお伊勢参り」――。江戸時代の庶民最大の楽しみが、伊勢神宮の参拝だった。天皇家の祖先とされる天照大御神《あまてらすおおみかみ》と、豊穣《ほうじょう》をつかさどる豊受大御神《とようけおおみかみ》を祭り、民の暮らしと縁が深い。

もちろん信心だけではなく、御師《おんし》と呼ばれる旅行業兼宗教家の案内で、飲み食いを楽しみ、歓楽街で羽目をはずすことも。全国から詰めかけた参拝客をもてなすために、境内にも茶屋が立ち並び、大いににぎわった。

明治2(1869)年3月、その伊勢神宮を明治天皇が訪れた。それまで天皇自身が参拝した例はなかった。神宮側は少年の天皇を最高神・天照大御神と同格に扱ったという。庶民とは異なり、参拝は厳かに執り行われた。

1年前の慶応4(のちに改元し明治元)年3月、新政府は祭政一致と神祇官《じんぎかん》再興を布告した。神祇官は古代、朝廷の祭祀《さいし》を担当した役所だ。

「王政復古、諸事御一新祭政一致の御制度に御回復」。天皇が政治主権と宗教の最高権威を併せ持っていた古代に立ち返り、さらには全国の神社を政府の下に置くとの宣言だ。天皇は神前で五箇条の御誓文を読み上げ、〝神道国家〟日本が幕を開けた。

お伊勢参りのにぎわいを描いた浮世絵（国立国会図書館ＨＰより転載）

◇　◇

明治3年1月に出された大教宣布の詔は「惟神の大道を宣揚すべき」と、神道に基づく理想の治政を語る。各地に宣教使が置かれ、「大教」と呼ぶ天皇崇拝の教義を説いて国民教化を推し進めた。

神祇官には、天皇を守護する神々や歴代の皇霊などをまつる神殿を設置。国家が全神社の祭神を支配する形となった。一方で、宮中にあった歴代天皇の位牌《いはい》は、皇室の菩《ぼ》提《だい》寺、泉涌寺《せんにゅうじ》（京都）などへ移された。

神道国家を目指す政策が次々に実行された。明治4年、「上知」として社寺領が没収された。寺が打撃を受ける一方、神社には優遇措置がなされた。官社、県社など格付けが行われ、従来の寺請《てらうけ》制度に換えて神社による氏子調べも始まった。

だが、急進的な神道国教化は国民の反発を招き、間もなく行き詰まった。太政官《だじょうかん》は神道の位置づけを「国家の

神武天皇の父を葬ったとされる吾平山上陵＝鹿屋市吾平

宗祀《そうし》」とトーンダウンした。神祇官は格下げされ、明治5年には神仏合同の布教を行う教部省に置き換わった。

◇　◇

遠い昔、はるか天の彼方《かなた》に、神々が住む高天原があった。天照大神の孫ニニギノミコトは日向の高千穂峰に降り立つ。その曽孫は大和へ攻め上り、初代の神武天皇となった―。

古事記や日本書紀に描かれた「天孫降臨」は南九州が舞台だ。鹿児島県にはニニギノミコト以下3代を葬ったという可愛《えの》山陵（薩摩川内市）、高屋山陵（霧島市）、吾平山上陵（鹿屋市）の「神代三陵」がある。三つの古墳は明治7年、宮崎、鹿児島の候補地から「治定」された。「文字通り政治的に定められたもの。新政府中枢の薩摩出身者の影響があったのでは」と中村明蔵・元鹿児島国際大学教授＝日本近代史＝はみる。

新政府は歴代天皇陵を次々と聖域化していった。大和の畝傍《うねび》山（奈良県橿原市）麓の古墳とされた神武天皇陵では、付近にあった集落が整備の過程で移転させられた。

やがて天皇や功臣は神としてまつられる。神武天皇の橿原神宮、怨霊になったと恐れられた崇徳天皇の白峯神宮、南朝の功臣・楠木正成の湊川神社などがつくられた。連綿と続く「万世一系」の天皇家への崇敬は、国家神道として、昭和の敗戦まで日本人の思想に強い影響を与えた。

伊勢神宮と庶民を結んでいた御師は、明治4年に廃止。にぎわいを見せていた境内から、民家や店がやがて取り払われ、神苑《しんえん》として広大な聖地に変わった。

■2・毀釈への抵抗／〝命懸け〟で守った信仰

「石の仏像は打ち壊して、川々の水除《よ》けなどに沈めました（略）木の仏像はことごとく焼き捨てました」「効験があるものと思うたが、今日打ち毀《こわ》してみれば何の事もない」旧薩摩藩士の市来四郎は後年、廃寺の様子を得意げに振り返った。寺の資産を軍資金や貧しい藩士に配分しようと使命感に燃えたらしい。「末々に至っても無理な取り扱い」をしないよう配慮したと語るが、県内各地の伝承や傷ついた仏からは激しい破壊の様子が見える。

薩摩川内市祁答院の平原シヅさん宅に伝わる阿弥陀三尊像は、わらで厳重にくるまれ、

今藤惟宏が葛藤を刻んだ島津重豪の墓域にある石柱＝鹿児島市の福昌寺墓地

屋根裏に隠されていた。先祖からは「見つかったら殺される」とだけ伝わった。

２０１７年秋、県歴史資料センター黎明館が開いた特別展「かごしまの仏たち―守り伝える祈りの造形《かたち》」には廃仏毀釈《きしゃく》の災禍をくぐり抜けた仏が集まった。大半が腕や足を失い、今は資料館や公民館、個人宅にある。切原勇人主任学芸専門員は「戻る寺をなくした仏。弾圧の厳しさに、解禁後も表に出せなかったのでは」と推し量る。「国事のため」という美名の下、信仰心が顧みられることはなかった。

◇　◇

仏像を焼くと赤や青の炎が上がり、監督の役人が狂死した。その灰を畑にまいた農民は局所がふくれあがり、もだえ死んだ―。都城には怪異の噂《うわさ》が流れた。真偽はともかく仏を害した後ろめたさの現れだろうか。

島津家一族が眠る福昌寺墓地の一角には、明治２(１８６９)年、神道へ転向した一族の位《い》牌《はい》が埋められた。藩士今藤惟宏は石柱に「忍び耐えなくてはならない」と葛藤を記した。主

鹿児島県指定文化財となっている千眼千手観音像（中央）と四天王立像＝出水市野田の感応禅寺

家を案じつつ「恐れながら御失策」と批判したのは、魚類図鑑「麑海《げいかい》魚譜」を著した藩士木脇啓四郎。維新を先導した薩摩の人々も思いは複雑だったようだ。

息を潜めて命脈をつないだ寺もあった。出水市野田の感応禅寺は鎌倉時代、臨済宗の開祖・栄西が開いたと伝わる。本尊は室町時代の千眼千手観音像。手のひら一つ一つに玉眼を施した貴重な仏像だ。無傷のまま、40本の腕を広げた姿は不死鳥のようにも見えた。

廃仏の際は大きな肥前甕《がめ》に本尊を入れて隠したーと伝わるが、そんな巨大な甕があったのか。通りに面した一角には明治に建てられた神社があり、寺を神社に改めたかのように見える。

「人々がいつか復興させようと協力し、土地と本尊を残そうとしたのでは」と芝原祥三住職は語った。島津家初代忠久から5代貞久までの墓がある。野田の誇りだった寺は明治13年、元の場所によみがえった。

◇　◇

神祇《じんぎ》官副知事を務めた亀井茲監《これみ》は津和野藩主だった元治元（1864）年、他藩に先駆けて廃仏を始めた。寺院を統合して僧侶の活動を制限、藩主と藩士は神道化させたが、領民は対象外だった。

薩摩と対照的に緩やかな津和野方式は、政府の神仏分離の先駆けになるはずだった。だが、薩摩や長州のように尊王意識の強い地域では廃仏の〝熱〟が強く、混乱が続発する。

佐渡では明治元年11月、新任の判事が20日で539の寺を80に統合。時には命をとるなどと脅しながら廃寺や土地没収を進め、1年足らずで解任された。富山藩では一宗一寺として約1600の廃寺を提案。各宗派の抗議を受けた政府は結局、停止を命じた。

一向宗と呼ばれた浄土真宗は、組織力の強さが警戒された。三河の菊間藩（現・愛知県）では明治3年、寺院統合方針に反発した信徒が結集。混乱の中で役人1人が殺害され、僧侶2人と信徒1人が死刑、約40人が処罰される事態に発展した。

薩摩では「念仏」が長く禁制だったが、明治9年の宮崎県併合を機に解禁された。東西本願寺は西南戦争直前、鹿児島へ布教団を送り込んだが、折あしく、新政府のスパイと疑われた数人の僧侶が私学校党に殺されてしまった。

■3・キリスト教解禁／外圧、信者の粘りで公認

遠藤周作「最後の殉教者」には元治2（改元されて慶応元＝1865）年3月、長崎に完成した大浦天主堂に信徒が訪れる場面が描かれている。

〈プチジャン神父は聖壇の前に跪《ひざまず》いて祈りをしていたのである。（中略）ふりむくと、野良着を着た百姓の女が棒のようにたっていた。

「御像は…」

と彼女は小さな声で呟《つぶや》いた。

「サンタ・マリアの御像はどこ」―〉

訪ねてきたのは浦上村の隠れキリシタン。フランスの宣教師らによる「信徒発見」は世界へ発信され、奇跡と呼ばれたが、幕府にとって厄介極まりない事件の幕開けだった。

信徒らは神父と交流し、キリスト教の葬式を行うなど信仰を公然としていった。長崎奉行所は慶応3年、主立った信徒68人を捕縛、厳しく改宗を迫った。この事件は、浦上で4

度目のキリシタン弾圧であることから「浦上四番崩れ」と呼ばれた。

諸外国は信仰への弾圧として続々と抗議。外交の悪化を避けたい幕府は軽い処分で済ませ、全員を村へ帰した。一方で、幕府の弱腰を批判する過激攘夷《じょうい》派による神父らの襲撃も懸念された。９月、長崎奉行は幕府に選択を迫った。村民の集団移転か、キリスト教解禁か―。直後に大政奉還があり、幕府は消滅。国内は旧幕府と薩長を中心とした新政府との争乱が始まり、キリシタン処分問題は宙に浮いた。

◇　◇

福昌寺の裏山にあるキリシタン墓地＝鹿児島市池之上町

江戸時代、キリスト教は耶蘇《やそ》と呼ばれ、キリシタンは魔法を使うと恐れられた。外国人と親しかった小松帯刀でさえ「切支丹邪宗」は植民地化の手段と警戒した。17世紀に農民一揆と結びついた「島原の乱」を経験した幕府による〝邪宗〟との印象操作の結果だ。誕生したばかりの明治新政府は、攘夷思想もあって当初は禁教を引き継いだ。

慶応4(改元され明治元)年、新政府は村の信徒全員を「流配」と決め、津和野・山口・福山の3藩へ主立った114人を預けた。翌明治2年は老若男女3280人が金沢、鹿児島など19藩へ送られた。食事の量を減らし、寒い屋外に放置する「寒晒《ざら》し」などの拷問もあり、外国の抗議が続いた。

鹿児島は「政府の預人」として375人を広大な福昌寺に収容した。魔力を奪うとして髪を切られたが、十分に食事を与えられた信徒らは「天国」と喜んだ。厚遇の理由は分からない。外国経験がある寺島宗則や町田久成など、一連の手続きに関わった出身者の意向だろうか。

他藩でも信徒と地元民の交流が生まれた。流刑がキリシタンへの恐れを解いたのは皮肉というほかない。改宗を拒み続けた者もいたが、明治6年までに信徒全員が帰郷を許された。家近良樹・大阪経済大学特別招聘教授は、改宗が進まないことで新政府が「完全なお手あげ状態になった」とみる(「浦上キリシタン流配事件」)。
◇　◇
諸外国は信徒の弾圧だけでなく、「禁教」そのものに反発していた。英国をはじめ列強には、信教の自由もない前時代的な国家と侮る向きもあった。

だが、それらの撤廃を求める働きかけは、日本側にとっては内政干渉に他ならない。浦上の事件を担当した長崎裁判所をはじめ、役人らの反発は少なくなかった。

薩摩藩と交流のあったフランス人貴族、モンブランは明治2年に新政府に対し、徐々に政教分離政策をとり、キリスト教を黙認するよう進言した。明治4～6年に欧米を歴訪した岩倉使節団も各地で批判にさらされた。さらには条約改正交渉の前提条件ともなったことが契機となった。

明治6年2月、政府は「一般熟知の事」として禁教の高札を廃し、黙認に転じた。神道による国民教化の成果もあがらないまま、信教の自由は明治22年、大日本帝国憲法で正式に認められた。

■4・ジャポニスム／　欧米が熱視線、古物流出

米ボストン美術館は「日本にあれば国宝」とされる名宝を数多く所蔵する。快慶作の仏像、屏風《びょうぶ》の両端で長谷川等伯が描いた竜虎がにらみ合い、激しい源平合戦を描いた絵巻物もある。多くが明治になって廃寺や懐の厳しくなった名家から流出した。

慶田窯、上原熊次作「陽刻菊花文香炉」
(長島美術館所蔵)

西欧化を急ぐ風潮の下、昔ながらの文化が切り捨てられた。文明開化こそ〝正義〟で、伝統の価値は軽視された。鹿児島県歴史資料センター黎明館の深港恭子・主任学芸専門員は「明治政府の近代化は、それまで築き上げた日本文化の否定で始まった」とみる。

江戸時代まで、寺は文化サロンでもあった。風流人や文物も集まったが、廃仏毀《き》釈《しゃく》で破壊された。寺からは多くの仏画や仏像が持ち出されていった。それら旧時代の遺物を収集したのが「お雇い外国人」フェノロサ(米国人)や、医師で収集家のビゲロー(同)らだった。

彼らは、仏像や仏画を芸術品として持ち帰った。欧米並みの近代化を目指す日本人が〝捨てた〟伝統の価値を、その欧米人が高く評価する不思議な現象が起きていた。

◇　◇

東洋の小国の伝統文化が19世紀後半、欧米で「ジャポニスム」を巻き起こした。浮世絵をはじめとする美術や文化に触発されて生じた日本趣味の流行だ。特に絵画では、ゴッホやモネら印象派の画家たちが軒並み影響を受けた。

繊細華麗な日本の工芸品も注目された。その契機となったのは、慶応3（1867）年のパリ万博。薩摩藩が出品した極彩色の白薩摩が話題をさらった。欧米市場を意識し、事前にフランス人の助言を受けるなど出品物を選択し、商品開発に取り組んだ成果だ。

当時を代表する職人、十二代沈寿官はウイーン万博にも薩摩焼を出品し、高く評価された。ロシアに残る十二代の壺《つぼ》を復元した十五代沈寿官さんは「白梅一つでも同じには描かず、青や緑などそれぞれ微妙な色みを描き分けていた」と細やかさに舌を巻いた。

十二代沈寿官窯「錦手弁慶釣鐘像」（黎明館所蔵）

明治7（74）年、政府は起立工商会社を創設して、工芸品の輸出に本腰を入れた。薩摩焼は「SATSUMA」と呼ばれ、華やかな錦手、金襴手《きんらんで》の作品が飛ぶように売れた。

間もなく国内に複数の「薩摩」が現れた。京、大阪、横浜など輸出港近くの窯が薩摩を名乗り、外国人好みの作品を量産した。「京薩摩」の錦光山は年間35万個（明治14年）と国内一の生産量を誇った。

七宝や蒔絵《まきえ》、金工など他の工芸も盛んになった。優れた技術をもちながら、寺や大名家の廃止で仕事が激減した職人らが、輸出向けの工芸品に技の粋を注ぎ込んだ。緻密さと奇想を誇る明治工芸は今日「超絶技巧」と賞されている。

◇　◇

「鎖国が解かれると欧米の洗練された文化が流れ込み、ユニークで新しい感覚が生まれた。品格ある豪華さ、日本人が愛する雅《みやび》や粋《いき》が世界の人々を引きつけた」。明治工芸を研究、収集する清水三年坂美術館の村田理如《まさゆき》館長は人気の理由を語る。

だが、明治20年代をピークに下降へと転じた。政府の軸足は重工業へと移り、一方、工房では学制開始で従来の徒弟制による人材の確保、育成も難しくなった。

ジャポニスムが、仏像や絵画など古美術にも光を当てたことで、日本人もその価値を再認識し始めた。裕福な愛好家らは、その財力を生かしてコレクションを始めた。

役人が任地の古物を秘匿した、との噂《うわさ》も広がった。奈良や堺の県令を務めた薩摩出身の税所篤には毀誉《きよ》褒貶《ほうへん》がつきまとった。刀剣をすり替えた、消滅した内山永久寺の寺宝を抱え込んだ、仁徳天皇陵を発掘した―。後年、奈良の古物は「あの時分によほど多く無くなった」と非難された。

一方、文化財保護を図る町田久成(薩摩出身)らは、自ら仏像や仏具類を収集した。真意がどこにあったのかは分からないが、国外への流出を防ぎたいとの思いがあったのだろうか。

■5・博物館建設／文化財調査、保護へ懸命

「何じゃ、こりゃあ」と声が聞こえてきそうだ。金の鯱《しゃちほこ》の前で男が腰を抜かし、連れの女も驚き、のけぞっている。明治5（1872）年3月10日、東京の湯島聖堂で開幕した勧業博覧会。日本初の博覧会には、先進の産業発展よりも、伝統の工芸品が目立った。

国内で初めて開かれた湯島聖堂での博覧会を描いた浮世絵。鯱が人気だった（斯文会所蔵）

並んだ「宇内の産物」は約600点。絵画や書跡、骨格見本、大きなサンショウウオなどの生き物もいた。名古屋城の鯱

と福岡・志賀島《しかのしま》の金印が人気を呼び、連日入場制限するほど混雑した。当初20日の予定だった会期は50日に延長され、15万人が訪れた。

日本の文化や歴史的事物の価値を伝えるべく、明治4年文部省創設で文部大丞となった町田久成（薩摩出身）が中心となり、準備に奔走した。廃仏毀釈《きしゃく》の嵐が吹き荒れる中、「わずかでも遅れてしまうと、天下の古器宝物が失われてしまう」と危惧。同年4月、古物を収蔵する集古館（博物館）開設を提案する、町田の文章には文化財保護への焦りがにじんでいた。

念頭には英国留学で見た大英博物館があった。幕末にロンドンを訪れた町田らは、当時、「日の沈まぬ国」と称された大英帝国の膨大なコレクションに圧倒された。だが、維新直後の日本に、町田の博物館構想の意義を理解する者は少なかった。日本初の博覧会を成功させた町田は、ウィーン万国博覧会出展や内国勧業博覧会の準備を進めながら、博物館開設を目指した。
◇　◇
明治4年、日本初の文化財保護法令、「古器旧物保存方《こききゅうぶつほぞんかた》」が布告された。社寺や旧家に伝わった仏像、書画などの調査と保全、リストの提出を命じたものだ。翌年、町田らを中心に「壬申検査《じんしん》」と呼ばれる大規模な文化財調査を実施、写真師と画家を伴い京都、奈良、伊勢などで詳細な記録を作った。目的は、国の歴史を示す文化財の掘り起こし。タブーをものともしない姿勢で、僧侶さえ見たことがなかった秘宝も調査した。

特筆すべきは、奈良・正倉院。40年ぶりに勅封を解き、大仏へささげられた聖武天皇遺愛の品を調査した。正倉院の宝物は「永世保護の儀甚だ覚束《おぼつか》無し」として内務省管理下に置かれ、皇室財産とした。

祈りの対象だった社寺の宝物は、国や皇室の権威を示す文化財へ変容した。法隆寺は小金銅仏など332の宝物を皇室へ献納、1万円の下賜金を受けた。宝物買い上げによる寺の救済でもあり、皇室財産も充実していった。

博物館計画は明治6年、欧米を巡った「岩倉使節団」の帰国で進展。大久保利通ら政府高官も、ロンドンやベルリンの博物館のように、日本にも国威を誇示する施設が必要だと痛感したのだ。9年後、東京・上野に博物館が完成し、町田が初代館長に就任した。

◇　◇

文化財保護政策の一方、困窮する寺社や名家からの流出は容易に止まらなかった。奈良の談山《たんざん》神社には逸話が残る。神職が米国人アーネスト・フェノロサに観音像を売り、5円のつもりで指を5本出すと、50円手渡された—。

東京大学教授として招かれた「お雇い外国人」フェノロサは美術収集家としても知られた。法隆寺夢殿の秘仏、救世観音と対面した感激は「驚嘆すべき世界無二の彫像」と発信された（フェノロサ「東洋美術史綱」）。仏像や仏画などの美と精神性を世界へ伝え、日本では展示の助言や解説を行った。文部省の委託で文化財調査も実施し、後年に園城寺（三井寺）の塔頭《たっちゅう》などで住職を務めた町田とも深い親交を結んだ。

フェノロサの調査に同行したのが若き文部官僚、岡倉天心だった。岡倉は東大の学生時代から通訳を務め、強い影響を受ける。後に国宝を指定する古社寺保存法の制定や博物館の運営、日本美術継承に向けた美術学校創設に尽力した。晩年は、フェノロサのコレクションを展示するボストン美術館で日本や中国の美術品収集を担当した。フェノロサや岡倉は今日、「海外流出の張本人」と批判されるが、日本美術とその精神の伝導に貢献した。

廃仏毀釈の嵐に抗した町田やフェノロサら、まさに「日本の美」を守ろうと生涯を懸けた人々だった。

■6・古都の復興／天皇家の伝統を〝演出〟

庭の白砂に檜皮葺《ひわだぶき》の黒い屋根が映えて美しい。京都御所の正殿、紫宸殿《ししんでん》を平成の観光客は遠く庭の隅から眺めるしかないが、江戸時代の庶民は行事のたびに庭の奥へ入った。即

江戸時代、庶民が間近で見物した京都御所の紫宸殿＝京都市

位式を見守り、盆の飾りを見物するなど天皇は身近な存在だった。「天皇と公家町は京都観光の目玉」で、御所へ参内する公家を眺める茶屋もあった。

だが、明治天皇は明治２（１８６９）年、江戸に引っ越し、東京と名を改めた。宣言こそなかったが事実上の遷都で、見切りをつけた商家は東京へ移り、公家や大名も道具を売り、屋敷をたたんだ。

豪腕で知られた槇村正直・京都府参事（後に知事、長州出身）らは、遷都と廃仏毀《き》釈《しゃく》による街の衰退を逆手に取り、政府から産業振興や貧民救済の資金として多額の下賜金や免税を引き出した。

千年の都を工業都市に変えようと、職人をフランスに派遣し工場を設けた。いち早く観光化も進め、寺の境内を削って新しい繁華街（現在の新京極）を開いた。明治5年の「京都博覧会」では外国人用ホテルや西洋のレビューを意識した「都をどり」もつくった。翌年から空き家状態の御所一帯を会場としてのぞきからくりやサーカス、動物園を設け、90日で40万人を集めた。

久しぶりに京都御所へ入った天皇は公家町や社寺の衰退を嘆き、保存資金を下賜した。岩倉具視は、即位式を京都で行い、葵祭などの復活を提案。変貌への戸惑いが、開化の速度を緩める転機となった。

◇　◇

もう一つの古都、奈良も危機にあった。廃仏毀釈で藤原氏の氏寺・興福寺をはじめとする大寺院が打撃を受けた。さらに明治４年、新政府が寺社の領地を没収する「上知令」を出すと、生計を絶たれた寺は困窮。興福寺は境内地までも奪われ、廃寺となった。初代県令、四条隆平《たかとし》（公家）は興福寺の堂塔撤去など旧弊一新に息巻いた。一番の犠牲となったのは、春日大社の神の使いとされた鹿たち。馬代わりに馬車を引かされたり、狭い柵に押し込まれたり、絶滅寸前に追い込まれた。

だが、にぎわいを呼び戻したのは、古きものたちだった。東大寺大仏殿の「奈良博覧会」に正倉院宝物が展示されると評判になった。明治天皇は宝物の中の香木「蘭奢待《らんじゃたい》」を切り取り最高の権力と文化を示した。織田信長以来のことだった。

開明政策の転換を図った政府は明治６年、名所旧跡の公園化を指示した。奈良では堺県への合併で宙に浮いたが、明治10年に住民有志が公園地として興福寺境内借用を願い出た。迅速に許可され、後に観光ガイドの営業も許された。今に続く名勝・奈良公園の始まりとなった。

当時の堺県令は薩摩出身の税所篤。廃仏毀釈の際に古物を横流ししたなど良からぬ噂《うわさ》もあるが、当時は西郷隆盛、大久保利通と並び「薩南の三傑」と呼ばれた。士族授産のため名勝の松林を伐採しようとして、大久保に批判された逸話もあった。

堺県令や奈良県知事として、近代的な都市づくりを進めた税所篤（堺市立中央図書館所蔵）

地元や貴族が願い出た興福寺再興に尽力するなど、税所は人脈と経験を奈良の再生に生かし、奈良県が再設置された際は初代県知事に迎えられた。企画展で業績を紹介した堺市博物館の矢内一磨学芸員は「政府の意向を着実に実現する、老練で合理的な地方政治家。噂は、薩長閥をねたむ者の中傷では」と手腕を評価する。

◇　◇

一度は「王政復古」を言いつつも、開化策を推し進めて仏教由来の伝統的文化を否定した日本。その中で、やがて二つの古都が伝統的空間として復興していった。京都大学人文科学研究所の高木博志所長＝日本近代史＝は「欧米ではギリシャ・ローマから文明が広がったとされる。日本では奈良、京都に匹敵するとみなされた」と語る。

宗教の変革は、都市の姿や文化、芸術に対する価値観を変えた。鹿児島では千余の寺が消え、跡地の多くは今、学校になっている。歴史や人々の思いが交錯した場所で、平成の次の時代をつくる人々が育っている。

第7部　皆学のススメ　近代教育制度

序

近代国家を目指しひた走る明治政府にとって、教育の力で国民の知識、技術の水準を高めることは国家発展の鍵を握る重要な課題だった。政府は「国民皆学」を目指し、模索を繰り返しながら学校教育制度を整えていった。国の浮沈をかけた近代教育確立の姿を追う。

■初代文部大臣／「文明国へ」道筋描く

「ハロー」「グッド・モーニン」。明治3（1870）年、鹿児島城下に声が響いた。英米の留学から帰国した森有礼が、廃仏毀釈《きしゃく》で廃寺となった興国寺跡に開いた英学塾だ。学問は男子だけがするのが「当然」だった時代に女子も机を並べていた。

明治政府に出仕し、当初外国官権判事に任じられた森は、すぐさま学校取調《とりしらべ》（兼務）にも任命。だが明治2年、自身が提案した「廃刀案」が士族らの大反対に遭って政府を去り、鹿

近代教育に関する年表

慶応4年（1868）	五か条の御誓文発布
明治4年（71）	文部省設置
明治5年（72）	「学問のすゝめ」刊行 学制公布
明治6年（73）	明六社結成
明治10年（77）	東京大学開学
明治12年（79）	教育令公布、学制が廃止される
明治13年（80）	教育令改正
明治18年（85）	森有礼、初代文部大臣就任
明治19年（86）	学校令公布
明治23年（90）	教育勅語発布

児島へ帰郷を余儀なくされた。

３年間の海外留学を経ていた森は「文明化はまず教育から」と考え、鹿児島医学校兼病院の院長だった英国人医師ウィリアム・ウィリスに、本場の発音の指導を依頼するよう上申するなど、郷土の後進育成に燃えていた。

鹿児島城下で生まれた森は洋学校・開成所などで学び、元治２(65)年に18歳で薩摩藩英国留学生に選ばれ、海を渡った。ロンドン大学で勉学に励み、その後に移った米国でも欧米の教育現場に触れる貴重な経験を得た。女子教育の重要性も認識し、帰国後いち早く実践した。

鹿児島での英学塾は１年足らず。政府に呼び戻され、日本初の在外外交官として渡米した。米国各界の有識者15人に日本の教育改善について助言を求める書簡を送り、その返書をまとめて「日本における教育」を現地で出版した。

密航者、新島襄を政府留学生に公認するよう斡旋《あっせん》し、米国式の私立学校を日本に設立するよう勧めた。新島の学校は、のち同志社大学となった。一方、女子教育の先駆者で津田塾大学の創設者、津田梅子ら日本初の女子留学生を世話するなど、森は政府の「岩倉使節団」(明治４～６年)や外交折衝の傍ら、教育への〝種〟をまき続けた。

森には理想があった。日本が文明国として独立維持するには、教育制度を確立し、国家に尽くす人材を育成する必要があると考えていた。

◇　◇

近代国家への変貌を急ぐ明治政府は、明治4年に教育行政を担う文部省を設置した。欧米式の教育制度を模範として翌年に「学制」、さらに明治12年には「教育令」を公布した。全国で均一な教育制度づくりが進められたが、実情は庶民生活との乖離《かいり》や就学率の低迷など問題も抱え、理想と現実はかけ離れていた。

その後、森は米国から中国や英国での勤務を続け、外交畑を歩んだ。だが、常に教育行政に意見書を出すなど、近代化のための日本人教育が彼の頭を離れることはなかった。明治15年、「教育の基礎を定むるの識見を有するの人」を求めていた伊藤博文は、パリで森と会談し意見一致。日本初の内閣が明治18年、伊藤の下でつくられると、森は初代の文部大臣に指名された。

森有礼（薩摩英国館提供、個人蔵）

初等教育から高等教育まで包括的に規定されていた法令を学校の種別ごとに整える「諸学校令」を明治19年制定した。3月の「帝国大学令」を手始めに「小学校令」

「中学校令」「師範学校令」を定めた。国の将来を担う優秀な人材養成、専門研究機関として重要視する高等教育に関わる「帝国大学令」は、森自ら筆を握り立案。〝帝国〟と付けたのも森のアイデアだった（犬塚孝明「森有礼」）。

英国で義務教育が青少年犯罪抑制や国力発展を支えていると知り、小学校令では「普通教育を得せしむるの義務あるものとす」と掲げた。有償だった初等教育は、貧しい家のために無償の小学校簡易課を設置し、小・中学校教科書の検定制も規定した。〝皆学〟への道筋を着々と描いた。

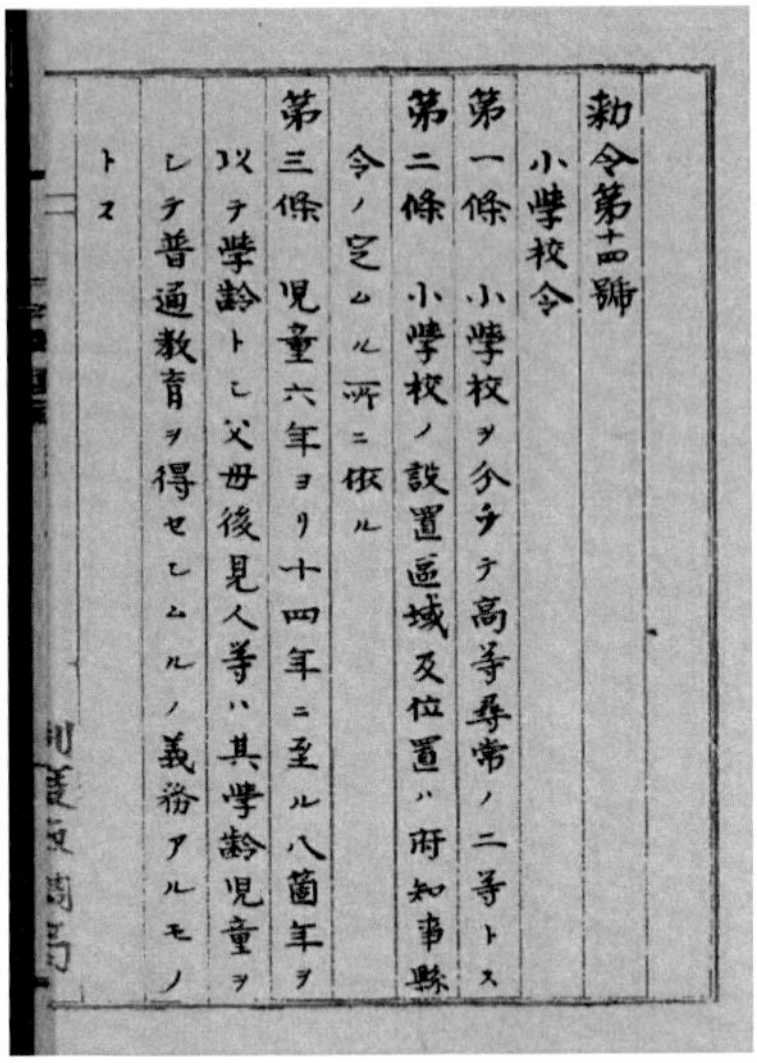
勅令第十四號
小學校令
第一條　小學校ヲ分チテ高等尋常ノ二等トス
第二條　小學校ノ設置區域及位置ハ府知事縣令ノ定ムル所ニ依ル
第三條　兒童六年ヨリ十四年ニ至ル八箇年ヲ以テ學齡トシ父母後見人等ハ其學齡兒童ヲシテ普通教育ヲ得セシムルノ義務アルモノトス

「小学校令」第３条には義務教育が触れられている（国立公文書館所蔵）

京都大学大学院教育学研究科の田中智子准教授＝日本近現代史＝は「壮大すぎて絵に描いた餅になっていた政府の教育制度をやり直して、機能させようとしたのが森だった。法令を触媒にして改革を進めた」と話す。

◇　◇

大日本帝国憲法発布のその日、明

治22（1889）年2月11日朝、東京・永田町の屋敷を出る前に森は刺された。暴漢は国粋主義者の西野文太郎（山口県士族）。20年11月、伊勢神宮での不敬事件が原因だった。森が土足で殿上に上がり、ステッキで御簾《みす》を上げて中をのぞいた、と流布された。神道国教化に反対する森に反感を持つ神職のねつ造という説もある。襲った西野の懐中には、不敬事件を非難する斬奸状《ざんかんじょう》があった。

極端な言動から、森は欧化主義者として世に知られていた。国際社会の一員として認められるため、「貧弱で不確実な伝達手段」の日本語を廃し、英語を公用語とするよう主張。のちに英語国語化論は引き下げたのだが、儒教主義的な教育を主張する守旧派からは警戒され、「洋癖」と目の敵にされていた。

森は翌日、息を引き取った。森とともに明治6年、日本初の啓蒙《けいもう》団体「明六社」をつくった福沢諭吉は新聞に「我国文明のために有為活発なる一個の若政治家を失ひしを惜しむ」と寄せ、志半ばでの死を嘆いた。享年42歳だった。

【俯瞰図】開化か復古か、理念めぐり対立

「西洋は文明国か」―。西郷隆盛の言行をまとめた「西郷南洲翁遺訓」には、開化主義者との議論が記されている。西郷は「文明ならば、なぜ未開国を侵略するのか」と相手をやり

こめた。名を伏せられたその人物は大久保利通と推測されているが、森有礼ではないかとの異説もある。

開化的な教育政策を進める森には、終始対立する人物もいた。明治天皇の侍講、元田永《なが》孚《ざね》だ。熊本藩出身の儒学者である元田は、森を一方的にキリスト教徒と見なし、教育政策に関わることに強い懸念を示した。森の文部大臣就任後も「忠君愛国の誠はあるか」など、厳しい言葉を並べた意見書で詰問した。

勉学を続けるため、森は米国で宗教家のコロニーに属した経緯はあるが、洗礼を受けたわけでもなかった。だが、「日本産の西洋人」と異名のある森への目は厳しかった。

元田永孚（国立国会図書館ＨＰから転載）

欧米諸国にならった教育制度を整備する政府に対し、元田ら「宮中派」は儒教主義に基づく復古的な教育理念を求め続けた。明治天皇の名の下で元田自身が成文化した教育方針「教学聖旨」を発表（明治12＝１８７９年）。仁義忠孝を軸とする徳育を「本」に、知育は「末」と位置付けた。

これら批判に対して反論したのが、伊藤博

文だ。提出した「教育議」では、道徳教育への配慮はのぞかせつつ、近代国家を担う人材育成には、知識や技術を重視した西洋式教育が不可欠との姿勢は崩さなかった。

開化か、復古か——。双方はせめぎ合ったが、「教育勅語」以降は復古的な皇国思想が教育界を覆うことになる。

識者はこう見る／短期間で近代化に成功
＝慶応義塾大学文学部・山本正身教授

明治政府は近代国家への変貌を遂げるため、全国で統一化した教育制度の確立を急いだ。近代教育の姿について、慶応義塾大学文学部の山本正身教授に聞いた。

——江戸時代と明治時代の教育の違いとは。

「メインは国民皆学だ。江戸時代、庶民にも手習い塾はあったが、公的な教育の対象は基本的に武士身分に限られていた。幕末期には一部の庶民にも教育の機会が広がりつつあったが、全国民を対象に教育の機会を同一に与えるという発想は明治に入るまでなかった。国民皆学の達成は、政府の大きな成果となった」

―明治政府は教育をどう位置付けていたのか。

「欧米列強に対抗する国家造りが、日本近代教育の具体的な動機と言っていい。幕末から欧米列強諸国の脅威を受ける中、産業・経済、軍事など何も勝てない。早急に国を強くし富ませる。そのために個々の人材のさまざまな能力を高めていく必要があった。森有礼も『教育は、何よりも国家の発展のために行う事業である』と明確に語っている」

「一方で、国家発展を優先するあまり、全体主義的な傾向が強くなり、個人の関心、興味、個性を発揮して社会や国家を豊かにするという発想が受け入れられなくなった」

―明治期の教育制度確立に対する評価は。

「国家を富ます、国が求める目的に沿った人材を養成するという意味で考えれば、政府による教育の近代化はかなりの成功を収めたと評価していい。列強による植民地化も免れることができた」

「教育体制を巡っては、学制、教育令と出されたが、実質的には諸学校令(明治19＝１８８６年)で基礎が作られた。義務教育が確立する明治30年代にほぼ制度が完成し、40年代の就学率は90％を超えた。国民皆学という視点で見た場合、日本での取り組みは西洋諸国にも例のない驚異的な早さというのがよく分かる」

「短期間で教育の近代化に成功した背景には、国民性が従順で政策を柔軟に受け入れる素地《そじ》を持っていたからだろう。個人の幸せよりも国家、社会に貢献するという価値意識が当時からあった。時代背景として国家発展を優先するのは致し方ないが、内実を見てみると、個人が自立的に自分や地域の幸せを考え、国を富ますという視点の教育は力強さを持たなかった」

―森有礼への評価は。

「日本近代教育を語る上で、森の功績は欠かせない。学制や教育令で統一できなかった仕組みを整理した。海外経験が豊富で、欧米で教育の重要性を学んでいたのも大きかった。薩摩藩出身者が教育分野で活躍しているのは、郷中教育という独自の教育システムが与えた影響は少なくない。藩校だけでは育むことができない、課題を見つける力や多様性を認める力が育まれ、人材輩出につながった」

【略歴】やまもと・まさみ　1956年、三重県生まれ。早稲田大教育学部卒、同大学院文学研究科修士課程修了。慶応大大学院社会学研究科博士課程単位取得退学。著書に「日本教育史」など。日本教育思想史。

■1・国民啓蒙／「明六社」雑誌作り喚起

「天は人の上に人を造らず、人の下に人を造らず」—。明治5(1872)年2月、明治期最大の啓蒙《けいもう》思想家、福沢諭吉は「学問のすゝめ」を刊行した。

実学の重要性や国民皆学の思想を鼓舞する内容だった。「人は生れながらにして貴賤《きせん》貧富の別なし。ただ学問を勤めて物事をよく知る者は貴人となり富人となり、無学なる者は貧人となり下人となる」。人間の平等を強調し、学問を修めて独立した個人を養うことで独立した国家の建設を目指すと説いた。

四民平等の時代になったが、当時は帯刀など武士の特権は残り、市井の人々にはまだ江戸時代の身分制度が染みついていた。欧米への渡航経験が豊富な福沢の言葉は、学問が道を開く新時代の到来を感じさせたに違いない。

福沢諭吉（「論集　福沢諭吉」より転載）

小学校の教科書となることを見越し、教育を受けていない人など幅広い層にも理解されるよう平易な文章で書かれたのも万民受けした。明治9年までに計17編刊行し、毎号20万冊以上売れた（会田倉吉『福沢諭吉』）。累計約340万冊となる計算で、当時の人口約3300万人（明治5～6年、壬申戸籍）とすると、10人に1人が読んだという大ベストセラー。開化史に大きな影響を及ぼした。

◇　◇

「福諭（福沢諭吉）、西周等の諸家その任に如何《いかん》」。国家発展の基本は新たな教育制度の確立と考えていた森有礼は明治4年、欧米での現地視察の必要性を訴え、派遣する有力候補として2人の名前を挙げた。

明治6年、米国から帰国した森は、福沢らとともに日本初の啓蒙思想団体「明六社」を立ち上げた。米国で〝学会〟を組織し、学術研究している学者らが雑誌発表や講演を通し、民衆の教育を率先している姿を目の当たりにしたからだ。

「我国の教育を進めんがために有志の徒会同して、その手段を商議するにあり。また、同志集会して異見を交換し、知を広め識を明にするにあり」。設立の趣旨にはこう記し、社長には森が就いた。

翌明治7年4月「明六雑誌」を刊行。明六社での論議の内容を雑誌で公開し、世論を喚起して国民啓蒙を推進する狙いだった。

学術雑誌の先駆けとして、その取り上げるテーマは政治や法律、外交、財政、哲学など多岐にわたった。毎月2、3冊のペースで平均20ページほどで発行した。若い知識人たちが競って買い求め、毎号平均３２００部、年間で8万冊超も売れたという。同年秋には、西洋流の演説会が催されるようになった。新聞広告で聴衆を募集し、毎回大入りという好評ぶりだった。

女子啓蒙にも力を入れた。森は「妻妾論《さいしょう》」、福沢は「男女同数論」をそれぞれ明六雑誌で発表し、男女同権論を展開。女子教育の普及や地位向上を促した。

東京開成学校（東京大学の前身）初代校長となった畠山義成や、洋学者で後に和仏法律学校（法政大学の前身）の校長となる箕作麟祥《みつくりりんしょう》らが集い、名実共に啓発の旗手となった。

◇　◇

明治8年6月、明六社に転機が訪れた。自由民権運動に警戒していた政府が、「新聞紙条例」「讒謗律《ざんぼうりつ》」を制定し、言論統制を強化したのだ。

「民撰議院」論争など政治、社会について論じていた明六雑誌も法に触れることが懸念された。福沢は自由な議論ができなくなると考え、雑誌廃刊を提案。高い理想を掲げる森は反対したがかなわず、明六社の活動も停止した。森は「明六《あけむつ》の幽霊」と明六社と有礼を〝ゆうれい〟の読みにかけて揶揄《やゆ》され、突出ぶりが反感を集めてもいた。

森と福沢は違う意見を発表し合うなど、互いの立場で教育を考え、個性がぶつかることも少なくなかった。慶応義塾大学の山本正身教授は「学会をつくり、知識人たちがリードして、教育で国を富ませるということは共通していた」とした上で、「国が先頭になって教育に取り組むという立場の森と、個人の知徳の向上が国を強くすると考えた福沢。教育へのアプローチの図式は異なっていた」と解説する。

明六社の流れは、その後福沢や西、津田真道らに受け継がれ、帝国学士院などを経て日本学士院へと至ることとなった。

■2・学校の誕生／急ぐ政府に民衆反発も

「かけあるくべからず」（校舎内を走らない）、「むだはなしすべからず」（無駄話をしない）―。

明治5（1872）年、伊作郷校（日置市吹上町伊作）に掲げられた生徒心得だ。地元の有志が御仮屋に設置した「素読館《そどくかん》」が前身。版籍奉還後に行政を担っていた常備隊が管理し、和漢の書や習字を教えていた。当初は武士のみが対象だったが、後に一般の子弟にも門戸が開かれた（吹上郷土誌　通史編3）。明治11年には伊作小学校となった。

明治初年、各地で〝学校〟が産声を上げた。鹿児島県内では、垂水で明治2年、歌人としても知られた高崎正風が「人材輩出、国家教化の万一を補わんと欲す」として垂水学校（現・垂水小）を創設した。水引郷（薩摩川内市水引町）の「振励《しんれい》館」（現・水引小）では2人の教師が漢文、算術に加え英語も教えていた。

伊地知正治の書簡（明治4年）には、県内の学校の様子として「五ツより七ツ時まで（午前8時～午後4時）、毎日の勉強目覚敷《めざましき》次第に御座候《ござそうろう》」とつづられていた。各地でも7、8歳から入学したという。

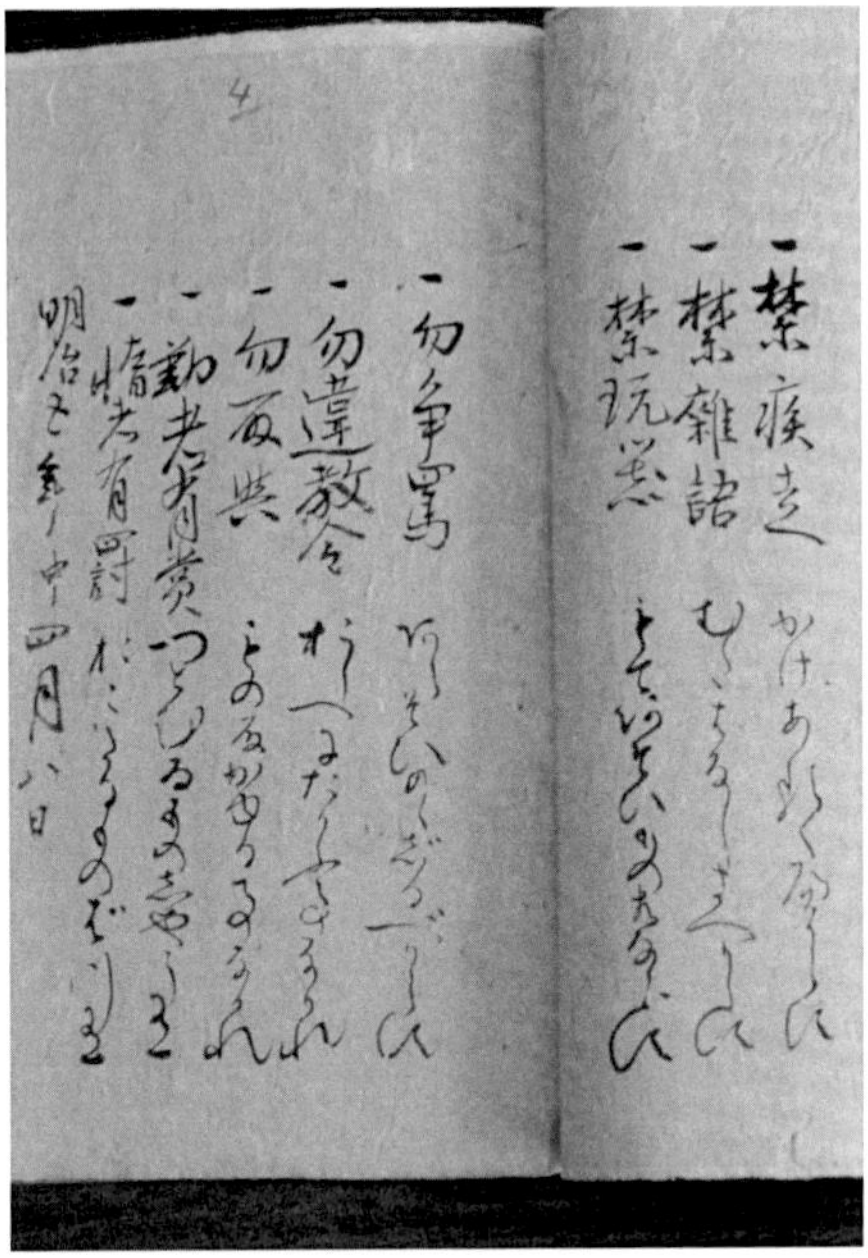

明治5年の伊作郷校の生徒心得（日置市吹上歴史民俗資料館所蔵）

◇　◇

明治政府にとって、近代的な教育制度確立は重要な課題だった。大久保利通は「まず無識文盲の民を導くをもって急務とすれば、従前の俗を失わず教化の道を開き学校の制を設くべし」と訴えた。

国家による近代教育制度は明治5年の学制公布で始まった。

明治初期の学校風景を描いた「小学入門教授図解　第七」
（国立教育政策研究所教育図書館所蔵）

「必ず村に不学の戸なく、家に不学の人なからしめん事を期す」（学事奨励に関する太政官布告）と意気込みを示した。フランスの制度を模範とし、全国を8大学区、各大学区を32中学区、各中学区を210小学区に分け、各学区に大学、中学、小学校を1校ずつ設置するとした。小学校だけで5万を超える壮大な計画だった。文部省を頂点にした中央集権的な体制を敷き、実施を急いだ。

だが、計画は容易には進まなかった。財政的な裏付けのないままスタートし、教育費は実費負担だった。農家を含めた平民は9割超を占めており、〝貴重な労働力〟の子供を取られることに反発が大きかった。欧米式の教育制度は、封建社会を抜け出たばかりの日本の実態とはかけ離れていた。

手習い塾（寺子屋）を集めて小学校にし、その師匠を教師に任命した例も少なくなく、校舎も明治8年時点で4割は寺院、3割は民家の借用で新築は2割弱にとどまった。教員も1校1人が約60％。教育内容も地理学や欧米の翻訳書など新たな学問が取り入れられたが、「読み・書き・そろばん」が中心だった手習い塾から変わったばかりの学校では対応は難しかった。

鹿児島県でも、小学校は97校、児童数は9605人を数えた（明治7年）。だが、就学率は7・1％で、全国最下位というありさまだった（鹿児島県「明治維新と郷土の人々」）。

◇　◇

理想に走りすぎた学制に対する批判が高まり、各地で民衆暴動も起こった。明治6年、北条県（現・岡山県東北部）で「学校入費反対」を訴える民衆が、管内の小学校の大多数を破壊。その後も徴兵令に反対する動きと相まって、「小学校廃止」を訴える暴動が相次いだ。

明治12年、政府は学制を廃止し、教育令を公布。学区制をやめ、小学校設置の基礎を町村単位とした。中央集権的な制度ではなく、地方の自由裁量を認めた。

一方、学習内容は修身の重要性が増し、自由民権運動への対策として「自由」や「民権」といった文言が排除されるなど復古的な傾向が強まった。福沢諭吉は「政府が教育に儒教主義とて不思議なることを唱へだし（中略）、福沢の著訳書は学校の読本として有害無益なりと認められ」と皮肉った。

地方の裁量を広げた結果、小学校を廃止し、就学者が減少する事態も起こった。混乱の収拾と近代教育制度の確立は2度の教育令改正を経て、明治19年の諸学校令の公布まで待たなければならなかった。

3・大学発足／近代化へ官僚養成急務

明治6(1873)年10月9日、東京・神田錦町の一角は祝賀ムードに包まれていた。東京第一大学区開成学校(東京開成学校)の開業式だ。明治天皇が行幸し、学生や学校職員が総出で車駕(天皇の乗り物)を迎えた。三条実美、板垣退助、伊藤博文らの政府要人、外国公使も顔をそろえた。

式では、天皇が文部大輔田中不二麿に鑰《やく》(学校の鍵)と勅語を下した。学校の権威を高める儀式だった。勅語には「器を成し才を達する処なり　朕《ちん》更に百般学術の益、国内に拡張せんことを期す」とあった。

一般にも開放され、学生による物理、化学の実験、外国人教師の鉱山学の実験と講演もあった。体操場から紅白の気球が高く舞い上がり、東京中で話題となった。市井の人々に近代的な〝最高学府〟の誕生を印象づけた。

　薩摩藩出身で英国留学生の畠山義成が初代校長に就いた。文部官僚だった高橋是清(後の首相)によると、英語が堪能な畠山が校長となったことで外国人教師との意思疎通がよくなり、学校の整備が進んだという。ちなみに畠山はもとより、田中も高橋も、森有礼らが結成した「明六社」に参加し教育論を交わした。

　明治8年1月、英語、地理、数学、歴史などの入学試験科目を設定。試験による厳密な学業評価を導入した。東京開成学校は明治10年、東京医学校と合わせて東京大学となった。日本で最初の近代的で、総合的な高等教育機関「大学」の登場だった。

◇　◇

　産声を上げたばかりの明治政府は指導者となり得る優秀な国家官僚や、近代化の担い手となる技術者を養成する高等教育機関の設立を急いでいた。お雇い外国人で急場はしのいだものの、それでは近代国家への脱皮は難しかった。

　明治3年、政府は東京開成学校の前身、大学南校に各藩から16～20歳の秀才を選抜し、西洋式の教育を行った。小村寿太郎(後の外務大臣)や井上毅(後の文部大臣)ら重責を担う人材を輩出した。

　政府の各組織による官立専門学校も設置された。工部省の工部大学校(明治4年・後の東大

英国留学していた頃の畠山義成（右端、薩摩藩英国留学生記念館所蔵）

工学部）、司法省の法学校（同・後の東大法学部）、北海道開拓使の札幌農学校（明治5年・後の北海道大）などだ。西洋の知識を教え、集中的にエリートを養成するのが狙いだった。官費による全寮制で、外国人教師が教べんを執った。卒業後は母体の組織での勤務が義務だった。これらは森有礼文部大臣の下で発布された帝国大学令（明治19年）以降、帝国大学へと集約された。

◇　◇

私立の高等教育機関も前後して創設された。当時は「大学」とは認められず、専門学校としての位置付けだった。

東京では慶応4（1868）年4月、福沢諭吉が慶應義塾を設立。明治14年の政変で下野した大隈重信は翌年に「政治経済学科法律学科、及び物理学科をもって目的となし、傍ら英語学科を設置す」と掲げた東京専門学校（現・早稲田大）を作った。

明治8年、森に米国式の私立学校の設立を熱心に勧められていた新島襄は、京都で同志社英学校（現・同志社大）を設立した。薩摩藩邸跡に建てた校舎で、キリスト教主義の教育を展開した。

私立学校の登場は明治期の高等教育に多様性をもたらした。東京大学名誉教授の天野郁夫さん＝教育社会学＝は「政府が重要視していたのは官立、帝国大だった。私立は反政府的な活動さえしなければいいというスタンスで、関心は高くなかった」と指摘する。官僚養成に偏りがちだった官立に対し、私立が医者や弁護士など多様な人材の供給を担った。天野さんは「政府に完璧な見取り図があった訳ではないが、賢明な選択と人的資源をうまく生かした」と説明する。

■4・医療教育／英医師招き実践広がる

「薩摩藩には医者はおらぬらしい」――。慶応4（1868）年、戊辰戦争に従軍していた薩摩藩軍医、高木兼寛は東北戦線の三春（福島県）の野戦病院で傷病兵の手術をしていた際、大村藩の軍医から大笑いされた。

薩摩藩の軍医は漢方医が多く、西洋医学の知識や技術を持つ蘭方医《らんぽう》が従軍していた他藩と比べ、銃創や刀創に対して稚拙な外科治療しかできなかった。高木は恥ずかしさのあまり顔を赤らめ、返す言葉もなかったという（松田誠「高木兼寛の脚気の研究と侍精神」）。

こうした混乱は戊辰戦争の開戦当初からあった。鳥羽伏見の戦いで、薩摩藩は京都の相国寺に病院を設置した。１００人余が収容されていたが、出血は放置され、化膿《かのう》を防ぐ手だてもなく、こう薬を塗られただけで落命する兵が相次いだ。

事態打開のため、自身も銃弾で耳を負傷した大山巌は、西郷隆盛や大久保利通を通じて神戸の領事館にいた英国人医師招へいを依頼した。その医師こそウィリアム・ウィリス。招きに応じた彼は、医師石神良策らに手術介助をさせて指導しながら治療にあたった。その後、戦線の北上に伴い、横浜や東北へと赴いた。

ウィリアム・ウィリス
（薩摩英国館所蔵）

ウィリスは書簡（慶応４年７月21日付）の中で、「彼ら（日本人医師）の熱意を見ていると医療、治療に関する西洋の知識が次第に日本中に広まり（中略）複雑で時には有害な漢方医学に取って代わるのではないか」とつづった（大山瑞代訳「幕末維新を駆け抜けた英国人医師」）。

◇　◇

戊辰戦争後に、薩摩藩は西洋医学教育の導入を試みた。浄光明寺跡（現・南洲神社）にあった西洋医院を明治３年、鹿児島医学校と改編。戊辰戦争での活躍を目の当たりにした西郷は、ウィリスをその校長として招いた。

「赤倉病院」と呼ばれた赤れんが造りの鹿児島医学校（「図録　維新と薩摩」より転載）

当時ウィリスは従軍後、東京の医学校兼大病院（現・東京大医学部）に入り、「日本における西洋医学の父の一人として有名になるかもしれない」と意欲を見せていた。だが、政府が医療体制の模範として臨床重視のイギリス医学ではなく、基礎医学重視のドイツ医学を採用すると、職を辞した。

鹿児島にやってきたウィリスは、滑川に移転した医学校で治療をしながら、西洋医術の指導を始めた。赤れんが造りの洋風建築で、市民から「赤倉病院」と呼ばれた。集まった学生は３００人を超え、漢方医や他藩からも教えを請う者が後を絶たなかった。

午前は診療、午後は英語の原書を使っての講義。明治3年から5年間で1万5千人の患者を診察したという。医学校は現在の鹿児島大学医学部へとつながる。

明治4年には自身が提唱し、日本初の妊産婦検診が始まった。隈之城、垂水、知覧、栗野、名瀬などに支病院を設け、鹿児島市内では幼児への種痘も行った。予防医学の観点から食事指導や、上下水道の整備をアドバイスするなど公衆衛生にも心を配った。

「4月から12月までの給料が支払われていない」など生活に不満を抱えつつも、薩摩藩士の娘・江夏八重子と結婚、霧島や開聞岳に登山するなど充実した日々を送った。
◇　◇

英国留学中の高木兼寛
（東京慈恵会医科大学所蔵）

スコットランド出身の巨漢医師ウィリスが鹿児島でまいた医学教育の種は、全国に広がった。

その門下生となった高木兼寛は「常に医学の真の基礎である解剖学を系統的に指導する実力を備えている」と評されるまでに成長。明治8年、英国に留学した。

帰国後は医学校の成医会講習所（現・東京慈恵会医科大学）、日本初の看護学校となる看護婦教育所を設立。英国から王室や富裕層が医療を支える仕組みを持ち込み、看護婦教育所の建設費は大山巌の夫人・捨松らを巻き込み鹿鳴館で開いた慈善バザーの益金を充てた。昭憲皇太后（明治天皇皇后）の支援を受け、貧しい患者を無料で診察する慈善病院も設けた。

実践的な医学教育と西洋近代医学の普及は、社会を大きく変えた。東京慈恵会医科大学学術情報センターの阿部信一課長補佐は「（高木の）西洋医療を広めた功績は大きい。鹿児島でのウィリスとの出会いが、日本医療の近代化に大きな影響を与えた」と話した。

■5・鹿児島の学府／「造士館」軸に体制確立

明治5（1872）年、鹿児島城下の「本学校」で、英国仕込みの数学授業が行われていた。教えていたのは薩摩藩英国留学生として海を渡った高見弥一。ロンドン大学で海軍測量を学んだ高見は、いったん政府に出仕した後、鹿児島県庁から二等副教官算術掛《かかり》の辞令を受けたのだった。

土佐藩出身の高見は、公武合体派の藩参政・吉田東洋を暗殺して脱藩した。薩摩藩にか

英国留学時代の高見弥一
（尚古集成館所蔵）

くまわれ、藩士に取り立てられると、藩校・造士館で句読師助《くとうしたすけ》、書籍方掛として教育に携わった。洋学校の開成所でも研さんを積み、留学生に選ばれたのだった。

明治4年にできた「本学校」は藩校の後継校だった。鹿児島県内の〝最高学府〟として、教育行政機関としての役割も担っていた。和・漢・洋の学問を教え、英語や仏語の教師としてオランダ人も招かれた。その後、中学校造士館などに名称が変わる組織改編があったが、高見は立場を変えることなく教育に力を注いだ。

高見の下で、鹿児島高等農林学校（現・鹿児島大農学部）の初代校長となる農学博士の玉利喜造らが育った。卒業生によると「（高見は）研究の深い人であった」という（「第七高等学校造士館創立二十五周年記念誌」）。

◇　◇

維新後、各藩には藩校の伝統を継ぐ学校が生まれた。鹿児島も例外ではなく、藩校・造士館の流れを継いだ学校が県内の教育をリードした。変遷を経て、現在の鹿児島大学へとつながっていく。

慶応4年3月、造士館は洋学校の「開成所」を合併し、教育を継続していたが、「本学校」開設(明治4年)で、造士館の名はいったん消滅。その後は、県立鹿児島中学校などと名称を変えた。

鹿児島城(鶴丸城)跡にあった第七高等学校造士館(「第七高等学校造士館創立二十五周年記念誌」より転載、部分)

最後の薩摩藩主、島津忠義は明治17年、県令渡辺千秋に「造士館再建」を提言した。これを受け入れた県は、鹿児島中学校を「県立中学造士館」と改組した。島津家から多額の資金援助があり、館長(校長)には忠義の弟、珍彦《うずひこ》が就いた。

学生の回顧によると、明治20年代、館長は馬に乗って出勤し、元藩士の門衛は頭を地面にすりつけて迎えたという。東京から来た体育教師に「珍しき遊技」(野球)を教えられ、夕食後に練習した。また、ジャケット式の制服と「造」の記章とした制帽が義務づけられ、げた履きは許されていなかった。和装で登校すると職員から大目玉を食らったという。

中学造士館は、高等中学造士館を経て、第七高等学校造士館となった(明治34年)。藩校名が付いた唯一の高等学校だった。

教員養成の体制整備も進んだ。明治9年に鹿児島師範学校、鹿児島女子師範学校(現・鹿児島大教育学部)が設立された。年齢は18~45歳で、算術や翻訳書、日本外史などの試験があった。西南戦争後に西郷家の家庭教師を務めた北條巻蔵(新庄藩出身)が招かれ、熱心な指導が行われていた。

◇　◇

明治初期、鹿児島には〝公〟の学校とは違う教育機関が存在していた。明治6年に政府を去った西郷隆盛らが設立した「私学校」だ。綱領には「王を尊び民を憐《あわ》れむは学問の本旨」と掲げられた。士族の青少年を対象とし、戊辰戦争で失った人材の後継育成が狙いの一つだった。西郷や県令の大山綱良、桐野利秋らの賞典禄《しょうてんろく》を基に学校を建てた。漢学だけではなく、イギリス、オランダ人の教師が教壇に立った。明治8、9年には優秀な生徒をフランス留学に送り出した。一方で、篠原国幹や村田新八らによる軍事教練も行われた。

県内各地に分校が置かれ、郷校が「私学校」の校舎として使われた。県庁を巻き込み、運営費が県費から賄われ、区長など地域の行政職、警察官も私学校派が多くを占めた。一方、反政府的な活動や、生徒に県外への遊学を禁止するなど排他的な傾向が強まった。

私学校派の専横は鹿児島県の〝独立国家化〟を招き、やがて西南戦争（明治10年）へと発展した。師範学校や各地の学校は焼かれ、書籍や教材を失った。教員の戦死者も少なくなかった。戦禍は他県と比べて〝10年遅れた〟と言われるほど、鹿児島県の教育に暗い影を落としたのだった。

■6・教育勅語／徳育、国民教化へ傾倒

幕末から明治初め、来日した外交官や外国の軍人は、日本人が手脚を交互に出してうまく走れないのに驚いた。飛脚のような訓練をした者以外は、腕を振って走ることができなかったという――。

薩摩藩英国留学生として英国、のち米国に渡った森有礼は、学生が「スポーツ」に興じる姿を目にした。外交官となった森は、現地の教育施設、大学や公立学校はもとより、当時やっと普及し始めた幼児教育施設（幼稚園）までも見学、研究の対象としていた。そこで「人に智能、徳能、体能あり。薫陶涵養《かんよう》此の三能をして均《ひと》しく上達を得せしむ、是を教育の本旨とす」（森有礼「学政片言」）と、体育の重要性に気付いた。

明治5(1872)年、学制公布により「体術」が採用され、翌年には「体操」と名称が変更された。横浜の居留地で外国人が陸上競技会を催しているのを見た森の発案から、小学校に「運動会」を導入することにつながった。

体育教育を定着させた森は一方、「徳育」の分野では儒教主義者の一派と対立し続けていた。近代的な「合理主義」に基づき教育の自由を主張し、反感を集めたのだ。国民像形成の軸となる徳育は、さまざまな立場の思惑が絡み合っていた。

◇　◇

明治天皇は明治11年、地方行幸し、北陸、東海地方で学校を視察した。その際、英文を読めても日本語訳できない生徒や、高尚な空論ばかり話す様子に触れた天皇は、「知育に偏り、道徳がおろそかになっている」と懸念を示した。

天皇の意を受けた侍講の元田永孚《ながざね》は「教学聖旨」を著し、「品行を破り、風俗を傷う者少なからず」と維新後の教育を非難。「祖宗の訓典に基づき、もっぱら仁義忠孝を明らかにし、道徳の学は孔子を主として」と記した。

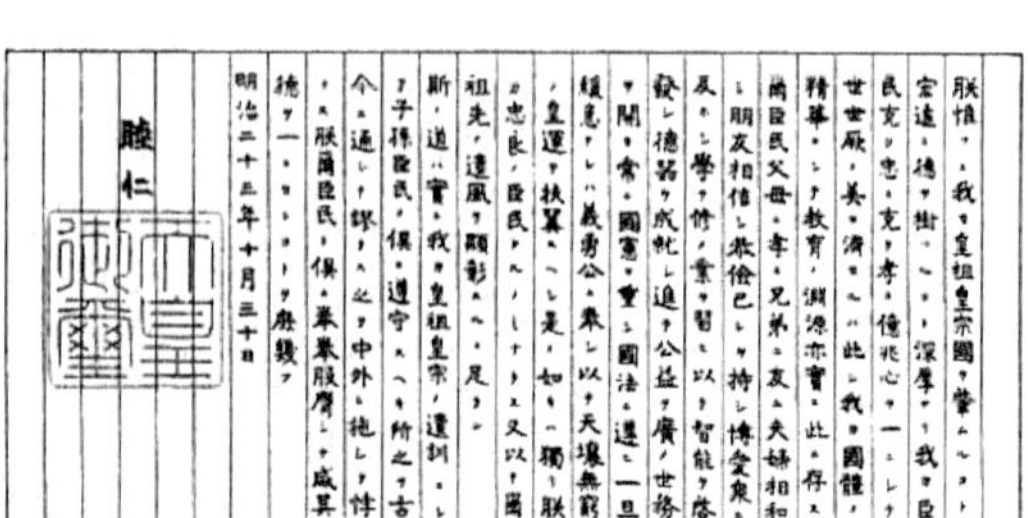
朕惟フニ我カ皇祖皇宗國ヲ肇ムルコト
宏遠ニ德ヲ樹ツルコト深厚ナリ我カ臣
民克ク忠ニ克ク孝ニ億兆心ヲ一ニシテ
世世厥ノ美ヲ濟セルハ此レ我カ國體ノ
精華ニシテ教育ノ淵源亦實ニ此ニ存ス
爾臣民父母ニ孝ニ兄弟ニ友ニ夫婦相和
シ朋友相信シ恭儉己レヲ持シ博愛衆ニ
及ホシ學ヲ修メ業ヲ習ヒ以テ智能ヲ啓
發シ德器ヲ成就シ進テ公益ヲ廣メ世務
ヲ開キ常ニ國憲ヲ重シ國法ニ遵ヒ一旦
緩急アレハ義勇公ニ奉シ以テ天壤無窮
ノ皇運ヲ扶翼スヘシ是ノ如キハ獨リ朕
カ忠良ノ臣民タルノミナラス又以テ爾
祖先ノ遺風ヲ顯彰スルニ足ラン
斯ノ道ハ實ニ我カ皇祖皇宗ノ遺訓ニシ
テ子孫臣民ノ倶ニ遵守スヘキ所之ヲ古
今ニ通シテ謬ラス之ヲ中外ニ施シテ悖
ラス朕爾臣民ト倶ニ拳拳服膺シテ咸其
德ヲ一ニセンコトヲ庶幾フ
明治二十三年十月三十日
睦仁
天皇御璽

明治天皇の名で出された教育勅語

皇国思想と徳育重視は、文教政策にさまざまな形で反映されるようになった。また、自由民権運動が次第に広がりを見せ、政府内でも自由主義や合理主義よりも、国民教化に重きを置く流れができあがった。

明治天皇は総理大臣山県有朋らを宮中に召し出し、黒塗りの紋付き箱を下賜した。中には「教育勅語」があった。明治23(90)年10月のことだった。

起草の中心となったのは、法制局長官の井上毅、そして元田だった。二人は熊本藩出身で同郷だった。同年5月には、徳育に熱心でないと時の文部大臣だった榎本武揚が更迭されていた。井上は「洋風の気習」は排除しながら、天皇の信頼の厚い元田とのやりとりを重ねた。

森有礼文部大臣の下で出された「中学校師範学校教科用書『倫理書』」(国立国会図書館所蔵)

勅語は、皇祖皇宗が樹立した「忠孝」を道徳の基本とし、天皇国家を支える忠実な臣民が理想とされた。全国の学校に勅語の謄本が配られ、奉読式が行われた。御真影(天皇・皇后の肖像写真)とともに不可侵で神聖なものとされた。紀元節、天長節などの祝祭日に、教員、児童生徒が総出でまつり、儀式を行うことが義務となっていった。

◇　◇

教育勅語発布の約2年前、明治21年に森文部大臣の下で「中学校師範学校教科用書『倫理書』」が編さんされていた。道徳教育の基準として作られ、宗教や信仰心によるものではなく、普遍的で合理的な倫理観を示したものだった。

「森が暗殺されなかったら、教育勅語はできなかっただろう」。慶応義塾大学の山本正身教授と京都大学大学院の田中智子准教授は口をそろえる。森は教員の政治信条や信仰は個人の自由としながらも、思想的に未熟な子どもに対して、公教育の場で特定の宗教など価値観を押しつけることには否定的だった。文部省書記官だった能勢栄は、森の姿勢を「今の世に孔孟《こうもう》の教を唱ふるは迂闊《うかつ》なり（中略）宗教にも頼らず、哲学にも倚《よ》らず」としていた。

鹿児島純心女子大学の犬塚孝明名誉教授（近代日本政治外交史）は著書（「森有礼」）で「森は儒教的徳育を、教育の自由、人間の良心の自由を侵害する元凶とみて、これに果敢に立ち向かおうとしていた」と指摘した。

教育勅語は「忠君愛国」を掲げた強力な皇民化教育の中心となり、教育現場は自由で多様な価値観が入り込む余地を失った。勅語と御真影は「現人神《あらひとがみ》」の分身として神格化が強まり、絶対的な存在となった。

第8部　変容する地方　資本主義化

序

海外との国交を開き世界市場に飛び込んだ日本が目指す姿は、列強国並みの資本主義国家だった。そのため明治政府は財政を安定化させ、資本を蓄えて各種産業を興し、経済発展を遂げる必要があった。税制度を封建時代の米納から金納へと変え、土地所有権を認める地租改正を断行するなど、さまざまな変革が進み、地方も大きく変容していった。

地方行政に関わる年表

明治4年（1871）	戸籍法公布（翌年に壬申《じんしん》戸籍施行）、新貨条例公布、廃藩置県、田畑勝手作りの許可
明治5年（72）	田畑永代売買の解禁、国立銀行条例公布（翌年に第一国立銀行設立）
明治6年（73）	地租改正条例公布、秩禄《ちつろく》奉還の法制定
明治8年（75）	奄美の勝手世騒動始まる
明治9年（76）	伊勢暴動（地租改正反対一揆が激化）、金禄公債証書発行条例制定（秩禄処分）
明治10年（77）	地租軽減、鹿児島苗木場の設立
明治11年（78）	郡区町村編制法・府県会規則・地方税規則（地方三新法）制定
明治13年（80）	鹿児島授産場開設（鹿児島）
明治14年（81）	松方正義が大蔵卿就任（松方デフレ始まる）
明治17年（84）	前田正名が「興業意見」編纂《へんさん》
明治21年（88）	市制・町村制公布

■地租改正／財源確保へ、全国一律

「租税収納の法制、都鄙《とふ》市村とも公平適当を得候《そうろう》様改正仕《つかまつ》りたく」。明治4（1871）年10月、厳しい財政事情に頭を悩ます大蔵卿の大久保利通は、幕藩体制から続く年貢制度を抜本的に変える税制改革を模索していた。重視したのは「公平性」だった。

江戸時代、主たる税は領主（藩や幕府）に納める年貢（米納）であり、原則農民にだけ課せられていた。税率は収穫高で決まるが、各藩によって異なった。支払い義務のない士族や商人は農民より割合が少ないとはいえ、世の中に不公平感がくすぶった。

年貢は藩の取り分で、明治政府は当初、旧幕府から引き継いだ天領などからの税収しかなかったため、財政はぜい弱だった。同年７月に実施した「廃藩置県」は財源確保も視野にあり、早急な税制改革が目指された。

政府にとって重要なことは、各藩が得ていた同等の税収を一元化して確保、近代国家として国民に公平な税負担を求めることだった。資本主義化に対応するため、従来の米納を見直し、金納制を導入する、明治６年の「地租改正」につながった。

◇　◇

地租改正の構想を立案したのは神田孝平（旧幕臣）や陸奥宗光（後の外務大臣）であったが、その実務を任されたのは薩摩藩出身の大蔵省租税権頭、松方正義であった。廃藩置県の断行と全国一律の租税実現を訴えていた松方を、同郷の大久保が〝抜てき〟したのだった。

松方は小松帯刀、五代友厚と同じく天保６（１８３５）年生まれ。早くから活躍した五代とは友情を結び、維新後に財政通として大久保の信頼も得るようになった。

初代の日田県知事（慶応４～明治３年）に就き、地方の実態を目の当たりにしていた松方は、

地租改正に合わせて発行された地券
（黎明館所蔵）

「民租は政体最大の根源にて容易に動かし難《がた》い事件に御座《ござ》有《あ》るべし。併《しか》し乍《なが》ら仁政は経界を正すより始《はじめ》とこそ承《うけたまわる》」と意見書を提出。税制は政治の根幹で、良い政治は経済・財政を正すことが肝要とし、改租の必要性を訴えて並々ならぬ決意で取り組んだ。

改革の一番は、従来の収穫高に応じた米納から、それぞれの土地の価値（地価）を定め、地価の3％を地租としてお金で納める金納方式への変更だ。旧来通りでは米価変動で税収が大きく変わるが、金納にすることで収入安定化を図ることができた。

さらに政府は、藩政時代に禁止されていた「田畑勝手作りの許可」（明治4年）や、「田畑永代売買の解禁」（同5年）を実施。農民に土地の自由な利活用を認めた上で、土地所有を公認して地租負担者に位置付けた。

江戸時代、土地の所有権は幕府（藩）に帰属していたが、政府は私有財産権を保障した。すなわち、近代国家の原則である国民の「権利」を認めつつ、納税の「義務」を課したのだった。土地売買はそれまでも暗黙の了解で行われていたが、税制だけでなく土地制度の点でも転機となった。

◇　◇

「公平画一」を原則に、全国一律の基準で実施された地租改正。農民における負担割合（地価3％の場合）は全国を平均すると、藩政時代とほぼ変わらない結果だが、地域別でその度合いは違った。

藩政時代は各藩によって税率が異なるものの、田地に比べて畑地の税負担は低く抑えられていた。しかし、地租改正では田地の地価が低く抑えられた一方、畑地は高く見積もられることとなった。

畑作中心農家にとっては増税となり、畑地の割合が高い関東や鹿児島では負担増が顕著となった。当然、田地の割合が高かった山陰や近畿では減税となった。

地租改正は地価を新たに設定するため、長く実施されてこなかった「検地」をはじめ、諸作業に8年ほどの歳月を費やして完了した。改租直後における国税収入の7～8割を地租が占め、財政の安定化に大きく貢献する結果を生んだ。茨城大学名誉教授の佐々木寛司さんは「近代国家の形成を目指した明治政府の諸政策の前提には、地租改正の成功があったといっても過言ではない」と指摘した。

【俯瞰図】 金納に困惑 増税で一揆

「竹槍《やり》でドンと突き出す二分五厘」―。

竹槍や木づちを手にし、怒りをあらわにした顔の農民たちが、次々に役所や銀行などを襲った。狙われたのは納税の窓口となった場所で、打ちこわし、焼き打ちが相次いだ。民衆は口々に減税を求めていた。

一連の騒動は、税制や土地制度の変革を迫った「地租改正」の移行期、明治9(1876)年に集中した。茨城県で大規模な強訴が起こったのを皮切りに、三重や愛知など全国各地に広まった。

原因に税制改革移行期に緊急措置として認められた「石代納《こくだい》」があった。収穫した米を現金に換えて納税する制度。支払額は前年の米価を基準に算出し、高値だった明治8年に比べ、翌9年は米価が3分の2程度に落ち込んだため、負担の度合いが跳ね上がった。

一揆の発生地は地租改正によって増税となった地域も

三重県で発生した地租改正反対一揆「伊勢暴動」の錦絵（「新聞附録東錦繪」より、国立国会図書館ＨＰから転載）

多く、「御一新（明治維新）で税が軽くなる」と期待していた農民からすると「裏切られた」という不満は最高潮に達した。各地で減税が声高に叫ばれ、米納への回帰を求める声も一部にあった。ただ地租改正そのものに反対するといった訴えではなかった。

同じ頃、不平士族の反乱も各地でくすぶっていた。農民と士族の結びつきを恐れた政府は、明治10年に当初の地租率（租税として収める税率）３％を、２・５％に引き下げた。税収の減額は招くものの、政府支出の３割を占めていた士族への秩禄《ちつろく》処分を済ませていたこともあって、税収安定化を最優先した。

識者はこう見る／　旧体制の脱却、一気に進む

＝茨城大学・佐々木寛司名誉教授

厳しい財政事情の下で船出した明治政府は、税制改革や殖産興業など財政・経済政策を進め、短期間での資本主義化を目指した。地方も変革を迫られた一連の経過を、茨城大学名誉教授の佐々木寛司さんに聞いた。

――明治政府の置かれた状況は。

「維新直後は各地方をそれぞれに統治する旧藩が存続しており、明治政府は地方からの収入があまり期待できなかった。主な財源は旧幕府から引き継いだ天領などからの税収で、財政は切迫していた。一方で新体制建設には大量の資金が必要なため、まずは政府への資金集中が目指された」

「具体的には、不換紙幣や公債を大量発行することで財源の確保が図られ、結果として極度のインフレを引き起こした。廃藩置県を断行し、全国統一的な租税制度『地租改正』や、士族への秩禄《ちつろく》を廃止する『秩禄処分』を実施して財政の安定化も進められた。近代的な金融機関の設立や殖産興業も都市（中央）を中心に政府が主導し、資本主義的自立が目指された」

――「中央」と「地方」の関係が鮮明になった。

「列強国の外圧が懸念される中、政府は急速な近代化を目指す必要があった。そのため権力構造という立場から言えば、中央集権が進んだ。行政組織では明治21（1888）年の『市制・町村制』によって、政府の下請け的な市町村が設置される。中央による地方の『支配』は強まった」

「幕藩体制下では独自色の強かった地方も画一化が進み、1次産業を主とする『農村』と、経済の中心を担う『都市』の関係が明確化していった」

―地方の変化は。

「地租改正によって、耕作者や地主の土地所有権が認められたことは変化の一つと言える。幕藩体制下でも既得権益のような認識だったと考えられるが、土地の売買なども公認されるようになった。改正の結果は、畑作地域が増税、稲作地域が減税となったので、それぞれの地域経済に異なった影響を与えたと考えられる」

「地方も資本主義化の波にさらされる。相互扶助を前提とする共同体組織は変質を余儀なくされ、競争社会の原理に組み込まれていった。在来産業の発達をはじめ江戸後期から徐々に進んでいた変化が一気に押し寄せたのが明治維新と言ってもいい」

―財政・経済政策における薩摩出身者の功績は。

「明治初期は大久保利通の影響は強いが、松方正義の活躍も見逃せない。明治10年代における強硬的なデフレ政策で知られているが、地租改正の実施などでも重要な役割を果たした。万国に対峙《たいじ》し、現在に連なる日本の資本主義化を考える上では、欠かせない人物と言えるだろう」

【略歴】ささき・ひろし　1949年、東京都生まれ。学習院大学大学院博士課程単位取得満期退学。文学博士(九州大学)。元茨城大学副学長。専門は日本近代史。著書に「明治維新史論へのアプローチ」「地租改正と明治維新」など。

■1・市町村の発足／中央〝支配〟が順次確立

維新後、地方行政の混乱は小さくなかった。明治5(1872)年以降、地方行政の再編を目指して「大区・小区制」が導入された。江戸時代以来の町村複数を小区に編成してその上に大区を置き、それまで年貢徴収や治安維持を担った庄屋名主などが廃された。

政府は、幕藩体制下における生活共同体の基礎で自治色も強かった「町村」をなくそうと、政府に従属的な大区の区長、小区の戸長を官選で配置した。明治4年の廃藩置県まで、旧藩では独立財政を維持するなど地方の権限が強く、国と地方の統一的国家財政(中央集権)を目指す政府にとって、旧来の地方制度は〝邪魔〟な存在だった。

政府の思惑とは別に、各地の実情を考慮しない画一的な小区割りは、住民から反発を招いた。同時進行した地租改正と合わせて、度重なる地方改革に社会の不満は強まっていった。

鹿児島市制誕生の明治22年から庁舎として使用された「県立博物館旧考古資料館」＝鹿児島市城山町

「大区・小区制」の不評に危機感を持った政府は明治11年、地方制度の基礎となる三新法（郡区町村編制法、府県会規則、地方税規則）を制定した。従来の町村を復活させ、町・村の長は民選にして地方自治を一部認めた。一方、税規則については、地方からの税収配分を国に手厚くするなど集権化は維持された。

厳しい財政事情の地方では、政府の直轄事業や補助金制度による道路・河川の改修など公共インフラの整備も進み、次第に中央依存の体質が出来上がっていった。

◇　◇

明治22（１８８９）年7月10日、鹿児島県内各地の産業を紹介する「興業館」（現・県立博物館旧考古資料館）において盛大な式典が開かれた。４月に発足した、鹿児島市による仮市役所の開庁式で、当初の山之口馬場町からの引っ越しだった。

開庁式には市内各地の学校や寺院の関係者、近隣の村長ら名士が一堂に会し鹿児島市の門出を祝っ

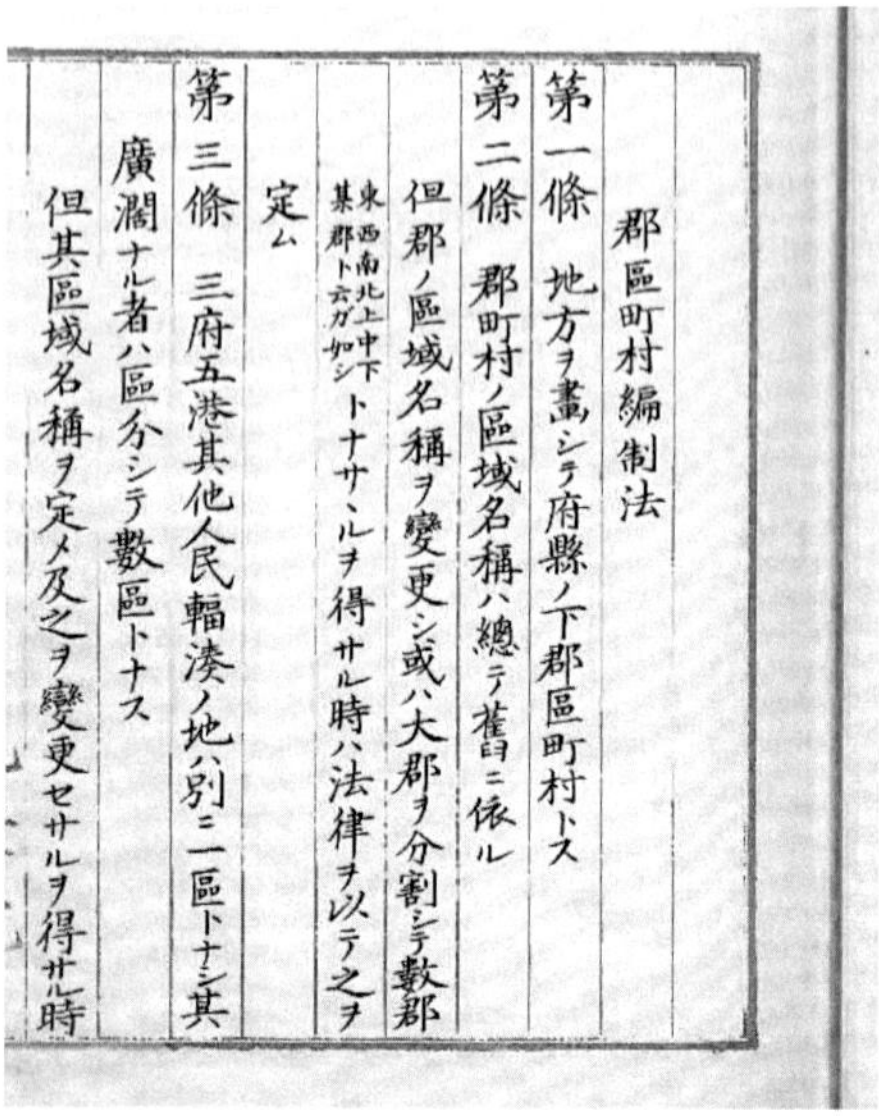
郡區町村編制法
第一條　地方ヲ畫シテ府縣ノ下郡區町村トス
第二條　郡町村ノ區域名稱ハ總テ舊ニ依ル
但郡ノ區域名稱ヲ變更シ或ハ大郡ヲ分割シテ數郡
（東西南北上中下某郡ト云ガ如シ）トナサヽルヲ得サル時ハ法律ヲ以テ之ヲ
定ム
第三條　三府五港其他人民輻湊ノ地ハ別ニ一區トナシ其
廣濶ナル者ハ區分シテ數區トナス
但其區域名稱ヲ定メ及之ヲ變更セサルヲ得サル時

郡区町村編制法（国立公文書館所蔵）

た。初代市長の上村行徴《ゆきあき》は「勤勉不撓《ふとう》の精神を以《もっ》て将来市民の幸福を増進」するとあいさつ。その上で「聖旨に報い奉り又閣下が懇諭に違《たが》うなき」を誓った。地方自治を喜び、市民への忠誠を宣言した。

明治政府の発足以降、たびたび地方の再編が繰り返されたが、この時発足した鹿児島市が現在に至る。あいさつの行間から「国の方から与えられ地方自治制度であることを看取することができる」（鹿児島市史Ⅱ）と指摘され、各種権限は限定された自治体と言えた。鹿児島市は、鹿児島郡に属していた50町村をまとめた区域で発足（上町、西田など約14平方キロ）。当時の人口は4万7512人だった。

甲南大学名誉教授の高寄昇三さん＝地方財政＝は「明治期の地方史は中央の『支配』が確立していった過程」とみる。

◇　◇

鹿児島市発足の前年、明治21年に公布されたのが、「市制・町村制」だ。三新法から10年の月日がたっていた。人口2万5千人以上の都市を基準に市が置かれることとなり、京都市のほか全国35カ所が施行地とされた。

政府そして県の〝下部組織〟としての色彩が強い市制だが、意欲のある市長の下で積極的な施策に打って出た自治体もあった。その一つが京都市だ。時代は下るものの、西郷隆盛の子・西郷菊次郎が2代目の市長に就いた明治後期に目覚ましい発展を遂げた。

隆盛と愛加那との間に生まれた菊次郎は、長じて米国に留学。西南戦争で薩軍に加わって、右脚を負傷し投降した。その後、外務省に入省し台湾に赴任するなどした。

帰国後、京都市長となった菊次郎は厳しい財政事情の中、政府に頼るだけでなく、市単位の利用は当時珍しかった外国債に目を付けた。明治42（1909）年には市税収入の34倍に当たる仏国の外債発行を取り付け、第2琵琶湖疏水《そすい》・上水道・道路拡幅、電気軌道敷設の3大事業を敢行。東京への〝遷都〟以降、衰退の一途をたどっていた日本の古都を生まれ変わらせた。

高寄さんは「先見の明があった市長が明治期にいた自治体こそ、その後の発展が著しく現代にまでつながっている」と指摘した。

2・秩禄処分／生活激変、あえぐ士族

「日々出ぱん旅費鳥せんべい」「お芋の頑固《かたま》り不平おこし」などの菓子の数々—。明治初期の街角でひげ面の男が営む店には、売れもしない菓子が数多く並ぶ。菓子名には、出張で税金を浪費する官僚士族や反乱を起こした薩摩の不平士族など、社会に〝混乱〟を招く士族らが揶揄《やゆ》され、庶民の不満がありありと描かれた。

明治2（1869）年の版籍奉還や同4年の廃藩置県を経て、旧藩に仕えることで俸禄《ほうろく》（家禄）を支給されてきた士族（武士）は職を失った。名字帯刀などの特権もなくなり、士族の多くが新たな職探しに追われた。

前述の菓子店主も元武士らしく、人気のない品物を売る様子など疎い経営感覚が皮肉られた。士族が営む店は客に対して尊大な態度を取ることも多く、商いの失敗者が続出。「士族の商法」とからかわれた。

元勲の木戸孝允は「能く《よ》廉恥を知り愛国の念を存し、国の為其《ためそ》の義務を尽くさんと欲する者」が士族に多いと称賛したが、この〝誇り〟が邪魔することも。士族の商売は「家名」を汚すとし、身内が自害する例さえあった。

士族にとって「身分的特権を背景とした自尊心が崩壊し、社会の中での自己の存在を定

商売下手な士族の様子を皮肉った錦絵「士族の商法」
（国立国会図書館ＨＰから転載）

義してきた基盤を喪失した」（園田英弘ほか「士族の歴史社会学的研究」）時期だった。

◇　◇

明治9年の「金禄公債証書発行条例」制定で断行された秩禄《ちつろく》処分。廃藩後は、士族の俸禄を政府が肩代わりしていたのだが、この処分によって家禄制度は全面廃止、生計の糧を奪われた士族の生活は激変した。秩禄とは、俸禄と政府の与えた賞典禄（士族や華族に与えられた）を合わせた呼称であった。

明治6年時点で、士族・華族は約155万人。政府の家禄支給額は歳出の3割以上に達し、大きな負担になっていた。

支出を抑えたい政府は制度廃止を目指

すが、無償撤廃では反乱も予想された。手始めに同年、「秩禄奉還の法」を制定した。自主的に家禄を返還する士族には秩禄公債証書を発行。元金を7年以内に全額支払うことを保障し、その間は一定の利子を払うとした。これは2年据え置いた後の措置だった。現金による即返還は財政上困難で公債発行の手法が取られた。

だが、家禄返還希望が3割程度にとどまったため、政府は強硬策に出た。秩禄公債証書に比べ、利子の配分率などが低い金禄公債証書を発行して家禄制度を打ち切ったのだ。階級によって利子の配分率は異なり、下級士族に手厚い利率になったが、利子だけでの自活は厳しかった。士族の中には生活に困窮し、公債を売って手放す者もいた。

◇　◇

さまざまな特権が廃止され、生活が激変した士族たち。職業への貴賤《きせん》意識が抜けぬ彼らに人気だったのが官吏で、警察官や軍人、教員が続いた。しかし、その数も限られていた。明治14年の全官職（中央・地方の官吏、司法官、警察官など）における士族占有率は約4割。中央・府県道の官吏では約7割に上った。平民に比べると割合の高さは圧倒的だが、人数では士族全体の20分の1にも満たなかった。多くの者は未体験の職種に就かざるをえなかった。

政府は主導する殖産興業政策の柱に「士族授産」を掲げ、主に農商工分野への就業を図った。北海道への移住開墾事業をはじめ、内務卿の大久保利通らが中心に進めた二本松製糸工場支援や安積原野の開発（いずれも福島）など、東北地方の開発に士族が登用された。その後も起業基金をはじめ、明治15〜29年は「勧業資本金」「勧業委託金」が設置され、士族の4割強に授産金が交付された。

大改革となった秩禄処分以降、華族や上級士族は公債をはじめ各資本金を元手に、資本家や地主、大株主に成長。一方、下級士族は没落が進み、政府への不満を強め、各地で士族反乱や自由民権運動に傾倒していった。

■3・鹿児島の殖産／士族支援へ授産場整備

明治初め、鹿児島城下北部に広がる吉野台地（吉野牧《まき》）は、地域住民に役立つ土地と見られていなかった。人を化かす狐《きつね》の出る「大石兵六夢物語」の舞台となるような原野であった。

鹿児島に招かれ、西洋医学を教えた英国人医師ウィリアム・ウィリスは、薩摩政府（鹿児島県）に「住民にミルクとバターの摂取を奨励」するよう提案した。吉野牧を「牛や羊のための牧草地に変えることを、薩摩政府に是非《ぜひ》ご検討いただきたくお願いします」と訴えた。

貧弱な食生活の住民のため、栄養価の高い乳製品の製造を説き、城下に近い吉野牧に目

知識兼雄（「鹿児島県酪農史」より転載）

をつけ、酪農を勧めたのだった。

触発されたのが、維新時に小松帯刀に仕えていた士族、知識兼雄だった。戊辰戦争真っただ中に帰藩した知識は、山や台地の多い鹿児島では米や雑穀ばかり作っていては生活できないと考え、「農業を興すには牧畜が急務」（「鹿児島県酪農史」）と着手していた。ウィリスと出会って牛乳生産を開始。明治４（１８７１）年に県の許可を得て、吉野牧（８００ヘクタール）で酪農を始めた。

翌年には、コンデンスミルクの製造などにも取り組み、鹿児島の酪農界に〝最初の種〟をまいた。

◇　◇

全国的にも旧武士の割合が高かった鹿児島県。他県の旧武士の率が人口の６％前後にもかかわらず、鹿児島は25％にも上った。明治初期の全国の士族合計も、10人に１人が鹿児島県士族に当たり、廃藩置県以降没落していく士族の救済は急務だった。

藩家老を務めた桂久武は慶応３（１８６７）年ごろから、自費で霧島山麓の開墾に乗りだし家臣を登用。士族の特権廃止を見越した事業で、明治3年までに約30戸が入植した。明治

明治38年に移転した後の鹿児島授産社（「写真集　明治大正昭和　鹿児島」より転載）

6年の〝征韓論〟を巡る政変で帰郷した西郷隆盛も、吉野開墾社をつくり就業を促した。

個別の授産事業は進むものの、士族の特権を次々に廃止する政府に反感を持つ士族は増えた。県官吏にも反政府的な士族が多く、県令大山綱良も同じ立場を貫いた。結果、政府の諸改革は立ち遅れ、明治10年「西南戦争」の終結を待たなければならなかった。

大山の後、県令に就いた岩村通俊や渡辺千秋の県政で殖産興業が本格化、県営の織物授産場（明治12年）や蚕《さん》糸《し》講習所（同17年）が創設された。同13年には勧業授産場も産声を上げた。授産場は士族ら男女７５７人を採用し、傘や織物などの製品作りで技術習得が図られた。後に県営を経て民間に払い下げられ、明治35年に鹿児島授産社となった。

酪農界をけん引する知識を中心に酪農畜産会社「農事社」（明治8年）、また養蚕の桑原組（同13年）なども誕生した。各企業の設立には全国で最も多額の勧業資金が使われ、鹿児島の近代化は進められた。

鹿児島県内では、士族授産による産業育成だけでなく、農業分野も変革が始まっていた。明治10年、県内の樹林拡大を目指して、大量の苗木を育成する「鹿児島苗木場」が設立された。また農作物の品質向上を図るため、県外から良質な稲や練馬大根の種子を取り寄せて試作改良を行い、各農家らに配布された。

明治15年には、農事改良などの情報交換を行う鹿児島県第1回農談会も開催。「まず知識交換を以《もっ》て変更改良の初歩とす」と、種実交換の方法や特有物産の繁殖、水産・山林分野の殖産が議論された。第2回九州沖縄八県連合共進会の鹿児島開催に合わせて、県内の産物を並べる「興業館」が造られたのも明治16年で、栽培方法や農具など旧態依然であった農業の近代化が図られた。

幕末から明治初期の近代化、殖産興業を主導した鹿児島だったが、反政府体制さらに西南戦争が影を落とし、〝後進〟地域に陥っていた。鹿児島大学名誉教授の皆村武一さん＝地域経済学＝は「他県との交流も極端に少なく、自由な経済活動が抑えられていた保守的な風潮が近代化を遅らせた」と分析する。

■４・製糖と島民／近代化の荒波に〝翻弄〟

七島灘の荒波を越え、決死の覚悟をにじませた55人が明治10（１８７７）年2月、鹿児島本土に上陸した。黒糖の自由（勝手）売買の許可を求め、２陣に分かれて陳情に来た奄美の島民たちだった。

だが、何より時期が悪かった。到着したのは西南戦争開戦と時を同じくしていた。鹿児島県の対応は「騒動中で請願見合わせ」とし、陳情団の一部は投獄された。悲壮感漂う彼らは少しでも譲歩を引き出せればと、35人が「必死隊」として薩軍に従い、うち6人戦死、14人が不明となった。

勝手世運動を主導した丸田南里の墓＝奄美市名瀬

奄美の黒糖は藩政期、藩の専売品で自由売買が禁止された。幕末、久慈（瀬戸内町）など４カ所に洋式製糖工場が造られ藩財政を支えた。明治４年の廃藩置県で専売制は解消するかにみえたが、鹿児島商人でつくる県保護会社「大島商社」が、島の黒糖を安く買う専売契約を締結。政府は島民の自由販売を許可していたものの、県が黙殺し〝不当な〟慣習は温存された。

島内では英国帰りの丸田南里《なんり》を中心に、明治８年から自由売買運動（勝手世《かってゆ》運動）が起こった。県出先の大島大支庁に安値解消や商社解体を訴えるが進展せず、陳情団が派遣された。目立った成果はなく、島に残る丸田らも投獄された。

西南戦争が終わり、明治11年に支庁長が解任され、大島商社も解体、島民の悲願は成った。「全島民的に闘われた一種の民権運動であり、反植民地闘争であった」（「名瀬市誌」1巻）と記録にある。

◇　◇

種子島から西方12キロに位置する馬毛島。江戸時代までは漁民が漁期に拠点とする島でしかなかったが、明治６年西之表の士族・平山準平や西村守人が牧畜を始めた。

気候温暖で草が年中青々とし、潮風で塩分も帯びるため「綿羊を畜養するに適当」と評価された。平山らは士族授産金を活用して会社団体を組織。多い時で綿羊２００頭以上、牛１５０頭近くを飼育し、小規模ながら経営を進めた。

屋久島では、製糖会社「薩摩製糖組」が開拓事業を展開した。久米清太郎が明治18年に入島し、従来サトウキビがほとんど作られてこなかった地で、土地開拓を進めながら普及。

地租改正も実施され、山林原野の9割以上が官有地になった。

一方、甑島は明治13～18年頃まで、台風などによって農作被害が拡大した。不漁も続き、同年9月には暴風雨に襲われ2カ月で栄養失調による死者が36人に上った。経済基盤整備も進まず、約2千人が種子島への移住を余儀なくされ、藩政時代の〝人移し〟が続いた。

志學館大学の原口泉教授＝日本近世近代史＝は「近代化の波に翻弄《ほんろう》され、あるいは取り残されたのが明治初期の離島民たちだった」と語る。

◇　◇

島司として島民の経済的自立のために尽くした新納久脩（黎明館所蔵）

明治18年、鹿児島県支庁長（後に島司）として、新納久脩《ひさのぶ》（中三）が奄美の地を踏んだ。島民の黒糖自由売買が認められてから7年後のことだ。

上級士族の新納は幕末、薩摩藩英国留学生・使節の団長を務め、帰国後は藩家老などの要職を担い、明治政府に出仕してからは大審院判事などを歴任した。その後、奄美に赴任。早々に各地をくまなく視察し、借金地獄に苦しむ島民の実態を目にした。

黒糖の自由売買が認められた後、貨幣経済に依然不慣れな島民につけ込んだのが、鹿児島や大阪の商社だった。先物契約で島民に高利(利率にして7～8割)で前貸しし、黒糖を買いたたいたため負債は増大してしまった。松方正義の政策(松方デフレ)による糖価下落もそれに拍車を掛けた。

新納は黒糖の流通過程に問題があると考え、大阪の豪商・阿部彦太郎に出張店を出させた。1割5分の低金利による融資で島民救済を計画。当時、大蔵大臣に就任していた松方から、10万円を借りだして事業に乗り出した。だが、島民救済に奔走する新納を快く思わない鹿児島商人の画策によって、わずか1年余りで罷免となった。

新納の離任後、阿部の出張店と、鹿児島商人が新設した「南島興産社」は激しい競争を展開。融資の金利は年8分まで下がり、島民の生活改善につながった。人材育成にも尽力した新納のことを、島民たちは「奄美の恩人」と慕い続けたという。

■5・松方デフレ／物価沈静化、農村に打撃

明治の世になって、物価高騰（インフレ）に庶民は困惑していた。追い打ちをかけたのが、明治10（1877）年の「西南戦争」で、最大級のインフレが引き起こされた。

黒い役人服姿に擬人化された「政府紙幣」が、はかま姿の「米俵」に首を引っ張られ、慌てふためき今にも倒れそう―。この頃の貨幣価値の急落や動揺を描いたのが、錦絵「欲の戯《たわむれ》ちから競《くらべ》」だ。

財政基盤がぜい弱な一方で、諸政策に多くの資金を必要とした政府は、地租改正など税収改革に乗り出した。明治4年、最初の貨幣法「新貨条例」を制定。紙幣を金に兌換《だかん》できる金本位制導入を図るが、銀が貿易流通の中心だったため金銀複本位制となった。

その後も政府は資金確保のため、兌換の義務がない不換紙幣を発行し続けた。物価高騰は進み、西南戦争をはじめ各地で起こった士族反乱が拍車をかけた。

西南戦争の政府側戦費は総額4千万円以上に達した。政府は資本の裏付けもないまま、2年間で流通高5割増しの紙幣を増発した。1円銀貨と交換するのに、明治11年では紙幣が1円7銭程度だったものが、3年後には1円70銭にも跳ね上がった。紙幣の信頼は揺らぎ、物価上昇を招いた。

紙幣価値の下落による混乱を描いた錦絵「欲の戯ちから競」
（日本銀行貨幣博物館所蔵）

◇　◇

西南戦争後の財政危機の中、明治14年に大蔵卿を任された松方正義は「自らの行動を厳正にして国民の信頼を得、確固たる信念を持」つよう幹部職員に訴えた。難局に挑む、自身の強い決意の表れだった。

薩摩出身の松方は、大蔵省官僚として地租改正など実務で実績を上げたのち、明治11年に渡欧、列強国の金融・財政を学んで帰国した。その後大蔵卿に就き、大隈重信が進めた積極財政の軌道修正を始めた。

最大の課題である物価の沈静化のため、まず大量の不換紙幣や公債の整理に着手した。海外経験を通し松方は、資本主義国にとって「貨幣の信頼」回復の重要性を知っていた。醬油《しょうゆ》税や菓子税の新設といった増税策、官営工場の払い下げも本格実施した。緊縮財政や不換紙幣の回収によって物価下落(デフレ)を誘引、結果不況を招いて〝痛み〟を伴う変革となった。

特に地租負担者には、大きな影を落とした。主たる財源の地租は固定税(地価2・5％で金納)のため、農作物(米)の物価下落は負担増を意味していた。農林業所得額では明治13年が5億1700万円に対し、17年にはほぼ半分の2億3600万円にまで落ち込んだ。

農家の中には生活困窮から田畑を手放して小作人になる者が続出し、多くの賃金労働者を生むこととなった。一方、一部の地主がそういった土地を集約し「寄生地主化」するなど格差を生み出し、地方の様相は変化していった。

◇　◇

不換紙幣整理と合わせ、松方が力を入れたのが中央銀行の設置だった。

近代化銀行の設立を促す狙いで、明治5年に国立銀行条例が制定された。ただし各行が銀行券(紙幣)を発行するには正貨兌換が義務付けられたため、設置は当初、第一国立銀行(民間)など4行にとどまった。

積極財政路線を進めた大蔵卿・大隈は明治9年、兌換制度を解除するなど銀行設置を緩和する条例改正を実施した。各地に銀行が誕生したが、不換紙幣が乱発される結果も招いため、インフレを加速させる事態となった。

その事後処理に当たった松方は、国内外に信頼される統一的な通貨制度を模索し、明治15年、中央銀行「日本銀行」を設置した。銀兌換ができる銀行券を発行する日銀を中心とした現在の銀行体系の基礎が確立された。「我《われ》に奇策あるに非《あら》ず（中略）唯《ただ》正直あるのみ」とは、批判を恐れず政策を進めた松方の言葉であった。

松方正義（国立国会図書館HP から転載）

徐々に物価は安定し、日銀を中心に信頼を得た地銀の出資などもあって、各地の産業振興が図られていった。一連の松方デフレ政策について、茨城大学名誉教授の佐々木寛司さん＝日本近代史・経済史＝は「地方に痛みを強いた財政・経済政策だったが、資本主義化には欠かせない事業でもあった」と指摘する。

■6・布衣の農相／地域振興掲げ全国行脚

西郷隆盛が鹿児島・城山の地に果てた6日後の明治10（1877）年9月30日、東京・三田の薩摩藩邸跡地で式典が行われた。官営の農場「三田育種場」の開場を祝うもので、内務卿の大久保利通ら政府要職が顔をそろえた。

全国各地から集められた農産物の表彰があり、会場の一画では競馬も催された。場長に任命された薩摩出身の青年・前田正名は「日本の農業は決して海外に劣っていない」とあいさつした。

幕末、わずか18歳という若さで「薩摩辞書」の編さんに加わった前田は、モンブランに伴われ明治2年、パリに留学した。7年の滞在中に普仏戦争にも遭遇し、人心の荒廃や政治経済の混乱を体験、「西洋も日本も大差はない」と劣等感から解放された。仏国農商務省次官チッスランから農業経済について学び、草木や果物の種苗を収集して帰国した。

三田育種場の場長となり、五穀や野菜など同じ作物を作り続ける日本農業の問題点を指摘した。農業改革の必要性を説き、外国人の好む飲食品や衣料などを輸出すれば「日本物産は大いに起こる」と訴えた。

育種場は優良種苗の試作や農作物、肥料、農具の交換市など随時開催した。また海外の

三田育種場（部分、「舶来果樹要覧」より転載。鹿児島大学付属図書館所蔵）

種苗輸入も進め、ブドウ園などを開設。前田が現場で主導する形で、日本の農業変革が進められていった。

◇　◇

「第一に四民の身上に目を注ぎ、其如何《そのいか》なる度合いに在りて如何なる生活を為すやを、察考すべき」。明治17年、農商務省官僚となった前田を中心に、殖産興業に関する意見書・資料「興業意見」がまとめられた。

冒頭の一節は、大蔵卿・松方正義の進めるデフレ政策によって農村が荒廃している現状を暗に批判した。政府のための施策を優先せず、まず四民の生活実態を把握した上で状況に見合った対策を講ずるべきと指摘。各県の産業や生活実態を網羅し、風土や国民の気質に合った施策を提案した。一例として、在来産業の生糸や茶など増産、産業育成を訴えていた。

「興業意見」で提案された計画のうち、明治17～18年に実現したのは、同業組合準則や専売特許条例など数項目にすぎず、地方産業対策は貧弱だった。政府の「中央」重視の殖産興

晩年の前田正名（国立国会図書館ＨＰから転載）

業は継続され、前田をはじめ立案に携わった面々は、軒並み異動となった。

◇　◇

脚半にもも引き、わらじ掛けに尻からげと庶民と変わらぬいでたちで、前田は全国行脚に出た。興業意見で一度職を外された後、山梨県知事を経て再び農商務省に戻った前田だったが、明治23年に農商務相・陸奥宗光と対立し野に下った。2年後、前田は各地を自身の目で見つめ、産業振興を説く旅に出た。

まず静岡、次いで関西や九州に足を延ばして地場の茶業者を訪ね、茶業団体の結成を促した。地方の基幹産業の一つ茶業界発展に向け、海外需要を見極めた製品改良や流通機構の整備が必要で、組織化が欠かせないと考えたからだった。

「官員さま」と呼ばれた高級官僚は栄達の極みで、それをなげうっての行動は奇人変人とみられ、相手にされなかった。だが前田は「予の説を聞くことを欲せざるものは敢《あ》えて聞かざれ。予はまさに茶畑に向かって之《これ》を説かんのみ」と気を吐いた。

やがて熱心な呼び掛けに応え、関西や九州で組織化が進んだ。明治26年9月、全国茶業者大会が静岡で初開催され、翌年には「日本茶業会」が生まれた。

団体結成の動きは各業界にも広がり、前田の働きかけで誕生したのが「郡是製絲《ぐんぜせいし》」（現グンゼ）だった。このほか、宮崎・都城や鹿児島・根占における開田事業にも携わり、地方の産業振興に奔走した。庶民の視点に立って行動し続けた前田は「布衣《ほい》の農相」と呼ばれ親しまれた。布衣とは、無官の者が着た狩衣《かりぎぬ》のことで、つまりは〝在野の農相〟との意味だ。

京都大学名誉教授の祖田修さん＝地域経済論＝は「明治政府が進める中央集権に対して、官そして在野の両方の立場から地方重視を訴えた前田は特異な存在だった。その思想や行動力は現代人にもつながる」と指摘した。

第９部　転機の外交　覇権主義胎動

序

明治政府は欧米諸国との不平等条約改正だけでなく、隣国の朝鮮や中国・清《しん》と条約による国交を締結するという課題にも向き合う必要があった。しかし、近代国際法にのっとる日本は、中国を中心とした東アジア独特の国際秩序との衝突を避けられなかった。不平士族ら対外強硬派が絡む外交問題は、政府が分裂し西郷隆盛らが下野した「征韓論政変」の後、転機を迎えることとなった。大久保利通が主導し、推し進めた東アジア外交を中心にたどる。

■征韓論争／外征策巡り政府分裂

「日本人商人の密貿易を禁じる朝鮮の掲示が公館に出され、日本を『無法之国』とする無礼な文言がある」――。駐在の外務省官員が明治6（1873）年5月、本省に報告した。朝鮮

征韓論を巡る外交関連の動き

※明治5年までは旧暦

明治4（1871）年
- 7月日清修好条規調印
- 11月岩倉使節団出発

明治5（72）年
- 9月琉球藩設置

明治6（73）年
- 8月西郷隆盛の朝鮮派遣が閣議で内定
- 9月岩倉使節団帰国（大久保利通5月、木戸孝允7月）
- 10月西郷の派遣を閣議決定、その後、岩倉具視の内奏を入れ天皇が中止を決意。西郷、板垣退助、江藤新平、副島種臣、後藤象二郎が参議の辞表提出
- 11月内務省設置

明治7（74）年
- 1月板垣、副島ら8人、民撰議院設立建白書を左院に提出
- 2月佐賀の乱
- 5月台湾出兵
- 6月私学校設立

側が設けた「倭館」を、日本側が一方的に自国の所管する公館とするなど〝世界基準の対応〟を求めて、強硬姿勢に転じた直後のこと。事件が国内に伝わると、「朝鮮は無礼」「討つべし」との征韓論が起こった。

維新後、明治政府は朝鮮と国交を開けなかった。明治初年、朝鮮との交渉を担ってきた対馬藩を通じて「王政復古」を通達。しかし、「皇」「勅」という文字を用いていたため、朝鮮側が拒否したのだ。これは東アジアに、華夷秩序と呼ばれる中国・清を中心にした秩序があったためだ。朝鮮にとって先の文字が使えるのは宗主国である清のみで、朝鮮が日本より下位になることを示す書面は到底認められなかった。

折しも、首脳の半分が岩倉使節団に加わって欧米視察中で、留守をあずかる政府内では参議・板垣退助が軍艦派遣を訴えた。筆頭参議の西郷隆盛は即時派兵に異を唱え、自ら使節になると主張。板垣に宛てた手紙に西郷は「朝鮮側は軽蔑の行動だけでなく使節を暴殺する。その時国民は討つべき罪を知る」と、開戦名分の必要性を説いた。西郷派遣は8月内定。正式決定は使節団帰国を待って行われる運びとなった。

◇　◇

9月13日、米欧回覧から戻ってきた岩倉具視は、参議と各省庁に「国政整備を整え、民

明治8(75)年5月樺太・千島交換条約調印
　　　　9月江華島事件
明治9(76)年2月日朝修好条規調印
明治12(79)年4月沖縄県設置(琉球処分)

力を厚くすべき」と内治優先の方針を掲げた。一方「留守政府」は、学制、地租改正、徴兵令など急速な開化策を推し進めていた。それらに伴う士族らの強い反発を受け、外征策が打ち出されていた。

朝鮮遣使に強く反対したのは西郷の盟友・大久保利通であった。「国家運営に必要な深謀遠慮を欠く」と批判した。戦争になれば国内が不安定になり、軍事費に伴って財政危機を招きロシア南下の口実を与える――など内治優先から論陣を張った。征韓論争の背景には、留守政府＝外征派、使節団組＝内治優先派の対立軸があった。

国士舘大学の勝田政治教授（明治維新史）は「（岩倉使節団は）海外視察で日本と欧米諸国との国力差を痛感していた。短期間での西洋文明移入は不可能で、近代化は日本の実情に合わせて行うべきとの共通認識があった」と指摘する。

帰国当初の大久保は、西郷との対決が必至の参議就任を固辞。10月になって、太政大臣《だじょう》三条実美《さねとみ》と岩倉から「使節延期」の念書を取り、参議を引き受けた。しかし、同15日の閣議で西郷派遣が決定した。三条が〝変節〟したのだ。この頃、体調を崩していたという西郷は内定を変えれば「死をもって国友へ謝罪」と自殺をほのめかしていた。

一方、西郷に対抗して大久保と木戸孝允は辞表を提出した。西郷らには閣議決定の天皇上奏を迫られ、板挟みになった三条は「精神錯乱」し、岩倉が太政大臣代行に就任。これを

楊洲斎周延画「征韓論之圖」(明治10年、国立国会図書館ＨＰから転載)

機に、形勢は大きく変わった。

◇　◇

大久保は、腹心の黒田清隆との間で「秘策」を謀議した(19日付、大久保の日記)。秘策には諸説あるが、宮中工作で明治天皇に「事前に延期論を秘密上奏し、同意を得た。その後、その延期論と閣議決定(使節派遣)の両論を正式上奏させた」(勝田教授)という。

10月24日、天皇は大久保らの思惑通り派遣延期を決断、閣議決定は覆された。西郷は辞表を提出。士族対策を優先した参議の板垣、副島種臣、江藤新平、後藤象二郎もこれにならった。政府の大分裂だった。

西郷を慕う薩摩閥の桐野利秋、篠原国幹や多くの近衛兵が西郷に続き、村田新八ら文官にも波及。岩倉使節団に参加した村田は、大久保が強く慰留したが翻らなかった。

政府に残った参議5人は大隈重信以外、岩倉使節団組だった。勝田教授は「諸外国と肩を並べるには、富国化（民力養成）が最優先と確信していた。非民主的な『秘策』を使ってでも、軍事行動につながる征韓論と対決せざるをえなかった」と指摘する。

これが「征韓論政変」（明治6年政変）と呼ばれることとなった。

【俯瞰図】西郷は「平和交渉論者」か、毛利説定着せず

西郷隆盛は征韓論者ではなく、平和的・道義的な交渉による外交樹立を目指していた―。1970年代後半、大阪市立大学名誉教授の故毛利敏彦氏が著書で主張した。通説に一石を投じ、歴史学界ではこれを機に征韓論政変の研究が進んだと評価が聞かれる。一方で支持は広まっていないようだ。

国士舘大学の勝田政治教授は、西郷が板垣退助に送った手紙などから「使節は朝鮮側に拒否されるとみて最終的に戦争を期している。武力攻撃の口実をつくろうとする征韓論者」と指摘する。目的は、特権を奪われた士族層の反乱回避のための外征策と理解されてきた。勝田教授は史料を基に「欧米と対等の地位を築くため、という積極的な意図もあった」と読み解く。

立教大学の木村直也特任教授（日朝関係史）は、朝鮮側の受け止め方に視点を置く。「外務省

の下交渉を一気に跳び越え、最高首脳の西郷が赴くことは、当時の状況ではかなり強硬。朝鮮側には威圧と受け取られ、拒否されれば開戦の可能性が高かった。政府内の多くはそうした認識を共有していた」。二者択一的な問い方には疑問を示し、「穏便な交渉から段階的に威圧し、聞かなければ討伐という朝鮮との交渉戦略は幕末の対馬藩が唱え、明治政府が引き継いだ。西郷の考えもこの延長線上」とみる。

「平和交渉論者と言い切るのは難しい」としつつ明治大学の落合弘樹教授は、第一次長州征伐や江戸城開城など、西郷が活路を開いてきた事例を挙げ、「道義的に交渉すれば、あるいは成功すると考えたのかもしれない」と推し量った。

キヨソネによる西郷隆盛肖像

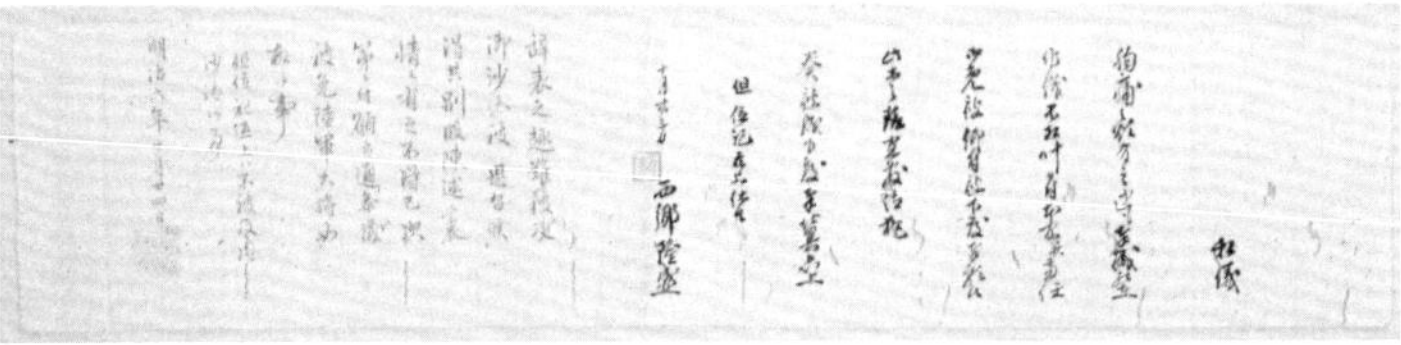

西郷の辞職願（いずれも黎明館所蔵）

識者はこう見る／　対外強硬、不平士族が誘引

＝明治大学文学部・落合弘樹教授

征韓論政変（明治６年政変）とそれが国内政治や外交に与えた影響について、明治大学文学部の落合弘樹教授に聞いた。

―征韓論政変がもたらしたものは何か。

「明治国家をつくり上げてきた西郷隆盛、大久保利通、木戸孝允ら維新三傑をはじめとする政府首脳が二分してしまった。西郷、板垣退助という軍事指導者的人物が政府を離れ、対抗勢力をつくったのはそれまでの反政府運動とはレベルが違う。征韓論を中心に士族の潜在的不満を活性化し、中央の動揺は地方にも広がった。一方、それに対抗する形で内務卿大久保を中心に薩摩・長州閥に限らず多様な人材をまとめ上げた強力な政府、いわゆる〝大久保政権〟が成立した」

―地方に戻った元参議らの影響は。

「桐野利秋（陸軍少将）、篠原国幹（近衛局長官）ら西郷の腹心や近衛兵も続々と帰郷した。板垣の高知も同じだ。西郷でさえ、政府に不満をもつ近衛兵を〝破裂弾〟に例え、手を焼いていた。それでも西郷、板垣という軍事的カリスマによって鹿児島、高知は統制が保たれた。

江藤新平の佐賀も中央から派遣された県官と地元士族のあつれきが激しかったが、佐賀士族はまとまりがなく江藤では抑えが効かなかった。大久保政権にとって最大の不安要素は不平士族の存在。だからこそ佐賀士族が暴発した佐賀の乱は、電信の情報力や汽船の輸送力を活用し、他県へ飛び火するのを徹底的に押さえた」

――外交への影響は。

「明治初期の対外政策は多くの場合、不平士族対策に誘引された。士族には対外拡張を求める征韓派、島津久光のような復古主義の支持者、板垣の土佐立志社を中心とする民権派などさまざまな立場があった。ただ、政府の開化路線は簡単に否定できるものではなく、（国民皆兵の）徴兵制によりその存在意義も失われていく。能力を生かす場を求めた士族は外交や軍事に敏感で、進展をみない対朝鮮外交は格好の標的となった」

「明治7（1874）年の台湾出兵も、士族対策の側面があった点で征韓論と共通する。日本に有利な形で結ばれた日朝修好条規によって対外戦争の可能性は当面なくなったが、それは外征という不平士族の目標消滅も意味した」

――政変の意義は。

「下野した参議の板垣、江藤、副島種臣らは民撰《みんせん》議院設立建白書を政府に提出した。一部の政治家が政策決定を独占する『有司専制』（有司とは官吏を意味する）を批判、公論の制度化

を主張し議院開設をめぐる論争を生んだ。大久保らの宮中工作による西郷の朝鮮派遣つぶしは、その最たるものと見なされた。自由民権運動の出発点の一つを与えた、と言っていい」

【略歴】おちあい・ひろき　1962年、大阪府生まれ。中央大学大学院文学研究科博士後期課程単位取得。京都大学人文科学研究所助手など経て現職。幕末維新史。著書に「西南戦争と西郷隆盛」「西郷隆盛と士族」。

■1・大久保政権／政変後、士族対策に直面

「後任参議や政府組織はどうすべきか」—。明治6(1873)年10月22日、大久保利通は右大臣岩倉具視からの手紙を受け、思いを巡らせていた。征韓論政変によって西郷隆盛が辞表を出す前日のことだ。大久保は〝盟友〟を知り尽くしており辞職を見越していた。

3日後、参議が各省のトップである卿を兼ねる参議・卿兼任制が導入された。岩倉使節

団の留守をあずかった西郷らの政府は、参議らでつくる中枢機関・正院の権限が弱く、近代化政策を競う各省の対立を統制できなかった。その反省も踏まえ、大久保が持論を反映させた政府強化策だった。

翌11月、勧業・警察・地方の三行政を担う最大官庁「内務省」が創設され、そのトップ内務卿に大久保が座った。国士舘大学の勝田政治教授は「大久保は特に勧業を重視した。内務省は征韓論政変後の国家目標・民力養成の実施機関として位置付けられた」と指摘する。

西郷らの後任、新参議に外務卿・寺島宗則、工部卿・伊藤博文らが加わった。「藩閥政治」と批判もされたが、大久保は個人的関係よりも仕事のできる人物を最優先し、大隈重信（大蔵卿）と伊藤が両翼を支える体制は後に「大久保政権」と称される。巨大な権力をもつ内務省と大久保がその後の国政をリードしたが、始動は混迷の中にあった。

◇　◇

外征を否定したばかりの大久保新政権だったが、相次いで台湾問題が降りかかった。明治４年、琉球住民が台湾の原住民族（生蕃《せいばん》）に殺害された事件があり、征韓論に期待していた士族らの不満は「征台」に向かったのだ。清政府が「生蕃は政教（統治）の及ばない〝化外〟の民」としたことで、日本政府は明治７年２月６日、台湾出兵を決定した。清とは平和的交渉を前提にした。

1873年に設置された内務省。大久保利通が初代内務卿に就いた（国立国会図書館ＨＰより転載）。

一方、国内には波紋が広がった。征韓論政変で下野した元参議板垣退助、江藤新平、後藤象二郎、副島種臣らは同年1月、民撰《みんせん》議院（国会）設立建白書を提出。閣議決定した征韓論を不当に覆した大久保や岩倉を「天下の公議」を抑え付ける有司専制（少数の官吏による専制独裁）として非難した。建白書は納税者は政策決定に参加する権利がある、とも主張。新聞「日新真事誌」に全文掲載され論争を巻き起こし、自由民権運動へと発展していった。

2月、建白書に署名した江藤が佐賀の不平士族に担がれ、「佐賀の乱」を起こした。大久保の対応は早かった。全権委任を受けるや、すぐさま鎮圧へ佐賀に向かった。汽船で大阪、東京から兵が結集し、反乱軍は月末には壊滅状態となった。4月13日、江藤は死刑判決を受け即日執行、さらし首となった。

大久保は日記に「江藤の醜体笑止」と記した。迅速で冷酷な処置は、大久保の江藤への「私怨から」とも指摘されたが、明治大学の落合弘樹教授は「反乱が各地へ波及するのを防ぎ、処分が長引くことで江藤らに寛大な処置を求める世論が生まれることを阻止する狙いがあった」とみる。

◇　◇

参議を辞職した西郷は建白に加わらず、鹿児島に戻った。佐賀の乱で逃走した江藤が明治7年3月、援軍を求め、指宿・鰻温泉に訪ねてきた。その際、西郷は「私の言うようになさらんと、あてが違いますぞ」と諭したとされる。

キヨソネによる大久保利通肖像
（黎明館所蔵）

西郷の心境について、落合教授は「政府に歯向かうつもりはなく、後の国づくりは大久保ら後輩に任せ、自分は農業や人材育成に専念するつもりだったのではないか。しかし、国の危機の際は身を挺する覚悟をもっていた」と推測する。

鹿児島に同年6月、私学校が創設、近衛の除隊兵らを収容した。西郷を慕って鹿児島に帰った篠原国幹が銃隊学校、村田新八が砲隊学校でそれぞれ指導。翌8年4月には吉野開墾社が設立され、西郷自ら開墾に当たった。私学校は無職化した士族の統制を図るため設けられたが、軍人養成学校の性格を帯びた。旧薩摩藩の武器弾薬と合わせ巨大な戦力を温存し、徴兵検査も実施されない「独立国」は、政府にとって脅威だった。

■2・徴兵制／「国民皆兵」の軍隊誕生

明治5(1872)年11月、徴兵告諭が発せられた。「働かずに衣食し、農民らを無礼討ちにしても罪を問われない者」──。以前の武士はこのように厳しく批判されていた。一方で、いまや四民平等の権利を得たのだから、国のために尽くすべきであり「全国四民、男児二十歳に至る者は悉《ことごと》く兵籍に編入し」と国民皆兵をうたった。

徴兵令布告は翌6年1月。男子は20歳になると徴兵検査を受け、合格者は抽選で常備軍に3年間服役する。終えたら、年に1度召集されて訓練を受ける第一後備役2年、さらにその後、召集があれば応じる第二後備役2年の合計7年間にわたる兵役義務が定められた。

廃藩置県によって藩兵は解散した。政府は兵権を中央に統一し、直轄軍を確立する必要に迫られていた。徴兵制を推進した陸軍大輔・山県有朋は「士族兵でなく民兵、志願制でなく徴兵によるべき」と考えた。前任の大村益次郎から受け継いだ方針だった。

東京女子大学非常勤講師の大島明子さん＝日本近代政治外交史＝は「終身雇用に近い志願兵を抱えるのは財政的に難しかった。特に薩摩、土佐出身の御親兵（近衛兵）の士族兵は、他藩の上官に従わない郷党的団結や無規律さ、自藩の政治家と結びつく政治性が問題視された」と説明する。

明治７年４月、徴兵検査での記念写真。胸元に名札が見える（「幕末・明治・大正　回顧八十年史」より）

◇　◇

徴兵制導入は、士族の特権を奪うと政府内からの批判も少なくなかった。山県は欧州での兵制調査を踏まえ、帰国後の明治4年12月、兵部少輔の西郷従道らと連名で政府に導入を求める意見書を提出したが、事は簡単ではなかった。

徴兵反対の陸軍少将・桐野利秋は、山県に「土百姓等《ら》を聚《あつ》めて人形を作る、果たして何の益あらんや」と言い放ったと伝わる。ほかにも、日本では欧州の大陸諸国のように大兵を備える必要はなく、英米のような志願制でいいなどの批判が出た。山県は、志願制で応じるのは薩長などの兵ばかりで、戊辰戦争で敗れた東北諸藩では軍隊を忌避し、対立が生まれるなどと反論した。

徴兵令制定を推進し、軍制確立に尽力した山県有朋（国立国会図書館ＨＰより転載）

徴兵制構想が進んでいた翌5年、陸軍の出入り商人に対する山県の公金不正流用疑惑が浮上した。近衛兵たちはいきり立ち、山県の辞職を求めた。

窮地を救ったのは筆頭参議・西郷隆盛だった。山県を陸軍大輔に留任させる一方、自ら参議兼陸軍元帥になり、山県に代わって近衛都督に就任、近衛兵の統制に当たった。明治大学の落合弘樹教授は「卓越した軍政家の山県を欠いては、徴兵制など軍制がうまく進まないと考えたのだろう」。徴兵制を含めた軍制改革は時代の要請という判断が、西郷をして山県に手を差し伸べさせたのだ。

◇　◇

国民皆兵が原則ながら、当初の徴兵令には広範な免役条件が設けられていた。

例えば「身長1《メートル》54《センチ》未満」「戸主及びその相続人」「一人っ子」「養子」「代人料270円納入者」らは除外された。このため、いったん誰かの養子に入る「徴兵養子」という徴兵逃れが横行した。免除該当者は、対象者数の8割以上に及んだ。

逃げ道は多かったにもかかわらず、民衆の反発は強かった。徴兵告諭には、西洋人は兵役を称して「血税」と言い「其生血《そのいきち》を以《もっ》て国に報ずるの謂《いい》(意味)なり」と記されていたため、徴兵では生き血をとるという流言も広がった。制定された明治6年から、西日本を中心に徴兵令反対の農民一揆が続発したが、これには地租改正など他の近代化策への批判も含まれた。

山県らの意見書では「今の目途は内にあり、将来の目途は外にあり」と、対内的軍備から対外的軍備への拡大を唱えていた。徴兵令の免役条項がほとんどなくなるのは明治22(89)年のことだ。外征型の軍隊にするのに、兵士の増員は欠かせなかった。徴兵軍隊の誕生は、〝覇権主義の芽〟もはらんでいた。

■3・台湾出兵／大久保が交渉、避戦貫く

明治4（1871）年11月、台湾に漂着した琉球・宮古島の漁民54人が先住民族（生蕃《せいばん》）に殺された。これに端を発したのが台湾出兵だ。琉球は江戸時代、薩摩藩の支配下にあり、廃藩置県後は鹿児島県の管轄とされた。鹿児島士族は、殺害事件の報復を強硬に主張した。

一度出兵が具体化しかけたが、時同じく、西郷隆盛の朝鮮遣使論が浮上、問題は先送りとなっていた。明治6年末、台湾出兵論を再浮上させたのも鹿児島士族だった。政府首脳に征韓を働きかけ、代わりに台湾出兵を提起させたのだ。政府は翌7年2月、内務卿大久保利通と大蔵卿大隈重信による出兵論を閣議決定した。近代日本で初の海外派兵となった。

琉球は清《しん》国と宗属関係（宗主国と朝貢国）を結び、日清両属の立場にあった。国士舘大学の勝田政治教授は「報復には、被害者は『琉球人＝日本人』という前提があり、出兵目的は琉球の日本帰属の明確化だった」と指摘する。

◇　◇

出兵の総司令官は西郷隆盛の弟、従道が就いた。鹿児島士族の要請を受けてのことだった。

前年の4月、外務卿副島種臣は清から「台湾南部は支配が及んでおらず、住民は〝化外の民〟」との言質を取っていた。日本は「清の領土ではないから軍事行動は問題ない」と受け止

めた。しかし、清への出兵通告がないことを理由に英米両国が干渉、政府は明治7年4月19日、一転して出兵延期を決めた。

長崎には、従道が鹿児島士族の応募兵３００人を含む３６００人を束ね待機していた。大久保は、延期を伝えに長崎に急行したが、従道は「姑息《こそく》の策で士気をうっ屈させれば、その災いは佐賀の乱の比ではない」と、到着前日の5月2日に独断で千人余りの先遣隊を出発させた。従道らは6月上旬に軍事的に制圧、そのまま台湾に駐留した。

一方、清は「主権を侵す行為」と抗議。撤兵しなければ「討伐」せよと清皇帝の命令が下された。日清両国は一触即発の危機に陥った。日本は7月8日、「状況次第で開戦やむなし」と決定。大久保は難局打開へ、自ら全権委任を取り付け北京へ赴いた。

◇　◇

9月14日、北京で交渉が始まった。日本は「台湾は無主の地であり、出兵は義挙（正義の行動）」と主張、清はあくまで「自国領」と突っぱねた。原則論で対立し、手詰まり状態が続いた。日本では、開戦に備え西郷隆盛や板垣退助らの復帰を求める意見書が出され、義勇兵志願者など開戦を望む声がうずまいた。

大久保の意図はあくまで「事を起こさざる」だった。交渉が進展しないため、清側に帰国を通告しつつ〝二枚腰〟を使った。10月14日、出兵は日本国民の「保護」目的だったが、費用

清から帰国して歓迎される様子を描いた錦絵「大久保利通帰朝の図」。明治天皇が差し向けた馬車で凱旋した（黎明館所蔵）

がかさんだので清が償えば撤兵すると提案。英公使の仲介もあって、清は日本の出兵を義挙と認め、賠償金（50万両）を支払う調印を交わした。48日間、7回に及ぶ粘り強い交渉で戦争は回避された。

大久保は妥結した25日の日記に「開戦したら外国の干渉を招き日本の独立に影響が出る。和戦の方針でまとめることが本分なので独決した」と記した。これまで征韓論に反対しながら台湾出兵した矛盾が指摘されてきたが、勝田教授は「外征策はあくまで琉球人殺害に対する問罪に限定された。『避戦』が貫かれた」とみる。

大久保は11月、横浜港に到着。国旗を掲げた「内外人民群を成す」（大久保の日記）ほどの歓迎を受けた。一方、清に認めさせた「琉球人は日本人」を論拠に、琉球併合を強行していくことになった。

■4・琉球併合／日本に帰属、国境画す

明治5(1872)年9月、初めて開通した新橋―横浜の鉄道。蒸気機関車の引く客車に、明治天皇や政府首脳が乗っていたことは有名だが、ともに琉球藩・伊江王子の姿があったことはあまり知られていない。

江戸時代、薩摩藩の支配下にあった琉球は、徳川将軍の代替わりに慶賀使を派遣していた。「明治新政」の祝儀に派遣された慶賀使は9月14日、維新後初めて正使(伊江王子)ら3人が参内した。「陞《しょう》して(地位を上げて)琉球藩王となし、叙して華族に列す」―。天皇からの詔《みことのり》を、外務卿・副島種臣が宣言した。天皇による「琉球藩王(尚泰《しょうたい》王)」の「冊封(王の位を受ける)」だった。一般的に琉球藩の設置と称される。

その後、版籍奉還を経て廃藩置県の結果、琉球を実効支配していた薩摩藩がなくなり、一行政機関となった。琉球大学法文学部の波平恒男教授＝近現代沖縄政治＝は「薩摩が維持してきた支配を継承するため、(明治政府は)大義名分を整える必要があった。冊封によって天皇と尚泰王に、初めて一種の君臣関係が構築された」と説明する。

琉球は中国・清《しん》の皇帝からも冊封を受け朝貢していたが、まず日本は、冊封によって「日清両属」を明らかにする意図があった。一方で、軍事的対立は避けねばならなかった。

◇　◇

明治7年5月の台湾出兵後、琉球への対応は目に見えて強硬になっていった。北京で交渉した大久保利通が清と交わした協定に「琉球人は日本人」と読める文言が盛り込まれた。これを論拠の一つに帰属問題解決を本格化した。琉球を日本に組み込み、南方の国境を画す狙いだった。

北京から帰国後の12月以降、大久保は「清国との関係を一掃」させ、琉球を併合する方針を打ち出した。翌8年3月、琉球の重役を呼びつけ、陸軍分営を那覇に設置することや明治年号を使用するよう伝えた。大久保と使節の会見は1カ月余り、計8回。台湾出兵を恩に着せた、大久保の姿勢は高圧的だった。

しかし、琉球使節は「一存では決められない」と拒否。特に軍分営地については「清との進貢関係に困難を来す」として強く拒んだ。こうした態度を大久保は日記に「琉人は頑固いたしかたなし」と記した。

大久保は、すぐに内務大丞・松田道之を那覇に派遣し、明治8年7月、首里城で琉球首脳に「黙許してきた両属は国際法では許されない」などと清との関係断絶を迫った。

琉球側は「清国との関係は親子のようで恩義きわまりない。両属は各国とも承知している」と関係継続を嘆願。上京しての要望、清への特使派遣など体制維持を図り続けた。「小国だが自ら建国し、冊封、朝貢などによって王国を維持してきた」（波平教授）という自負があった。

◇　◇

琉球併合は明治12年強行された。準備は周到だった。松田は3月、警察官160人らを横浜から随行させ、鹿児島では熊本鎮台の兵約400人が加わった。鹿児島港を出発する前日の20日まで随行官員にも漏洩《ろうえい》防止のため目的は知らされていなかった。

27日、松田は首里城に乗り込み、藩王代理の今《な》帰《き》仁《じん》王子らに三条実美太政《だじょう》大臣名で通達、「琉球藩を廃して沖縄県を置く」（4月4日布告）と申し渡した。「琉球は日本内地なのに、清国との関係断絶などに応じない」ことが理由とされた。「土人」が凶暴な行動に及んだら兵力で処分すべきと決まっていた（松田編「琉球処分」）。「廃藩置県」という名の強制併合だった。15世紀から400年に及んだ琉球王国

明治12年、琉球に渡った内務省の琉球藩処分官の一行。前列中央のサーベルを携えた人物が松田道之（沖縄県公文書館所蔵）

の歴史は幕を閉じた。

波平教授は「日本は国家対等の規範を軽視しつつ、国際法を都合よく使った。中華モデル（華夷秩序）の崩壊には西洋諸国も関わったが、日本は東アジアの内部から率先して旧来の秩序を突き崩した」とみる。清は日本の琉球領有を認めたわけではないが、なし崩しに既成事実化していった。

■5・日朝修好条規／朝鮮開国へ〝砲艦〟圧力

征韓論政変後、停滞していた日朝交渉が動き出す事件が、明治8（1875）年9月20日、朝鮮半島沖で起こった。

日本の軍艦「雲揚」が朝鮮の領海内、江華島付近に停泊した。測量などが名目だった。「ドーン、ドーン」――。艦長の井上良馨（薩摩藩出身、後の海軍大将・元帥）らがボートを下ろしたところに砲弾が乱射された。日本側は小銃で応戦しながら軍艦に戻った。翌日「雲揚」は報復として発砲、砲撃戦となった。22日は22人の陸戦部隊が上陸、戦闘となり武器などを略奪し引き揚げた。死者は朝鮮側35人余り、日本側1人。いわゆる「江華島事件」だ。

日本は各国に対して「雲揚」は「飲料水を求めていた」と説明した。国士舘大学の勝田政治教授は、太政《だじょう》大臣の三条実美が「朝鮮一件意外の事」と手紙に記していることを踏まえ、「政府首脳は関与していない」とする一方、「井上は征韓論者。無許可の領海侵犯は、完全な挑発行為だった」と指摘する。

◇　◇

政府は同年12月、黒田清隆を特命全権弁理大臣に任命した。黒田を推薦した大久保利通と参議伊藤博文が協議した任務は、江華島事件の謝罪・賠償を要求するが、平和的に国交を樹立することを最優先とした。これに先立つ11月、森有礼が特命全権駐清《しん》公使に任命されていた。朝鮮の宗主国・清に交渉の仲介を求める狙いだった。

特命大臣となった黒田清隆
（国立国会図書館ＨＰより転載）

明治９年１月、北京で総理衙門《がもん》（外務省）と交渉に入るが、清は「朝鮮の内政には関与しない」との立場を崩さなかった。森は交渉相手を北洋大臣兼直隷総督・李鴻章に移し、「日本の要望は和親条約。漂流民の保護以上は求めない」などと主張した。李は森の建言書をもって「朝鮮国

江華島事件を描いた錦絵「雲揚艦兵士江華戦之図」（国立国会図書館ＨＰより転載）

王を示諭する」と条約締結の仲介を受け入れた。立正大学の小風秀雅教授＝日本近代史＝は「清がどう動くかは大きな影響力をもった。森と李鴻章の会談は日朝交渉を打開するきっかけとなった」と評価する。

黒田も同じ頃、軍艦３隻、輸送船３隻の計６隻で品川を出発。同時に広島、熊本両鎮台からの出兵など開戦準備も進めていた。２月11日、江華府（江華島）で交渉が始まった。黒田は方針通り、国交樹立と事件の謝罪を要求。日本側が近代国際法に基づく条約案を提示すると、朝鮮側は拒否せず持ち帰った。修正案で合意し26日、国交樹立の「日朝修好条規」が調印された。朝鮮側の軟化の背景には清の意向に加え、朝鮮国内の政変で攘夷《じょうい》派が追われ、外交方針を転換させていたことも指摘される。

◇　◇

日朝修好条規は第一条で、朝鮮を「自主の邦」と位置付けた。朝鮮を独立国とみなし清・朝鮮の冊封関係を否定、宗主国・清の影響力をそぐ狙いがあった。さらに、日本の治外法権が認められ、輸出入品の関税が免除されるなど、朝鮮側にとって不平等な内容だった。

だが、勝田教授は「日本は不平等条約を押しつけたが、朝鮮側はそう認識していなかった」と指摘する。朝鮮側は「自主の邦」について属国でも外交権があり、冊封関係は存続すると受け止めた。治外法権は江戸時代、倭館（日本の通交特使のために設けた客館）で起きた犯罪は日本人が処罰したため、旧例の延長とみなしたという。

日本は、条約の修正要求などで譲歩を見せた。欧米流の「砲艦外交」を成功させたのだったが、勝田教授は「軍事力だけで進めたわけではなかった」とみる。

認識の差はあれ、朝鮮は独立国として近代国際法の秩序に組み込まれた。この成功が、やがて朝鮮の清への属国の立場を否定し、日本の影響下に置こうとする覇権主義をもたげさせ、日清戦争の道へもつながっていった。

第10部　良妻賢母の呪縛　女性の地位

序

急速な近代化は女性たちの暮らしや人生も変えた。錦絵に描かれた色鮮やかなドレスの貴婦人や袴《はかま》にたすきがけの女工たちは開明の象徴となった。しかし、彼女たちへの称賛は、富国強兵を担う男子を育て支える「良妻賢母」であることが前提となっていた。欧米化と封建的価値観との間で、もがきながら進んでいった女性たちの足跡を追う。

女性を取り巻く社会の動き

明治元年（1868）	12月	一条美子が入内、皇后に
明治4年（71）	11月	岩倉使節団とともに女子留学生５人出発（うち２人は翌年帰国）
	12月	官立女学校設置の布達
明治5年（72）	8月	学制公布
	10月	芸娼妓解放令、富岡製糸場操業開始
明治8年（75）	11月	東京女子師範学校開校
明治9年（76）	10月	新島襄が同志社女子塾開校
明治15年（82）	10月	津田梅子、山川捨松が帰国
明治17年（84）	6月	大山捨松らが初の慈善バザー
明治18年（85）	10月	華族女学校が開校、有志共立東京病院に看護婦教育所
明治24年（91）	9月	東京凌雲閣で美人写真コンテスト
明治31年（98）	7月	民法施行
明治33年（1900）	9月	津田梅子が女子英学塾開校

※明治５年までは旧暦

■女子留学生／　成果を生かせず葛藤

あんな小さな娘を外国に送り学問させるなんて―。明治４（１８７１）年11月12日の横浜港、岩倉使節団を見送りに来た人々は場違いなほど幼い少女たちに目を見張った。使節団に伴われた日本初の女子留学生は、上田悌子(15)、吉益亮子(15)、山川捨松(12)、永井繁子(9)、最年少の津田梅子(8)の5人(いずれも数え年)。現代でいえば小中学生に国家の期待が掛けられていた。

派遣元は北海道開拓使だった。次官の黒田清隆は米国視察(明治3年)で、自分の考えを語る快活な女性たちに感銘を受け、帰国後に女学校設立と女子留学生派遣を建議した。子弟の教育には教養ある母親が不可欠なので「幼稚の女子」を米国の家庭に育ててもらい、現地の文化を体得させたいと訴えた。黒田が考える女子教育は、国を支える優れた男子を産み育てる「賢母」養成に他ならなかった。

明治天皇は海外の女子教育や育児方法を学ぶため「妻や姉妹を同行してよい」と勅諭を出したが、使節団の誰も応じなかった。女子留学生はなおさらで、渡航費と10年間の学費に生活費、さらに年800ドルの大金が支給される好条件でも応募は皆無。婚期を逃すと敬遠された。

再募集で集まった5人は、戊辰戦争で〝朝敵〟とされた共通点がある。4人は幕臣の娘、捨松は会津藩家老の妹で「捨てたつもりで待つ(松)」という母の覚悟と無事の願いを込め、出発前に改名された。薩長の後塵《こうじん》を拝した家族らは、娘の将来が開けると願って送り出したのだった。

◇　◇

翌5年2月、5人はワシントンに到着したが、受け入れ先は決まっていなかった。森有礼の秘書だったランマン宅などに仮住まいし、森や家庭教師に英語を習った。ところが、年長の亮子と悌子は1年足らずで病気になり帰国。残った3人が愛情あふれる家庭に迎えられたのは、その年の10月末だった。

捨松は、コネチカット州ニューヘイブンのベーコン牧師夫妻に育てられ、末娘アリスとは生涯続く絆を結んだ。のびのびと少女時代を満喫する一方、上流階級の振る舞いも学んだ。

バッサー大学在学中の明治14（1881）年、留学期間が満了して帰国命令が届いた。1年延長して優秀な成績で卒業を果たし、看護学校にも通った。政府の期待以上の知識と教養を身につけた捨松は明治15年、11年ぶりに故国へ向かい、船上で梅子と「新しい女子の学校をつくろう」と誓い合った。

◇　◇

「追々女学御取建《おとりたて》の儀に候《そうら》へば、成業帰朝の上は婦女の模範とも相成候様《あいなりそうろうよう》」。留学へ出発する前、皇后から下された沙汰書にはそう書かれていたが、帰国した捨松と梅子は模範になるどころか働き口もなかった。送り出した開拓使は解散しており、教育令（明治11年）で儒教の影響が強まり、女学校設立のめども立たない状況だった。留学成果を生かせない悔しさを、捨松はアリスへの手紙に「国の損失だ」と吐き出した。

適齢期を過ぎた2人に親族から次々と縁談が持ち込まれたが、何の仕事もせぬまま家庭に入る気になれなかった。一方、ピアノを学んで先に帰国した繁子は文部省音楽取調掛《とりしらべがかり》に勤めながら、海軍武官・瓜生《うりゅう》外吉と恋愛結婚、仕事と家庭を両立させた。

「私が就職できる仕事はまったくありません」「今一番やらねばならないのは、社会の現状を変えること。日本では結婚した女性だけができること」「夢をあきらめても何か別の方法で日本の役に立てないかと考えるようになりました」（久野明子「鹿鳴館の貴婦人　大山捨松」）

米シカゴに到着した５人の女子留学生。右から２人目が津田梅子（津田塾大学津田梅子資料室所蔵）

捨松の心境に変化を与えたのは、陸軍卿大山巌との縁談だった。会津の旧敵・薩摩出身の大山は、幼かった捨松がこもっていた城を砲撃した張本人でもあった。捨松は大山にデートを提案して人となりを見極め

大山巌と結婚した後の大山捨松（鹿児島大学付属図書館所蔵「続当世活人画」より転載）

ながら、アリスに葛藤を書き送った。

明治16年12月、鹿鳴館での披露宴では、米国で身につけた社交術が外国人からも称賛された。海外の上流階級の文化を紹介し、社交界や慈善事業に活躍した。日本初の慈善バザーは翌17年、捨松が看護婦養成の資金づくりのため、皇族や華族の妻らに呼び掛けたのだった。宮内省洋化顧問や華族女学校設立準備委員などの公職も務めた。

津田塾大学の高橋裕子学長は「大山との結婚は、自分が受けた教育成果を社会に還元する現実的選択でもあったが、大学の学位を得た唯一の日本女性という、捨松自身のキャリアも重視された」とみる。

「賊軍」とされた会津の少女は、留学や結婚を経て立身し、社会貢献できるまでになった。

だが、捨松らが抱いた女子教育の理想と、明治の現実は遠く懸け離れていた。

【俯瞰図】例外だった「薩摩の才媛」／税所敦子ら教養を武器に

〈時はかる器の針もをりをりはおくれ先だつ世にこそ有《あり》けれ〉

「薩摩の才媛《さいえん》」として知られた歌人、税所敦子は教養を武器に明治初期、出世を遂げた。京で宮家付きの武士の家に生まれた敦子は、薩摩藩京都詰めの税所篤之と結婚したが夫に先立たれ、薩摩に下った。和歌や文才が評判となり、島津家から近衛家、宮中へと活躍の場を移した。ついには皇后に歌を教える「侍読」になった。

武家の女子は家の中で、母親や祖母から教えを受けた。裁縫や料理など家政全般とともに礼儀作法や情操教育、良妻賢母としての心構えをしつけられた。下級武士の妻や母らが書いた手紙も残り、読み書きなどの教養は家庭で育まれたことが分かる。

篤姫の教育係となった幾島は、薩摩藩士の娘として生まれ、近衛家に嫁いだ島津家姫付き女中として上京。篤姫の将軍家輿《こし》入れの際に行儀見習いなど指導したと伝わり、その後は大奥工作にも力を発揮した。

だが、教養を武器に活躍できた女性は、武家の限られたごく一部にすぎない。一般に「女と百姓には字を習わせるな」と言われ、男尊女卑の気風が強かった。特色ある郷中《ごじゅう》教育も、武家の男子にしか認められなかった。

片隅に控え、ひたすら夫に尽くした印象の強い〝薩摩おごじょ〟。女性の地位が低かったのは薩摩ばかりではなく、日本各地でも封建的な風土は根強かった。

識者はこう見る／ 男女共同参画の〝先駆け〟

＝津田塾大学・髙橋裕子学長

日本初の女子留学生は女性の新しい生き方を示し、現代の私たちにも示唆を与える。津田梅子が開いた英学塾が母体となった、津田塾大学の髙橋裕子学長に意義を聞いた。

─女子留学生に明治政府は何を期待したのか。

「黒田清隆はアメリカ女性の社会的地位の高さに驚いた。現地でも家庭重視の思想傾向があり、『有徳な市民』となる男子を育てるのは、道徳力を備えた母の役目。黒田は女子留学生が『賢母』となる教育を受けることを期待した。幼い少女の家庭生活体験には実験の要素もあった。5人の応募には、海外に通じた家族の存在が大きい」

─その成果は。

「（山川）捨松とアリス・ベーコン、再留学した（津田）梅子とブリンマー大のM・ケアリ・トマス学部長など、男性には入っていけない領域で親密な関係をつくりあげ、日本に持ち帰った。梅子はそうして培ったネットワークを生かし支援を得た。以前の留学生は男子ばかりだったが、女子を送ったからこそ違う経験ができた。ダイバーシティ（多様性）の重要性を物語る出来事だ」

―帰国後、3人は三者三様の人生を選んだ。

「梅子が2人と決定的に違うのは、日本語を失ったこと。結婚は家庭のマネジャーになることだが、日本では夫の両親にも仕えねばならず、満足なコミュニケーションができなければ踏み切れなかった。捨松は自分の受けた教育を社会還元するため、大山巌との結婚を選んだ。恋愛結婚した永井（瓜生）繁子は、家庭と音楽教師の仕事を両立。当時としてはユニークなライフスタイルだった。3人の絆は終生続いた。日本の女子教育は女性たちが協力し合って切り開いた。社会進出の礎として、もっと光が当たるべき物語だ」

―育てようとした女性像は。

「梅子が英学塾の開学式で述べた『男性と同等の実力を身につけることもできましょう』という言葉は男女共同参画の先駆けだ。女性たちに、経済的に自立すれば家庭内だけでなく、広く影響を与える存在になれると説いた。プロフェッショナルになり、経済的にも自立し、精神的な自由も得る。自身が望まない結婚に押し込まれなかったから、重要性を認識できた」

――今後、女性教育に何が必要か。

「女性に大きな期待と投資をしていくことだ。明治政府も女子留学生に多大な投資をしたから、異なる種をまくことができた。家庭の限られたリソース（資産）を分配して、一人一人の才能を最大限に引き出すことが求められる。性別に関わらず役割を引き出し、その役割を性別で固定化しないこと。女性は自分自身に枠を設定したり、性別を理由に消極的になったりせず、挑戦してほしい」

【略歴】たかはし・ゆうこ　1957年生まれ、津田塾大学学芸学部卒、筑波大学大学院修士課程修了、米カンザス大学大学院博士号取得。日本学術会議連携会員。専門はアメリカ社会史。著書に「津田梅子の社会史」など。

■1・女学校創立／理想を追求し私学続々

赤坂仮皇居隣に設けられた華族女学校、その開校式に22歳になった津田梅子は新しい金色のドレスで臨んだ。米国留学から帰国して3年、教授補としてようやくその使命を果たせると高揚していた。明治18（1885）年10月13日のことだった。

式典には創設準備委員となった伯爵夫人・大山捨松の姿もあった。前年、伊藤博文に就任を求められ、講義科目などを助言していた。米国の大学の学位を持つ女性は当時、ほかにいなかった。親友アリス・ベーコンへの手紙には「生涯の夢が実現しようとしている」と喜びをつづった。

だが、それは失望へと変わった。「他家に嫁して夫に仕えるのだから」「家を治めるのに化学理学は役に立たない」などと教育内容を男子と区別するよう指示され、生徒心得には「夫に配しては良妻たるべく、子を得ては賢母たるべく」とあった。

中心の教授（後に学監）は元宮中女官の下田歌子。幼い頃から儒学に親しみ、和歌の才で知られた。上流階級に教養を伝える「桃夭女塾《とうようじょじゅく》」を開いており、そこでは梅子も英語を教えたことがあったが、方向性は異なっていた。

教壇の梅子は危機感を抱いた。貞淑や従順が美徳と教えられてきた少女には、自分自身

英学塾を開いたころの津田梅子（津田塾大学津田梅子資料室所蔵）

の意見や向上心すら持たない者が少なくなかった。一生、精神的にも経済的にも親、夫、子など周囲に依存し続けるしかないではないか—。梅子は、自立した女性を育てる学校づくりの夢を新たにした。

◇◇

梅子は明治22年、復職を条件に再留学を許された。最初の留学の際は数えで8歳、あまりに幼く、大学までは進めなかった。渡米2回目は、新設されたブリンマー大学に授業料免除の特待生として入学した。

華族女学校では不用とされた生物学を専攻。1年延長して師範学校にも学び、後進の留学にも道をつけた。知人たちに協力を呼び掛け、1年間で8千ドルを集めて基金「ジャパニーズ・スカラシップ」を設立。梅子が帰国した明治25年から80年余にわたり、25人が同大などで学んだ。

津田塾大学の髙橋裕子学長＝アメリカ社会史＝は「女子留学生が、点ではなく線となって続くことを願った。成果を次代に受け継ぎ、社会にインパクトを与えることが、梅子の建学精神の源流にあった」と語る。

念願の学校設立のため、華族女学校と兼任していた東京女子師範学校を辞職したのは明治33（1900）年。前年の高等女学校令で各府県に高等女学校設置が求められた。

同年、梅子は東京麹町の借家に女子英学塾を開いた。捨松は後援者となり、アリス・ベーコンらも来日して教師を務めた。梅子は「真の教育は生徒の個性に従って行われるべき」と語りかけた。英語以外の科目も教え、討論を行って自分の意見を持つよう促すなど、自立した女性を育てるとの理想を追求した。

開講したばかりの英学塾と塾生ら＝1901年
（津田塾大学津田梅子資料室所蔵）

◇　◇

女子教育推進のため政府は明治5（1872）年に東京女学校、同8年には教師を育てる女子師範学校を開き、地方の府県も次々に女学校を設けた。鹿児島では翌9年の鹿児島女子師範学校が最初だった。

女学校は「女紅場《にょこうば》」とも呼ばれ、英語や習字、算術、裁縫、手芸など多様な科目を教えた。後に女紅場は勧業授産、女学校は才芸知識の開達のためと、区別されるようになった。

私学の開設も続いた。京都に同志社英学塾を開いた新島襄は、男子と対になる女子の教育機関として明治10年、同志社分校女紅場(のち女学校)を開いた。新島の妻八重は捨松と同じ会津出身だった。同32年には下田歌子の実践女学校、34年には日本女子大学校と開設は相次いだ。同志社はじめキリスト教団体や宣教師が設立に関わった女学校は少なくない。「神の前では男女は対等」とするキリスト教的価値観に基づいた教育が行われるようになった。

古き良き「良妻賢母」だけでなく、新たな価値観のもとで女性像は広がりをみせていった。

2・看護婦・工女／　近代化支え自活の道へ

「この病院にナース(看護婦)はいないのですか?」。陸軍卿夫人・大山捨松の耳慣れない言葉に、同行していた華族夫人たちは首をかしげた。明治17(1884)年、海軍軍医高木兼寛(元薩摩藩軍医)が開いた慈善病院、有志共立東京病院を見学した時のことだ。

まだ西洋式病院は珍しく、患者は家族が自宅で看護していた。英国留学し、ナイチンゲー

明治22年ごろの看護婦と有志共立東京病院看護婦教育所の生徒たち（東京慈恵会医科大学所蔵）

ルが確立した最新の看護法を目の当たりにした高木も、専門知識を身につけた看護婦が必要だと痛感していたが、貧しい患者相手の慈善病院だけに養成資金がなかった。

捨松は、高木を支援してきた華族夫人らとともに慈善バザーを企画、看護婦の養成所開設資金1万5千円を集めて贈った。捨松は会津戦争で籠城し、傷兵の手当をする母や姉の姿を見ており、自らも米国留学の終わりに看護学校にも通った。看護婦は細やかな気配りができる女性に適している、というのが持論だった。翌年、看護婦教育所が開設された。

高木の教えた医学校がルーツの東京慈恵会医科大学学術情報センター、阿部信一課長補佐は「当時は産婆はいたが、看護婦になじみがなく、当初は家族以外の女性の世話に抵抗感をもつ者もいた」と説明する。だが、次第に看護婦の存在は定着していった。

◇　◇

富岡製糸場で働く工女を描いた錦絵
（群馬県立図書館所蔵）

最新鋭の器械を前に立つ、官営富岡製糸場（群馬県）の工女。紅色の襷《たすき》は技術に優れた一等工女の証しだ。錦絵に描かれた彼女たちが、明治日本の殖産興業を支えていた。

生糸は海外需要が高く、輸出総額の8割を占める主要産品だった。生産拡大と人材育成の期待を込めた国内最大の工場は、明治5（1872）年7月の完成前から危機に見舞われた。工女が集まらない。3月から近隣5県で募集を始めたが「西洋人に生き血を飲まれる」とうわさが広まった。範囲を広げ、地域で定員を設けたり、娘のいる役人に呼び掛けたりして、予定の400人に達した時は年が明けていた。

封建的な時代、男女の役割には明確な線引きがあった。古来、養蚕や紡績は「女業《おんなわざ》」とされていた。農家に限らず武家でも、女性が家族の衣服や生活のために糸を繰った。

それに富国の使命が加わった。回想「富岡日記」を書いた旧松代藩士の娘、和田（横田）英は出発前に「たとい女子たりとも天下の御為《おんため》に」働くよう激励されたという。士族出身も多く、覚えた技術を地元に持ち帰る「伝習工女」の期待がかけられていた。

◇　◇

福沢諭吉が慶応義塾に「衣服仕立局」を設けたのは明治5年。女性が経済的に自立するための授産施設だ。福沢の信念は男女対等だが、周囲には男性に依存して生きるしかない女性、多くの扶養家族を抱えて途方に暮れる若者など困窮する士族たちがいた。女性にふさわしい職業があれば、自活できると考えた。郷里・中津(大分県)の女性25人を富岡製糸場に送り、技術を学ばせるなど「活計の道を得せしむる」よう努めた。

「女性は児童を教育する最良の教師」。米国からのお雇い外国人、ダビッド・モルレーの提案から明治8年、東京女子師範学校が開設され、翌年には各地で女子教員の養成が始まった。明治5年の学制公布で全国に小学校が設けられ、教員養成を急ぐ必要があった。

江戸時代も寺子屋などで手習いを教える女性はいたが、教育者であるモルレーが示した、幼い子どもに読み書きを教え、やさしく導く母親の役割を備えた女子教員という新たな職業は、政府の描く「賢母」の姿と重なってもいた。

師範学校の高等教育は、学問を志す地方女性に門戸を開いた。ビタミンを研究して日米で博士号を得た丹下梅子もその一人。明治24年に鹿児島県立尋常師範学校女子部を卒業して教員を務めてから日本女子大学に進み、40歳のとき東北帝国大学に入学を果たした。明治生まれの新しい仕事を得て、女性たちは自立の道を歩み出していった。

■3・美人写真／　憧れと階級社会を映す

日本初の美人コンテスト「東京百美人」が明治24（1891）年9月、開かれた。東京中からえりすぐりの芸者102人の写真を目当てに、5日間で5万人が訪れる盛況となった。会場は、東京浅草に完成したばかりの「凌雲閣」。日本初の高層ビルで高さ52メートル、12階からの眺望と、物珍しいエレベーターが耳目を集めた。エレベーターが故障し、集客のため企画されたのが美人コンテストだ。観客たちは張り出された写真を眺めながら階段を登り、最後に投票箱にたどりついた。

2162票を集めた新橋芸者の「玉菊」が優勝し、東京一の美人という名誉を得た。撮影の際、髪結いが間に合わなかった「小つま」は洗い髪姿が評判となり、洗髪料の宣伝に起用された。人前で芸を見せる卑しい職業とされてきた芸者たちは、憧れの対象となった。芸者には歌舞音曲の技と接客の心得があり、政治家らとも身近に接した。芸者から木戸

東京百美人コンテストで１等となった新橋芸者、玉菊（江戸東京博物館所蔵）

孝允や伊藤博文ら高官の妻となった者も多く、当時の花柳界は社交界や芸能界でもあった。

芸者出身の川上貞奴は夫・音二郎の一座とともにヨーロッパで喝采を浴びた。エキゾチックな舞踊でピカソら芸術家を刺激し、作品にその姿を刻んだ。日本の女優1号とされる彼女だが、国内の評価は低かった。役者が「河原者」として社会の枠外に置かれた歴史から抜け出すには、さらに時間を要した。

◇　◇

19世紀の欧米に日本ブーム「ジャポニスム」を起こしたのは、江戸の風俗を描いた浮世絵だ。独創的な技巧に加え、あでやかな芸者や遊女らの姿が芸術の女神ミューズのように未知の国への好奇心をかき立てた。

ともに社会の底辺とされてきた芸者と遊女に明治初め、大きな差が生じた。

ドイツの画家ミュラーが描いた川上貞奴のポスター（京都工芸繊維大学美術工芸資料館所蔵　AN.2679-31）

明治5年、横浜港に入っていたペルー船籍のマリア・ルス号から清《しん》国人奴隷、苦力（クーリー）が脱走して英軍艦に助けを求め、日本で裁判が開かれた。「日本にも人身売買がある」とするペルーの主張に日本政府は焦った。

同年10月、政府は急ぎ「芸娼妓解放令」を出した。条約改正のため、欧米と同様に人身売買を禁じたのだ。芸娼妓とは芸者と遊女の総称。奉公人の解放を命じ、「牛馬同然」の者として本人の意思であれば遊女の営業継続を許した。

「どのよニ相成候共《あいなりそうらえども》、遊女いやだ申《もうす》」。その翌月、新吉原の遊女「かしく」が東京府へ出した嘆願書は、抜け穴だらけの実態を物語る。7歳から転々と売られて戻る場所はなく、酷使を続ける雇い主からの解放を求めた。遊女屋は大寺院などに借金があり、担保とされた遊女には、ほかに生計の道がなく日陰の存在となっていった。

国立歴史民俗博物館の横山百合子教授＝日本近世史＝は「家族のため身を売った遊女に

対する同情や哀れみの視線は、解放令を境に『みだらな女』という偏見に変わった。政府は近代化を急ぎ、抑圧と階層の分裂を生んだ」と指摘する。

◇　◇

明治も半ば以降、新聞や雑誌といった新しい媒体が次々と誕生し、さまざまな階層の人物写真が紙面を飾った。女性雑誌では華族や皇族らが多く登場した。

女性雑誌に載った侯爵・西郷従道と妻子の写真入り記事では、妻・清子の日常や子育ての方針など庶民の手本となるべき「理想の家庭」像を示した。また「鹿鳴館の華」と称された大山捨松は上流女性のファッションリーダーとなり、ドレスを堂々と着こなす写真が、開明的な姿を印象づけた。

同志社大学の佐伯順子教授＝比較文化史＝は「皇族や華族の写真は、憧れの姿とカリスマ性を示すメディア戦略。女性＝家庭という模範の姿を刷り込み、社会の階級を示した」と説明する。

被写体の裾野は女学生や良家の令嬢にも広がった。明治41年の「日本第一美人」で優勝した末弘ヒロ子は旧薩摩藩士の娘。親戚が無断で応募したが、軽佻《けいちょう》浮薄《ふはく》と断じられ、女子学習院中等部を退学になった。女性が人前に姿をさらすことを恥とする旧時代の感覚もまた、根強く残っていた。

■4・民法制定／「個人」と「家」優位論争

ああつらい！　もう婦人《おんな》なんぞに生まれはしませんよー。明治31（1898）年から新聞連載された徳富蘆花《ろか》の小説「不如帰《ほととぎす》」は、結核を患ったヒロイン浪子が夫の留守中に姑《しゅうとめ》から離縁され、嘆きながら死んでいく姿が涙を誘った。モデルが実在の高官一家であることも、耳目を集めた。

浪子のモデルは伯爵・大山巌の長女・信子。子爵・三島弥太郎（通庸の長男）に嫁いで間もなく実家に戻された。死病の嫁に跡取り出産は望めない。離婚を決めた弥太郎は「兄弟有り親有りて一家を引き受け居り候身《そうろうみ》は、自分の意見通りにも参らず」と大山夫人・捨松へ経緯を説明。返された嫁入り道具で、信子は離婚を知った。ともに薩摩出身の名家で、実際の捨松は熱心に娘を看病したにも関わらず、脚色され〝冷酷な継母〟として描かれた。

当時、姑ら周囲の意向で離婚させられる夫婦は珍しくなかった。中流階級以上では、婚姻は家同士の結びつきであり、夫婦関係よりも家の存続が優先された。

江戸期の儒学者・貝原益軒は、著書「女大学」で「舅姑《しゅうと》に従わざる女は去るべし。子なき女も去るべし。妻をめとるは子孫相続の為なればなり」と断じた。女性を離縁する理由となる「七去」などの分かりやすい言葉が、教材として重宝された。この「女大学」はじめ忠孝や人倫を説く「修斉訓」といった教訓書が多数出版され、男性を主、女性を従とする儒教的価値観が世間に浸透した。

◇　◇

「夫婦の交《まじわり》は人倫の大本なり」。森有礼が一夫一婦制をうたう「妻妾《さいしょう》論」を発表したのは明治7年だ。夫婦は対等な存在として、互いに助け合う権利と義務を主張して世間を驚かせた。翌年、幕臣の娘・広瀬常との結婚式では「互いに相手を敬い愛する」「共有財産の処分は双方の同意で行う」などとする婚姻契約書を交わした。衆目を浴びたものの、賛同は集まらなかった。

明治後半になっても状況は変わらなかった。明治23年、財産の処分や家族のあり方、相続などを定める民法が公布されると「民法典論争」が始まった。

民法はフランス人法学者ボアソナードが中心となってまとめられた。のちに「日本近代法の父」と

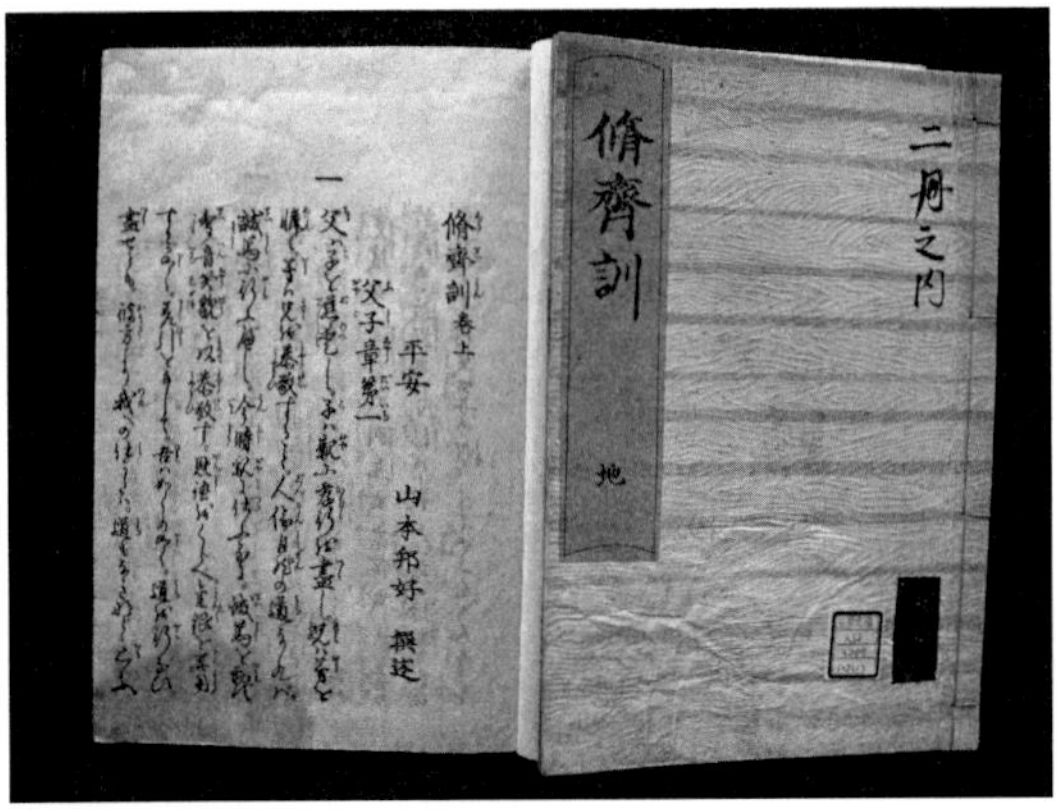

親子や夫婦のあり方を説いた教訓書「修斉訓」（玉里文庫、鹿児島大学付属図書館所蔵）

法学者の穂積八束（国立国会図書館ＨＰより転載）

尊敬されたボアソナードを来日させたのは、薩摩藩留学生として森と盟友であり、維新後に駐仏公使となった鮫島尚信だ。家父長制や長男の単独相続といった日本の慣習を踏まえつつ、夫婦同姓や森が提唱した一夫一婦制を導入するなど、当時としては進歩的な内容だった。

「民法出《い》でて忠孝亡《ほろ》ぶ」と激しくかみついたのは、帝国大学の法科教授だった穂積八束。家制度を神聖なものとして「一男一女が情愛によって居を同じくするのは、キリスト教の制度」「極端に個人本位の民法では三千余年の信仰が廃れる」と主張し、事実上の廃止に追い込んだ。

改めて日本人法学者に起草させた民法は、明治31年7月に施行された。戸主に家長として権限を与え、長男の家督相続と財産単独承継など封建時代的な内容。妻には財産権が認められず、自身の判断で経済行為ができぬ法的無能力者とされた。父や夫への「従順」に法的裏付けが与えられた。

◇　◇

この民法を「空前の一大変革」と評価したのは福沢諭吉だ。「男女同権」とほど遠い保守的な内容ではあったが、「女性を守る〝懐剣〟になると考えた」と慶応大学福澤研究センターの西澤直子教授＝日本近代史＝はみる。

夫が家の財産を譲渡する場合は妻の同意が必要となり、家庭のことに関しては妻が夫の代理人になることも認められた。相手の重婚など離婚の条件も明確に定められた。子どもができないといった「七去」の理由や、姑ら親族の介入による一方的な離婚は法律上は許されなくなった。西澤教授は「社会を変えるには、最小単位である『家』の意識を変える必要があった。民法制定は男女同権への一歩前進と考えたといえる」と語る。

民法は女性を守る盾となる一方、その行動を制約する壁にもなった。自立を目指す女性たちは、男性優位の社会制度や前時代的な道徳観念と闘っていくこととなった。

■5・洋装の皇后／新時代を象徴し〝変身〟

明治4（1871）年11月9日、米国へ向かう直前の女子留学生5人が皇居に招かれた。「婦女の模範と相成候様《あいなりそうろうよう》」と激励したのは明治天皇の妻、美子《はるこ》皇后。後年、女子教育に尽力した津田梅子らが胸に刻んだこの言葉は、実は皇后自身を鼓舞するものだったかもしれない。23歳の皇后はこの日、外国の社会や政治について学者の進講を受けた。本来は天皇のためだが、皇后や女官にも初めて聴講が許された。欧米に肩を並べる近代国家を目指す政府は女子教育に目を向けたが「女学の制未だ立たざる」状況で、自ら学ぶ皇后の姿は格好の模範だった。

京都での美子皇后と女官たちを描いた錦絵（部分、国立国会図書館ＨＰより転載）

宮廷改革の意味もある。新政府の発足時、旧習に固執する古参の女官が一斉に排除された。皇后の下に残された少数の女官たちにも、新時代への適応が求められていた。

若き皇后は積極的に皇居の外へ出て行き、人々の前に姿を現し言葉を交わした。以前は考えられないことだった。

「みがかずば　玉もかがみもなにかせん　学びの道も　かくこそありけれ」。明治8年、東京女子師範学校の開校式に臨んだ皇后は、得意の和歌で勤勉を促した。生徒代表だった青山千世の回想によると「髪はおすべらかし」「緋《ひ》の袴《はかま》の裾からは爪先のとがったハイヒール」。恐れ多くて顔は見られなかったが、少女らは憧れと感激を抱いた。

◇　◇

美子皇后は摂関家の一つ、一条家の出身。明治元年暮れに皇后となった。天皇家の長い歴史でも前例のない「近代国家元首の妻」という未知の務めが待っていた。

明治6年元日、天皇と皇后は初めて2人そろって〝お雇い外国人〟のあいさつを受けた。来日中の記者は「ミカドが自分の妻に、自分と対等の者として外国人の前に姿を現すことを許した」と驚いた。日本の元首が欧米のキリスト教国と同様、カップルで儀礼を行うこと自体が画期的だった。

ドレス姿の美子皇后（昭憲皇太后）。国民の前に、積極的に姿を表した（「明治天皇御写真帳」より）

憲法制定に奔走した伊藤博文は、美子皇后にドイツの皇室事情を伝えた。伊藤はドイツをモデルとした「立憲皇后」を思い描いたとみられる（若桑みどり著「皇后の肖像」）。

皇后は「外国《とつくに》のまじらひ広くなるままに　おくれじと思ふことぞそひゆ

く」と歌を詠んだ。国の近代化だけでなく、新時代の皇后像を模索する姿が浮かぶ。

その一方、便利と感じた新しい文化は自ら取り入れ、紹介した。明治19年以降は公の場に洋装で登場するようになり、女性の洋装と国産生地の使用を奨励した。「上下に分かれた西洋の服は古代日本の服と似ている」との説明も付け加えた。明治22年の御真影は、肌を見せたローブデコルテ姿になった。

近代化が進む中にありながら、日本古来の伝統を重んじ、受け継ぐ姿勢もまた欠かせなかった。

◇　◇

皇居に蚕室を設け、皇后が自ら養蚕を始めたのは明治4年春。養蚕や機織りは皇祖神・天照大御神《あまてらすおおみかみ》や古代の后妃たちが行ったと伝えられ、長く女性の仕事とされてきた。

さらに生糸生産は殖産興業の柱でもあった。明治6年には皇太后（孝明天皇女御）と富岡製糸場を見学。広い工場に並んで、熱心に糸を繰る工女らを和歌でねぎらった。

皇后の和歌の相手として宮中に招かれたのが、薩摩藩士の妻だった税所敦子。名高い才女との交流で磨かれた作は御歌《みうた》と呼ばれ、後世も国民の教化に使われた。「金剛石もみがかずば　珠のひかりはそはざらむ―」とする「金剛石」は戦前の女学生に愛唱された。

皇后自身は子どもに恵まれず、女官が生んだ嘉仁親王（大正天皇）を実子として養育した。

財政難の江戸時代、女官が天皇の側室役を務めたが、一夫一婦制を導入した明治日本でも皇統維持のために続けられた。一家の肖像画は威厳に満ちた天皇と良妻賢母の皇后、幼い親王を中心に描かれ、国民に繁栄を印象づけた。

「水は器にしたがひて　そのさまざまになりぬなり――」。美子皇后が華族女学校の生徒に贈った歌の一節は、新旧の価値観がせめぎ合う明治の世に、時代を象徴する存在となった自身を投影するようだった。

第11部　藩閥批判の嵐　自由民権と士族反乱

序

維新に成功し、封建制度に終止符を打った明治政府だったが、その体制は「有司専制」、大久保利通ら一部の藩閥官僚による〝専制政治〟との批判を浴びた。公議輿論《よろん》を掲げて船出した新政府に対する失望や不満は、言論や士族反乱という形で表面化し始める。その批判と争論の嵐は、歩み始めた新国家を大きく揺るがした。

■民撰議院設立建白書／反響大、論争の契機に

「政権の帰する所を察するに、上帝室に在らず、下人民に在らず、しかして独り有司に帰す。(中略)天下の公議を張るは、民撰《みんせん》議院を立《たつ》るにある」

明治7(1874)年1月18日、日刊紙「日新真事誌」にある建白書が掲載された。自由民権

自由民権運動と士族反乱に関する年表

慶応4年(1868)		五箇条の御誓文発布
明治6年(73)	10月	西郷隆盛、板垣退助、江藤新平ら参議が下野
	11月	大久保利通が「立憲政体に関する意見書」を記す
明治7年(74)	1月	板垣、江藤ら8人が民撰議院設立建白書を左院に提出
	2月	佐賀の乱
	4月	板垣らが土佐で立志社を結成
明治8年(75)	1月	大阪会議
	4月	立憲政体樹立の詔発布
	6月	新聞紙条例制定
明治9年(76)	8月	秩禄処分
	10月	神風連の乱、秋月の乱、萩の乱
明治10年(77)	2月	西南戦争勃発
明治11年(78)	5月	大久保利通が暗殺される(紀尾井坂の変)
明治13年(80)	3月	国会期成同盟結成
明治14年(81)	10月	明治14年の政変。国会開設の勅諭
明治22年(89)	2月	大日本帝国憲法発布
明治23年(90)	11月	帝国議会開設

運動が活発化する端緒となった「民撰議院設立建白書」だ。当時は議会や選挙はなく、意見や政策を取り入れるために政府が建白書提出を奨励していた。

提出したのは、前参議の板垣退助、江藤新平、副島種臣ら８人。前年に征韓論争を巡る政変（明治６年政変）で敗れ、下野した面々だった。この建白書を入手した「日新真事誌」が全文を掲載。世間に広く知られることになった。

建白書では、権力を握るのは天皇や民ではなく、藩閥出身の一握りの〝有司〟（官僚）だと批判。政治は朝令暮改、私情で決められ、定まった方針がないと指摘、国家崩壊を防ぐには選挙で選ばれた議会開設が必要だと訴えた。

板垣とともに下野した西郷隆盛は、建白書提出には参加しなかった。板垣が監修した「自由党史」によると、西郷は民撰議院の設立を主張した板垣に対し、手をたたいて賛意を示したという。

折しも、政府は勧業・警察・地方の３行政を担う最大官庁、内務省を設置。内務卿に就いた大久保利通が巨大な権力を握っていた。これに対して、建白書提出の直前に

板垣退助（国立国会図書館ＨＰから転載）

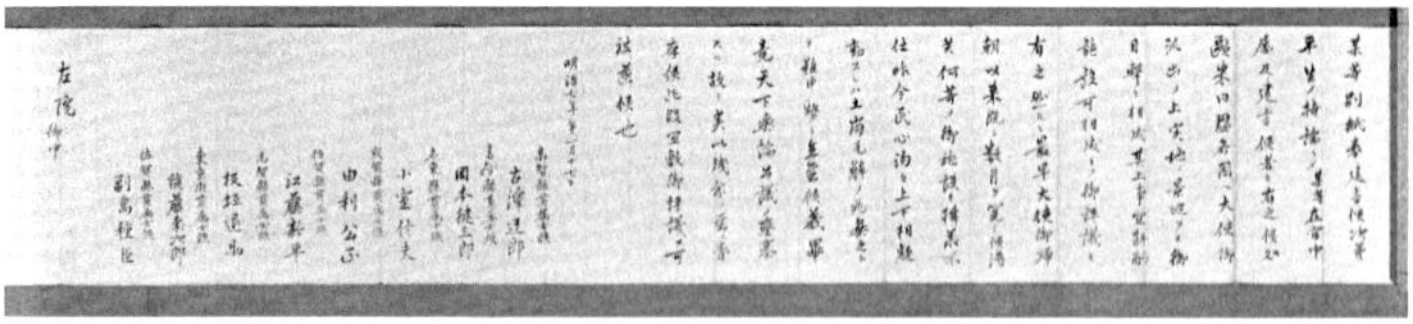

板垣らが連名で提出した民撰議院設立建白書。８人の署名がある（国立公文書館所蔵）

は、高知士族による岩倉具視の暗殺未遂や、東京で政府転覆を狙った放火事件なども発生、不穏な動きが広まっていた。

◇　◇

民権派が目指したのは、憲法に基づく国家体制（立憲政体）や国会の開設だった。「広く会議を興し、万機公論に決すべし」と掲げた「五箇条の御誓文」の精神にも通じる主張だった。

民撰議院建白書の反響は大きく、新聞や雑誌を舞台に論争が活発化した。自由民権運動の本格的な幕開けとなった。

当時、民撰議院設立を原則的に否定する論者はほとんどいなかったが、「時期尚早」と「即時設立」で議論が分かれた。新政府を中心に尚早派は、まだ日本人が開明的ではなく、権利や義務を理解できない状況では十分機能しないなどと主張。一方の即時設立派は、議会開設に伴い政治に関わることで開明化が進むと訴えた。

建白書の提出者が、３カ月前まで政府中枢にいたことへの批判もあった。森有礼は「建言した人々は在官の時と今日とを比べて、その差異があるか」と指摘。政府から追われたことへの意趣返しと見られたのも無理はなかった。

論争の雌雄は容易には決まらなかったが、有司専制批判と民撰議院設立の必要性は、見る間に民衆へと浸透していった。

◇　◇

板垣退助らが設立した立志社（高知市立市民図書館所蔵、松野尾家資料）

明治6年政変後、西郷が桐野利秋や篠原国幹らを引き連れて鹿児島に帰ったように、板垣も同郷人とともに高知に戻り、「立志社」を結成した。民権思想の普及と同時に、〝失業者〟となった士族の没落や暴発を防ぐ対策でもあった。士族授産事業に加え、教育機関の立志学舎を設立。英語や西洋政治思想など高水準の教育を行い、新聞などを発行した。
鹿児島の私学校同様、政府は立志社への警戒を強めた。実際、明治10(77)年に西南戦争が起こると、立志社の一部で挙兵論が高まり、首謀者が逮捕された(立志社の獄)。ただ、板垣は立たず、立志社は言論路線を守った。

高知市立自由民権記念館の筒井秀一館長は「高知の動きに天下は注目したが、板垣にとって武力は第1選択肢ではなかった。これ以上血を流したくなかったのかもしれない」と推察。「高知では民権運動を担う若手や思想が育っていた。板垣のすごさは新たな息吹に懸け、若手に〝出番〟を与えたことだ」と語る。

言論路線にかじを切った高知は、板垣の下で自由民権運動の中心的役割を果たしていった。

【俯瞰図】言論へ活路、新聞創刊／鹿児島士族の市来政明

「民庶会議の如《ごと》きは数年の内に整頓して、他国において百年の事業も薩摩においては十年に功を奏すべし―」

明治の啓蒙《けいもう》思想家・福沢諭吉から、鹿児島での議会設置の期待を託された人物がいた。薩摩藩出身の市来(後に野村と改姓)政明だ。西南戦争後、「旧鹿児島藩士の今後はどうしたらいいか」と相談した市来に宛てたという一文「薩摩の友人某に与《あたふ》るの書」に、自由民権運動に対する期待がつづられていた。

市来は鹿児島城下の生まれで、薩摩藩英国留学生の松村淳蔵を兄に持つ。私学校入りし、

薩軍として西南戦争に参加したが負傷。収容先の官軍病院から脱走すると、探索を逃れるため慶応義塾に身を寄せて福沢と親交を深め、学んだという。

「古来仲間の約束をもって体を成し、自《みず》から作《つくり》たる約束を自から守り、その約束をもって進退を共にし栄辱をともにしたる」と薩摩士族を評価していた福沢は、その「約束」が西欧の社会契約に似ていると認識し、議会制度の基礎になると考えたようだ。

1882年2月10日付「鹿児島新聞」の創刊号（左）と市来政明

市来は鹿児島に帰り、明治15（1882）年に同じく薩軍の生き残り、野村忍助とともに「鹿児島新聞」（南日本新聞の前身）を創刊した。「自由権利なるものを有すといえども、社会往々これを誤解するものあり（中略）立憲政体の真理を説き国会の準備を」と市来は思いを記した。

市来は福沢に記者派遣について相談。それに応えて福沢は、教え子の元吉秀三郎を送り込んだ。元吉は「鹿児島新聞」初代論説主任（主筆格）となり、鹿児島の民権派に大きな影響を与えた。

識者はこう見る／　募る士族の不満が背景
＝慶応義塾大学法学部・小川原正道教授

征韓論争をめぐる政変に敗れ、下野した板垣退助（土佐藩出身）らは、民撰議院設立建白書を提出した。ここから民権運動が本格的に幕を開けた。明治初期の自由民権運動について、慶応義塾大学の小川原正道教授に聞いた。

―日本における自由民権運動の始まりは。

「自由民権思想は、『自由』と『民権』に分けて考える必要がある。自由は幕末に蘭学《らんがく》の世界で使われ始め、明治初年に福沢諭吉が『フリーダム』と『リバティー』を『自由』と翻訳し、一般的に広がった。民権は慶応4（1868）年に津田真道（津山藩・法学者）が翻訳書の中で『国民』の権利を指す言葉として使い、民権の保護や幸福の実現、国益の増進が西洋の政治秩序の中核的理念だと紹介した。その後、翻訳書や留学生らから西洋の自由と民権の概念が広まり、普及していった。その核となったのが民撰議院設立建白書だった」

―この建白書が与えた影響は。

「民撰議院をつくるべきだという意見はそれ以前もあったが、『明治6年政変』で下野した参議、つまり閣僚級の人々が連名で出したことは大きなインパクトを与え、民権運動ののろしを上げる契機となった。起草は英国で政治経済を学んだ土佐藩出身の古沢滋で、いわゆる留学生ルート。当時、政府は国民の意見を受け付けており、建白書という手段を選んだ」

「運動の背景は政府への不満。特に士族はこれまで政治・国事に関与していたが、政府に就職できなければ排除される形で無職となり、不平不満は強かった。政府は民権運動に対して、言論統制などで厳しい態度を取った一方、明治8年に立憲政体樹立の詔《みことのり》を出すなど模索した。民権派のように急進的ではなく、影響を受けながら漸進的な移行を目指していた」

―反政府活動を巡り、薩摩などは武力蜂起となった一方、土佐は言論で民権運動を展開した。

「薩摩の西郷隆盛と土佐の板垣、リーダーの考え方の違いだ。板垣は下野以降、言論路線に力を入れると決めていた。西南戦争時に土佐でも挙兵計画はあった。が、決起を踏まえた臨機応変の対応を取りつつ、慎重で言論重視とする基本的な考えは一貫していた」

―鹿児島県内での自由民権運動への評価は。

「従来の研究では、鹿児島は遅れていたと評価されていた。私学校では福沢諭吉を共和主義者と危険視し、民権思想を警戒するなど独特な先入観がまん延しており、反民権的な面もあった。だが、西南戦争直前、福沢の影響を受けた県出身者が、議会をつくって暴発を抑えようという動きもあった。戦後は、鹿児島県会を舞台に民権運動が高まった。決して遅いわけではない」

【略歴】おがわら・まさみち　1976年、長野県出身。慶応大学法学部政治学科卒、同大学院法学研究科政治学専攻博士課程修了。著書に「西南戦争と自由民権」など。日本政治思想史。

■1・議会制度導入／「公議輿論」目指し模索

明治2（1869）年3月7日、東京・神田橋門内の旧姫路藩邸に、諸藩から選ばれた代表者（公議人）ら227人が集まった。「心を公平に存し議を精確に期し」との詔書が示され、明治政府の議事機関「公議所」が開設された。

政府は「五箇条の御誓文」で掲げた「公議輿論《よろん》」の実現を模索していた。明治元年、議会制度の調査機関として「議事体裁取調所」を置き、組織づくりに着手し、翌年2月には詔書で公議所の設置を布告した。

欧米の立憲制や議会制は、幕末に有識者や留学生らによって持ち込まれていた。翻訳書や新聞、演説会など、知識人から市井の人々にも浸透していった。

公議所の議場は欧米に似た形式で、公議人は抽選で決められた席に着いた。藩主が推挙した〝官選〟による議院だったが、森有礼の「廃刀案」など開明的な議案をはじめ、6月までに66議案が提出された。開設当時の新聞には「庶民に、政府を扶《たす》け、公明正大の政を施し行うべきの権を許されたり」「開化文明の一大改革」（横浜新報もしほ草）と評された。

大きな期待を持って迎えられ、その後、集議院と改められた。しかし、集議院は明治3年には開かれなくなってしまった。政府が審議内容を採用しないなど十分な成果を上げられず、在京費用がかさむと代表者を派遣しない藩主もいた。理想とかけ離れた実情で、失敗に終わってしまった。

◇　◇

明治5年4月、政府の立法諮問機関の役割を果たしていた「左院」の宮島誠一郎（米沢藩出身）が、憲法制定と国会開設を説いた「立国憲議」を提出した。前年の廃藩置県で統治体制が大きく変わる中での出来事だった。

宮島は「日本の人民は長年の君主独裁で権利と義務を正しく知らずに混乱が起きている」と指摘。まず憲法を制定し、民法、刑法を制定するとした。各省の長官と次官による「右院」と府県官員による会議を当面の「民撰《みんせん》議院」とする構想だった。そして開化と共に〝真〟の民撰議院を設けることが好ましいとした。

だが、宮島の建議は左院議長の後藤象二郎によって却下された。「憲法は人民が関わって決めるべき」とする副議長・江藤新平の反対を受けたとされる。

その後、江藤が司法卿に転ずると、左院内では欧米式の上下院の設置構想が練られるなど、議会開設に向けた議論が進んだ。同年8月の「国会議院手続取調」では、国会の東京設置、90日以内とする会期日数、資産のある農工商による選挙で議員を決める――など具体的な方針もあった。

だが左院の進めた構想が実現することはなかった。大きな障壁になったのは、政府内部で政治問題として持ち上がっていた征韓論争だ。宮島は「手続取調」の扱いについて、後年「民撰議院設立建白書」を提出する板垣退助にも相談したが、積極的な動きはなかった。

◇　◇

熱を帯びた征韓論争の末、「明治6年政変」で西郷隆盛や板垣、江藤らが下野すると、直後の同年11月、政府の実権を握る立場となった大久保利通は、「立憲政体に関する意見書」を示した。

岩倉使節団の欧米視察を経験した大久保は、日本にふさわしい政体を「君民共治」(立憲君主制)と説いた。一方、フランスの民主政治を「凶暴残虐は君主専制より甚だしい」とも評した。

憲法については「君民共治のために必要で、上は君権を定め、下も民権を限る」と評価。制定は欧州各国の模倣ではなく、日本の国風や人情、時勢などに配慮するべきだとした。三権分立の重要性を

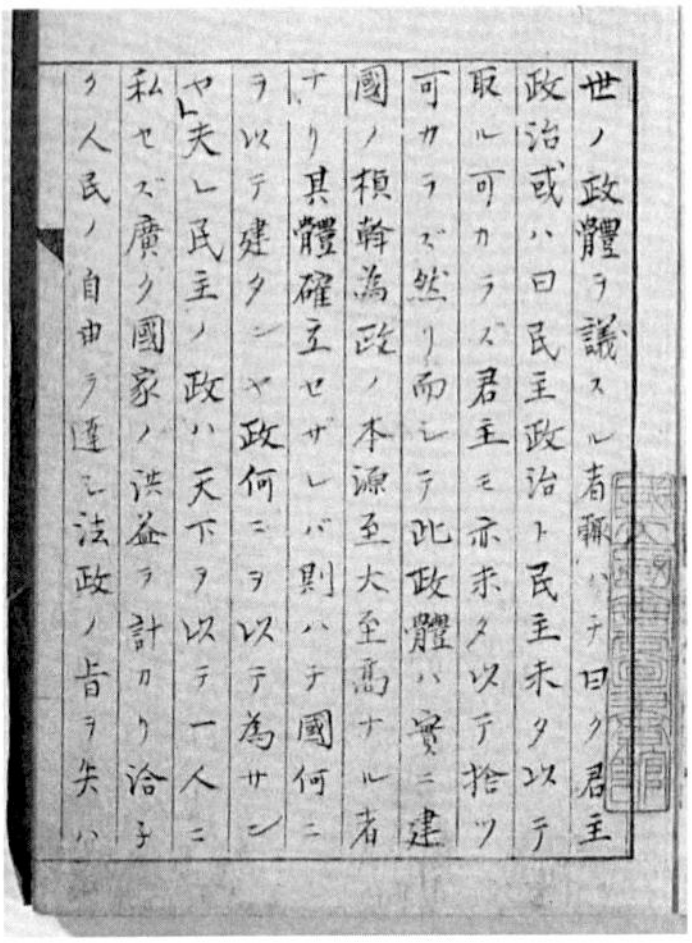
世ノ政體ヲ議スル者輙ハチ曰ク君主
政治或ハ曰民主政治ト民主未タ以テ
取ル可カラズ君主モ亦未タ以テ捨ツ
可カラズ然リ而シテ此政體ハ實ニ建
國ノ楨幹為政ノ本源至大至高ナル者
ナリ其體確立セザレバ則ハチ國何ニ
ヲ以テ建タンヤ政何ニヲ以テ為サン
ヤ夫レ民主ノ政ハ天下ヲ以テ一人ニ
私セズ廣ク國家ノ洪益ヲ計リ洽ク
ヲ人民ノ自由ヲ達シ法政ノ旨ヲ失ハ

大久保利通が示した立憲政体に関する意見書（国立国会図書館所蔵）

説いていたが、議会については「民選」を想定していなかった。

この意見書が出されたのは、板垣らが「民撰議院設立建白書」を提出する2カ月ほど前のこと。伊藤博文は「大久保公は早くより立憲政体を主唱された有力な一人である」と回想した。

慶応大学の小川原正道教授は「急進的か、段階的かなど考え方の違いはあったが、大久保ら政府中枢も国会や憲法の必要性は共通した認識だった」と語る。

■2・広がる気運／憲法制定や議会へ道筋

明治8(1875)年2月11日、大阪の料亭で大久保利通と板垣退助が顔を合わせた。2人が会うのは征韓論争を巡る政変(明治6年政変)以来だった。下野後の板垣は「民撰《みんせん》議院設立建白書」で、大久保を徹底して批判していた。台湾出兵(同7年)に反発し、政府を離れていた木戸孝允の姿もあった。木戸は1月から大久保、板垣とそれぞれ会談を重ねていた。伊藤博文、井上馨、五代友厚らの働きで実現した一連の会合は「大阪会議」と呼ばれた。

当時、政府最大の権力者だった内務卿の大久保は、苦境にあった。台湾出兵に起因する清《しん》との交渉で「不結果よりして自家の威信を失墜し」（自由党史）という状況だった。政権強化を狙い、長州閥の木戸の復帰を画策した。

1月からの漸次の会談で木戸は大久保に、元老院（立法諮問機関）と大審院（司法機関）、地方官会議の設置に加え、憲法制定や国会開設の準備を求め、両者は合意した。木戸は板垣との会談で選挙による議会開設について大筋合意していた。結果、木戸と板垣が政府に復帰する運びになった。

「大阪会議」が開かれた会場跡に張られたレリーフ。大久保利通、木戸孝允、板垣退助らが並ぶ＝大阪市中央区

合意を基に4月14日、「朕《ちん》、今誓文の意を拡充し（中略）漸次に国家立憲の政体を立て」とする詔書（立憲政体樹立の詔《みことのり》）が発布された。明治天皇自ら立憲制樹立への道を宣言したことは、政府内外に大きな影響を与えた。

◇　◇

板垣退助らの「民撰議院設立建白書」以降、本格化した運動で大きな役割を果たしていたのが、新聞や雑誌、いわば産声を上げたばかりの言論機関だった。

新聞は幕末海外に渡った留学生らから、パブリックオピニオン（公議輿論《よろん》）形成の一翼を担うものとして紹介されていた。明治3年、横浜で日本最初の日本語日刊紙「横浜毎日新聞」、2年後には東京で「東京日日新聞」が創刊された。当初、政府は新聞に広報や文明開化を周知する役割を期待しており、〝御用〟の傾向も強かった。

転機となったのは「民撰議院設立建白書」を世間に広めた「日新真事誌」だった。明治6年政変について不満を持っていたとされる英国人社主ジョン・ブラックは建白書掲載を決断。寄せられた賛否の意見を積極的に載せ、論争を演出した。

そのうねりは他紙にも広がり、政府批判の論調も出るようになった。明治8年には雑誌「評論新聞」が創刊され、〝政府批判の最右翼〟となった。地方でも新聞発行の流れが広がり、市井の政治への関心も高まった。

専修大学文学部の大谷正教授＝メディア史＝は「ブラックは新聞のあるべき姿を示し、志を同じくする者の論壇や議論の場になった。新聞の存在なしに自由民権運動は語れない」と指摘する。

◇　◇

「天君主を設《もう》くるはもって国民のためにするのみ。君のために人民を置くにあらず」。明治8年3月4日、東京の「朝野新聞」投書欄に、憲法草案が掲載された。差出人は「鹿児島県下大隅国噌唹《そお》郡襲山《そのやま》郷住居　愛国愚夫　竹下弥平」なる人物。執筆は同年2月1日付で、大阪会議に近い時期だ。襲山郷は現在の霧島市に位置していた。

条文は全8条。憲法を制定し、定数100人ずつの左右議院を設置するとした。左院は選挙で有識者や地方で事情に明るい者を選び、右院は皇族、華族から選挙するとした。予算決定、憲法制定や改正の特権は左右両院にあるとした。「欧州の古語」を交えて自由や人権にも触れていた。

鹿児島には、西南戦争前に「私学校」暴発を防ごうとした民権活動家もいた。平佐村(薩摩川内市)出身の士族、柏田盛文と田中直哉だ。明治9年12月に慶応義塾を卒業した柏田は、過激化する私学校を憂慮。友人や親戚に「暴動で貴重な権利を捨ててはいけない」と説得を試みたが、失敗した。田中は民会(地方議会)を開設し、「私学校徒の跋扈《ばっこ》するのみ」の現状を打破しようとしたが、こちらも不首尾に終わった。

私学校側は2人の行動を見過ごさず、西郷隆盛暗殺計画の嫌疑で拘束した(後に解放)。民権派の願いむなしく、私学校は西南戦争へと突き進んでいった。

■3・言論統制／弾圧にも不屈、世論喚起

明治9（1876）年3月、雑誌「評論新聞」の記者で鹿児島士族の田中直哉（平佐村出身・現在の薩摩川内市）が、讒謗律《ざんぼうりつ》に触れたとして逮捕、収監された。

讒謗律は、天皇、皇族、官吏などの名誉を毀損《きそん》することを禁じる法律だ。問題視されたのは「風や風や（中略）満天の妖雲を吹き破り、廟堂《びょうどう》官吏の襟胸《きんきょう》をして自由の空気を流通せしめんことを」との政府官僚を暗に批判する一文だった。田中は「禁錮1カ月、罰金20円」の判決を言い渡された。

「評論新聞」の記者で、政府批判の罪で収監された田中直哉（川内市史下巻より転載）

評論新聞は、明治8年に海老原穆《ぼく》（鹿児島士族）が東京で創立した民権派言論結社「集思社」が発行元だった。海老原は、征韓論争を巡る政変（明治6年政変）で西郷隆盛らと共に下野。征韓派の同士と手を組んでいた。

鹿児島の「私学校」では、評論新聞以外の購読を禁じていた。関係者が政府の内部情報を収集し、私学校へ報告していたという。

「世のために死ぬるはかねての覚悟じゃな

いか、禁獄なんぞは屁《へ》のふのへ」と強気の姿勢で、発行1万部と部数を伸ばしたが、明治9年7月、政府から発禁を命じられた。

「九州のルソー」と呼ばれた熊本出身の民権家、宮崎八郎も評論新聞の記者主座として筆を握った。後に宮崎は自由民権の実現を目指し西南戦争に参加、戦死した。

◇　◇

明治政府による言論統制は、明治8年6月の新聞紙条例、讒謗律の発布から本格的に始まった。自由民権運動の高まりと批判的な言論機関は脅威となり、これを抑え込むのに躍起となった。同年1月には、民撰議院論争の火付け役「日新真事誌」の英国人社主ジョン・ブラックが、いったん政府に高額で雇われ、その後解雇されるという策動で新聞経営から手を引かされた。

新聞紙条例は政府破壊、国家転覆などの論調の掲載、教唆を禁じており、これを犯せば最大で禁獄3年、法に触れた論者をかばうと最大1年が課された。条文は拡大解釈できる抽象的なものだった。讒謗律は華族らよりも官吏に対する誹謗《ひぼう》の方が罪が重く、「有司(官僚)専制」批判を封じ込める思惑が強かった。

「共和政府を開立し度《たし》」と書いただけで編集長が禁獄3年になるなど、明治9年の2法による処罰は90件以上とされる(稲田雅洋「自由民権運動の系譜」)。

だが、記者にとって収監は名誉だったようだ。出獄した田中は「悔悟《かいご》の実効なきのみならず（中略）かえって栄誉」と記し、収監は無意味とする建白書を政府に提出した。抵抗の精神は共感を呼び、花柳界から差し入れを受ける収監者もいたという。

〝筆〟を対象にした言論弾圧が激しくなるにつれ、民権派は規制の対象ではなかった「演説集会」に力を入れ始めた。対する政府は明治13年に集会条例を公布し、集会に警察官を派遣するなど、弾圧を続けた。これら一連の動きは、近代日本の言論弾圧の序章でもあった。

◇　◇

明治14年10月、明治天皇の名の下で同23年の議会開設を約束する「国会開設の勅諭」が出された。

背景には「開拓使官有物払い下げ事件」があった。北海道開拓使の解散に伴い、官営事業を長官・黒田清隆が同郷の政商・五代友厚らに安価で払い下げようとし、「藩閥癒着」と批判が起こった。〝薩摩の芋づる〟と揶揄《やゆ》し、世論喚起したのは演説や新聞だった。

政府内では、君主の権限が強いドイツ流の憲法制定を目指す漸進派の伊藤博文と、イギリス流の議院内閣制を主張し、民権派に近い急進派の大隈重信が対立。伊藤らは払い下げの中止と「勅諭」で、民権派の批判をかわす一方、大隈が政権打倒を謀ったとして下野させた（明治14年の政変）。

ついに明治22年2月11日、大日本帝国憲法が発布。翌23年11月には帝国議会が開設された。憲法は君主が制定する欽定《きんてい》で、主権者は天皇、国民は臣民と位置づけられた。「通読一遍ただ苦笑するのみ」と中江兆民（高知出身）が批判するなど、民権派が理想としたものとは遠かったものの、立憲国家の仲間入りを喜ぶ民権派も少なくなかった。「民撰議院設立建白書」から15年。武力ではなく、言論路線を続けた民権派がようやくつかみ取った〝果実〟だった。

■4・佐賀の乱／有司打破へ江藤ら蜂起

「クマモト　チンダイト　サガカンゾクト　サクヤハンヨリ　ヘイタンヲ　ヒラキタリ」

明治7（1874）年2月16日午後10時すぎ、福岡から東京の内務省と大蔵省宛てに電文が打たれた。政府に反感を持つ旧佐賀藩士族と、佐賀県庁を守備する熊本鎮台兵（政府軍）との間に戦端が開かれたことを伝える急報で、2時間半後には東京に届いた。

16日未明、夜陰に乗じて県庁のある佐賀城を取り囲んだ士族が、一斉に砲撃を始めた。幕末以来の近代化を主導し、戊辰戦争でも功績を挙げていた佐賀士族らは、洋式兵器を巧

江藤新平（国立国会図書館ＨＰから転載）

みに使いこなし勝手知る地形も利用しながら、城外に打って出た政府軍を苦しめた。

包囲戦は3日間続き、政府軍は将兵300人余りのうち4割が戦死、近隣の県官吏らは震え上がった。のちに誤報と判明したものの、「岩村高俊権令の戦死説」が出回るなど混乱を極めた。

士族反乱の端緒となった「佐賀の乱」。戦況が思わしくないと政府は17日、新聞に軍事関係の記事掲載を禁じるなどの対策も講じた。

◇　◇

戦いの背景には、明治6年の征韓論政変があった。徴兵制採用など政府の諸策により、士族は封建的〝特権〟を奪われ、各地で不平不満が募った。政変に敗れ、下野した西郷隆盛や江藤新平ら前参議の動向は、嫌が応にも注目を集めた。

佐賀県は当時、反政府色を強める士族集団「憂国党」と「征韓党」が幅をきかせ、県政運営に支障を来す〝難治県〟だった。

憂国党は秋田県令なども務めた島義勇を頭目に、政府の開化政策を「未曽有の苛政暴法」として糾弾。封建制の復活も訴えた。征韓党は字のごとく「征韓」実行を政府に要求し、もともとは士族をなだめるために国元に戻ってきた、元司法卿の江藤を担ぎ上げた。

月岡芳年の描いた佐賀の乱、「皇国一新見聞誌・佐賀の事件」（東京都立中央図書館特別文庫室所蔵）

明治7年2月1日、家禄《かろく》支給の遅れに業を煮やした憂国党士族が、県為替方の「小野組出張所」を襲撃。佐賀城下が不穏な空気に包まれたことで、政府は熊本鎮台兵派遣を決めた。この対応に士族側が激高。憂国と征韓の両党は手を組み、火ぶたが切られた。

もともと主張も異なり、友好関係になかった両党の数少ない共通目的が、征韓を台無しにした「二、三の大臣」（征韓党）、中興第一の臣を退けた「奸臣《かんしん》」（憂国党）として非難した「有司専制」の打倒だった。

◇　◇

不平士族を危険視し、各地への〝飛び火〟を危惧した内務卿・大久保利通は、すぐさま動いた。2月7日に自ら佐賀へ出張を申し出て、10日には兵力動員など全権の委任を受け、戦地に向かった。

当初は苦戦を強いられた政府軍だったが、太政官《だじょうかん》布告で佐賀士族が「賊徒」となった19日を起点に戦況を盛り返した。この日、大久保が大阪鎮台兵と共に博多港に着き、翌20日に約1400人の将兵が救援に向かったことが大きかった。

22日に鳥栖近郊の朝日山で激突し、政府軍が激戦の末に勝利した。翌日は神埼一帯で、士族側が壊滅状態に追い込まれ、雌雄は決した。大久保は銃砲弾飛び交う最前線でも平然と歩き回り、収拾を図った。

江藤は23日夜に敗色濃厚な戦地を離れ、指宿・鰻温泉で遊猟中だった西郷を訪問した。再起に向けて協力を求めたが、「私の言うようになさらんと、あてが違いますぞ」と諭されたと伝わる。その後、四国に向かっても協力は得られず、3月末に土佐と阿波の国境で逮捕。形だけの裁判で「有罪」となり、即日処刑された。

一連の戦いで、政府軍は素早い情報伝達が可能な電信や、兵の輸送に汽船を使うなど近代化の成果を駆使。徴兵制採用後では初の本格実戦の場となり、士族に勝利したことで有効性を検証できた。

明治大学の落合弘樹教授＝幕末維新史＝は「近代戦として、政府にとって試金石ともいえる戦いだった。ただし士族反乱の拡大は阻止できず、誤算も少なくなかった」と語った。

■5・相次ぐ反乱／勝算度外視で意地示す

甲冑《かっちゅう》や紋付き袴《はかま》で、腰には帯びることが禁じられた刀がさされていた。「上は天皇を安心させ、下は万民の苦しみを救い、皇国を安寧に導く」。時勢に逆らった古風な身なりの一団は、熊本城そばの藤崎八幡《はちまん》宮に集い、気勢を上げた。

明治9（1876）年10月24日午後11時ごろ、政府の開化政策に反対する熊本の士族集団「敬神党」が決起。総勢170人余りが熊本鎮台や県庁の要人宅を襲撃した。

神職の太田黒伴雄率いる敬神党は神道や国学を重んじ、重要事項は神に祈り成否を占う「宇気比《うけい》」で決定。神職起用試験に「人心反正して皇道興隆すれば元寇《げんこう》の時の如く神風が吹き起こり、敵を掃攘《そうじょう》する」と記述したことから、信仰心があつく「神風連」とも呼ばれた。

「神国の霊物長技」とする刀の所持が「廃刀令」（3月）で禁止されるなど、度重なる欧化策に党員が激高。宇気比で挙兵を決め、「皇運挽回」を目指した。武器は原則古くからの刀槍《やり》に限るという〝無謀〟な戦いを挑み、薩摩出身の種田政明・鎮台司令長官らを斬殺し一時混乱させた。だが、鎮台兵らの反撃に遭い、翌日には鎮圧された。

◇　◇

政府が各地への〝飛び火〟を危険視して、早期の鎮圧を目指した士族の反乱だったが、熊本の「神風連の乱」からわずか3日後、今度は福岡で「秋月の乱」が起こった。

敬神党（神風連）の挙兵本陣跡＝熊本市

特に、征韓をやめた政府の外交に強い不満を抱き、国権拡張を訴える宮崎車之助や磯淳を中心とした秋月士族が、10月27日に蜂起。敬神党や長州の前原一誠と連携し、約230人が長州経由で東上を目指した。道中、警察署などを襲撃しながら29日に豊津（福岡県みやこ町）に入った。豊津士族に協力を求めたが裏切られ、乃木希典率いる小倉営所の熊本鎮台兵と激突し、壊滅に追い込まれた。

時を同じく、10月28日には前参議の前原が担がれる格好で、百余人の士族が山口・萩で挙兵した（萩の乱）。秩禄《ちつろく》処分などで士族の困窮を招き、外交では国権・国体を損なった「賊吏《ぞくり》」を討つと宣言した。

萩の乱を描いた錦絵「萩一戦録」（「新聞附録東錦繪」より、国立国会図書館ＨＰから転載）

山口の県庁襲撃を計画して、31日に広島鎮台山口分営の兵と萩で本格的な戦闘に入った。戦いは士族側が優勢に進めたものの武器弾薬不足は明らかで、勝算がないと悟った前原は政府への直談判のため戦地を離れた。しかし、11月5日には出雲国（島根県）で捕まり刑死、反乱も鎮圧された。

◇　◇

征韓論を巡る政変（明治6年政変）以降、全国各地の士族を中心に巻き起こった「自由民権運動」と「士族反乱」。双方の動きには言論と武力との差異はあるものの、「有司（官僚）専制」の打倒という目的では一致していた。

では何が大きく違ったのか。大阪大学名誉教授の猪飼隆明さん＝日本近代史＝は「有司専制の克服方法」と分析。初期の民権家には士族反乱と行動を共にする者もいたが、国民（民衆）の側から政府打倒を目指したのに対し、士族反乱は原則、天皇の側からの是正を試みたという。そのため「行動主体は士族反乱が士族層に限られていたのに対し、自由民権運動は後々に豪農層にまで広がったのが特徴」とみる。

明治7年1月には、東京・赤坂で右大臣・岩倉具視の暗殺未遂事件も発生。萩の乱に呼応して同9年10月29日には東京・思案橋で、政府に反感を抱く会津士族が警察と斬り合いになる事件も起きた。猪飼さんは「各反乱は勝算を度外視し、政府への抵抗勢力の存在を世に知らしめる士族の意地だった」と語る。

とりわけ西日本で挙兵した士族らは、前参議で陸軍大将の西郷隆盛が立つことを期待してやまなかった。だが、この時点で西郷は、たびたびの要請にもかかわらず固辞し続けた。最後の〝大物〟の動向は、政府のみならず、日本国中が固唾《かたず》をのんで見守っていた。

第12部　志士の終幕　西南戦争

序

不平士族（武士）による政府への最後の武力抵抗となった「西南戦争」が、明治10（1877）年2月に起こった。両軍合わせて約10万人が動員され、7カ月に及ぶ「国内最大規模の内戦」となった。最終的に政府側の勝利で、武士の世が終わりを告げ、維新を駆け抜けた志士たちが〝終幕〟を迎えた転換点をたどる。

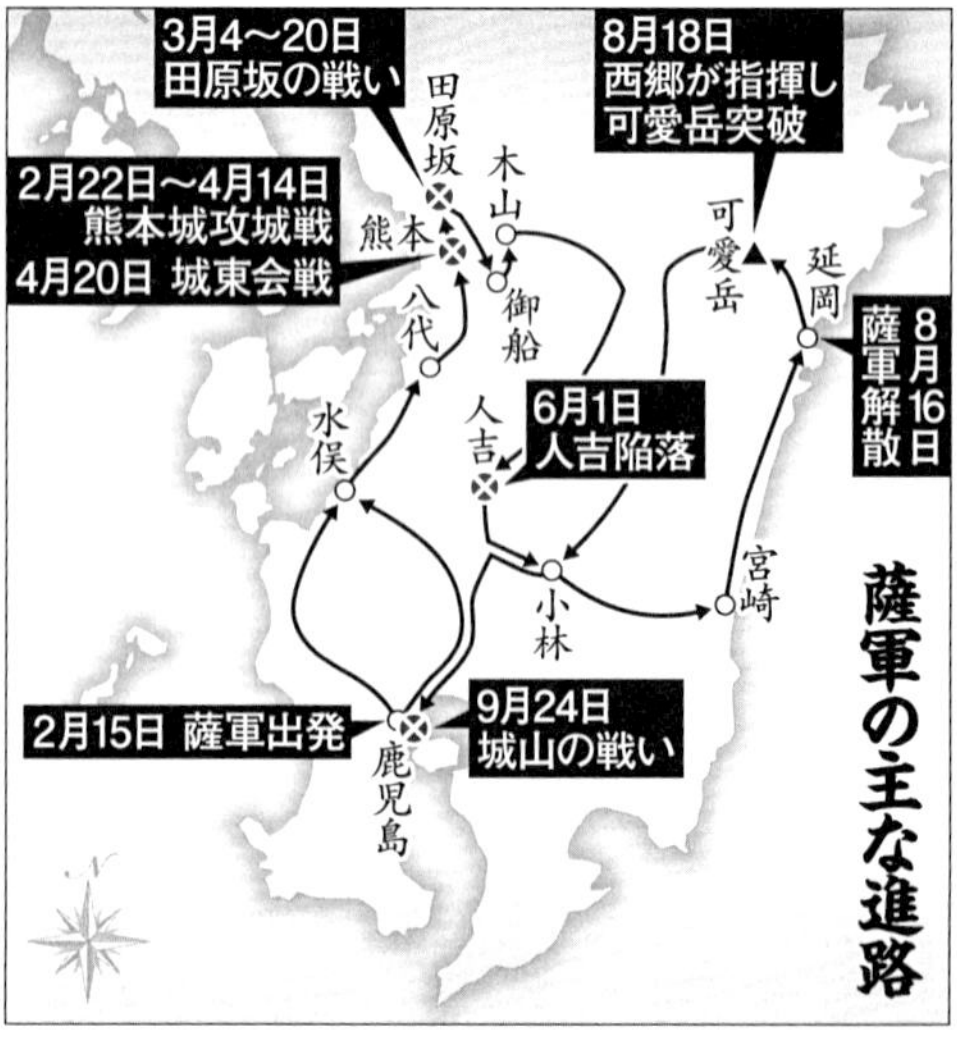

■薩軍蜂起／熊本城と鎮台侮り誤算

高く反り返った石垣「武者返し」が幾重に連なる姿からも、城が堅固なことは言わずもがなだった。築城の名手・加藤清正が江戸初期に完成させた熊本城。西郷軍（薩軍）にとって、熊本鎮台が置かれていたこの城を陥落させることが第一の目標だった。

明治10（1877）年2月22日明け方、城を取り囲んだ薩軍5700人が真正面と背面から一斉攻撃を始めた。城を守る熊本鎮台兵は約3500。当初から籠城策を決めて強固な陣を敷き、スナイドル銃をはじめ最新の武器を取りそろえ迎え撃った。
薩軍による一連の攻撃は激しかった。城中にいた巡査・喜多平四郎は「城を攻撃するこ
と猛烈なり。銃丸また雨注ぐ」と例えた。政府軍側は一歩も引かず、薩軍を押し返した。
幹部の桐野利秋が「農兵、百万ありといえども一蹴」「イラサ棒(青竹)でひとたたき」と豪語するなど、薩軍側にはすぐに城を攻め落とせるとの〝おごり〟もあった。だが、司令長官の谷干城(土佐出身)を中心に、ぎりぎりのところで鎮台兵は踏みとどまった。熊本が落ちると薩軍が勢いづき、反乱が各地に飛び火する危険さえあったからだ。攻城戦は結局、約2カ月続き、落とせなかった薩軍にとって致命的な誤算となった。

◇　◇

「ちょっしもた」。明治10年1月下旬、政府が鹿児島・草牟田の陸軍火薬庫から鉄砲弾薬を接収。これに反発した私学校生が29日深夜、火薬庫を襲撃する事件が起きた。大隅半島・根占に狩猟で滞在していた西郷隆盛は急報に一言発し、鹿児島に戻ったという。

征韓論政変(明治6年)に破れ、鹿児島に戻った元参議の西郷。明治7年に軍事教練が中心の「私学校」、翌8年には「吉野開墾社」をつくって就業を促すなど窮乏する地元士族の救援に奔走した。

熊本城の攻防を描いた錦絵「鹿児島の賊軍　熊本城激戦図」（国立国会図書館ＨＰから転載）

通常、県令は他県出身が政府から任命されていた。だが、鹿児島だけは地元出身の大山綱良が県令に就くなど〝異例づくし〟だった。秩禄《ちつろく》処分をはじめ政府の諸政策の実施は遅れに遅れ、中央からは「難治県」「独立国」と評された。

西郷らの動きに警戒を強める政府は明治10年1月初旬、中原尚雄ら各郷出身の警官らを一時帰郷させ、情報収集と同時に城下士と外城《とじょう》士の分裂工作の任務にあてた。

だが、この工作は私学校側に露見し、「ボウズ（西郷）ヲシサツセヨ」とする電報が押収されたという。逮捕された中原らは拷問され、「西郷刺殺」の密命があったとする供述が引き出された。真偽は不明だが、一連の事件で私学校生らは激高、我慢の限界を超えた。

◇　◇

2月5日、私学校に桐野や篠原国幹、村田新八ら幹部のほか、吉野開墾社や警察署の面々、旧近衛中佐の永山弥一郎らが集い、一連の事件などの対応を協議した。

永山は出兵前に、西郷が桐野と篠原を連れて上京し、政府の非を堂々と糾明すべきだと主張した。強硬論や慎重論で紛糾したが、篠原が「命が惜しいか」と一喝。桐野も「断の一字あるのみ」と発言し、方針は決まった。

最終的に、西郷の判断が仰がれた。一貫して私学校生の蜂起を抑えてきたが、無理を悟ったのか。西郷は「おいの体を皆に差しあげもんそ」と答えた。

翌朝から従軍を願い出る士族らが私学校に詰めかけ、門には「薩摩本営」と掲げられた。

草牟田墓地の入口に設置されている陸軍火薬庫跡の碑＝鹿児島市草牟田１丁目

出立に先立ち、12日には陸軍大将・西郷らの連名で「今般政府へ尋問の筋之有り」と県庁に届け出た。しかし、尋問の具体的な内容には踏み込んではいなかった。

15日、鹿児島は50年ぶりという大雪に見舞われた。薩軍本隊は7個大隊に振り分けられ、1個大隊がおよそ2千人で構成された。意気盛んな私学校出身の兵士らは「吉兆」と受け止めたのか、西郷をいただき一路、北上したのだった。

【俯瞰図】政府軍、人員と物量で圧倒／大久保内務卿「西郷は轍を踏むまい」

私学校生らの陸軍火薬庫襲撃に端を発して鹿児島で挙兵の機運が盛り上がっているとの報は、すぐさま東京に届いた。すでに2年前に東京―熊本間に電信が通じており、鹿児島の士族たちを警戒する政府は「私学校解体」の好機と受け止めた。

内務卿・大久保利通は「朝廷不幸之幸とひそかに心中には笑を生じ候《そうろう》」と伊藤博文への手紙に記していた。過激分子を排除できると考えたのだった。その一方、西郷隆盛については一連の事件に「不同意だろう。（佐賀の乱の）江藤新平や（萩の乱の）前原一誠のような轍《てつ》は踏むまい」との見方を示してもいた。

だが、その希望的観測は裏切られ、西郷は立ち上がった。鹿児島の不穏な動きに対応を迫られた政府は、各鎮台で出撃準備を進めていった。警察官らも相次いで動員を掛けた。中には、九州に派遣される理由を知らぬ面々もいたという。

城山のふもとに立つ西郷隆盛銅像＝鹿児島市

大久保利通（国立国会図書館ＨＰから転載）

各地の士族反乱の経験も踏まえ、政府軍の移動・補充には汽車や汽船が使われ、連絡には電信が生かされた。薩軍の一部が海路で東京へ迫る可能性もあり、海上の警戒も強めていた。

最終的には官軍の総兵力は陸軍５万８５５８人、海軍２２８０人に上った。薩軍兵力の２倍以上にあたり、人員と物量で圧倒していた。

識者はこう見る／　見いだせぬ「大義名分」

＝大阪大学・猪飼隆明名誉教授

旧薩摩藩士族を中心に総勢約３万人に及んだ西郷軍（薩軍）が政府に挑んだ「西南戦争」。相次ぐ改革などで政府への不満が爆発した戦いの意義を、大阪大学の猪飼隆明名誉教授に聞いた。

――西南戦争における薩軍の目的は。

「西郷隆盛と薩軍幹部らとは別々に考える必要がある。少なくとも西郷は自身の言葉で、決起の理由を明確にしていない。連署で『政府へ尋問の筋之有り』とはしているが、具体的な大義名分は持っていなかった。一貫して大義名分に沿った生き方を貫いてきた西郷だったが、この時ばかりは暴発した私学校生を抑えられず、最後に意に反した行動を余儀なくされた。情にもろい西郷の魅力である反面、戦争による犠牲などを考えると『民を愛する』との信条を捨てる行為でもあった」

「幹部や私学校生の中には、同郷の大久保利通を中心とする政府の『有司専制』の打倒を目指した者はいた。真相は別にして西郷の刺客派遣問題や、鹿児島における武器弾薬の搬出など政府のやり口に反感は強まっていた。幕末の動乱や戊辰戦争で成果を上げて明治の基盤をつくってきたという自負もあり、自分たちが西郷を中心に政府を導こうする思いはあっただろう」

――西郷が立った意味は。

「維新の功労者で唯一の陸軍大将による決起は、反政府の人間からすれば期待感は大きかった。熊本の『協同隊』を率いて薩軍に参戦した民権派の宮崎八郎は『主義主張は違うが、政府打倒のためには西郷の力が必要』とした。注目度は従来の士族反乱とは別格で、当時から『西郷伝説』には特別なものがあった」

「一方、政府としては最も警戒していた人物が立ったことに危機感を強めた。軍編成を迅速に進め、物量で圧倒しようと将兵を次々に戦地に送り込むなどして戦局を有利に進めた」

―戦場には民衆の姿もあった。

「薩軍と官軍の最初の大規模な戦場が熊本城の攻防だ。この戦いに前後して城下は焦土と化し、逃げ惑い家を失った民衆がいた。各戦場では両軍の戦術の一貫で家々が焼かれ、食料を強奪されることも少なくなかった。軍夫として半ば強制的に戦場にかり出される者もいた。従来は両軍の幹部の動きや戦略性などの研究が多く、数字で表れない民衆視点の分析も重要だ」

―戦争の影響は。

「7カ月に及ぶ一連の経過は、従軍記者による詳細な戦地報道もあり注目を集めた。武勇で知られた旧薩摩藩士であったが、政府はこの戦時下で新兵器を開発・実験し、徴兵軍隊を含め軍事力において彼らを圧倒していた。有司専制打倒は、武力から言論界に大きくかじを切らせる結果を生み、新たな時代を迎えた」

【略歴】いかい・たかあき　1944年、福井県生まれ。京都大学大学院博士課程単位所得退学。熊本大学教授などを経て大阪大学で退官。専門は日本近代史。著書に「西郷隆盛―西南戦争への道」「西南戦争―戦争の大義と動員される民衆」など多数。

■1・巨星墜つ／九州を転戦、薩軍が敗北

雨は降る降る人馬は濡《ぬ》れる、越すに越されぬ田原坂―。民謡「田原坂（豪傑節）」に謡われたように、敵味方入り乱れた白兵戦は、降りしきる雨の中だった。

明治10（1877）年3月4日、最大の激戦となった「田原坂の戦い」が始まった。樹木が茂り大雨で視界も遮られる中、田原坂（熊本市）の丘上などに陣取る薩軍（西郷軍）を攻撃しようと、政府軍は坂を上ろうとして痛撃を受けた。

鎮台兵の籠城する熊本城を救うため南下してきた政府軍を阻止すべく、薩軍は砲隊も通

ることができる主要道、田原坂を防御線として陣を敷いた。高さ約80メートル《メートル》の緩やかな丘陵だが、道が斜面に囲まれ攻撃を受けやすい地形だった。

「銃撃は雨霰《あられ》のようで、前進する官軍兵は必ず傷つき、退くものは必ず倒れた」。連日続いた戦闘では、日に銃弾が数十万発飛び交い、双方の弾がかち合うほどの乱戦となった。両軍ともに疲労は濃く、弾薬が欠乏し、至る所で白兵戦にもなった。薩軍は士族中心で、刀を持っての白兵戦は望むところ。徴兵制の兵中心の政府軍は苦戦、苦肉の策として旧会津藩など士族出身の警察官を「警視抜刀隊」として緊急編成。戦場では「戊辰の復讐《ふくしゅう》」といった声もこだました。

17日間にわたる激闘は、物量に勝る政府軍が辛勝した。一方、別部隊「衝背軍」は海路で日奈久（八代市）に3月19日上陸。熊本南部をおさえた政府軍は、薩軍の鹿児島からの補給路を遮断し、撤退に追い込んだ。

薩軍は政府軍に比べ、武器が旧式とされているが、近年の発掘調査では相当数の新式を使っていたことも判明している。熊本博物館の中原幹彦学芸員は「薩軍は、少なくとも田原坂の頃までは、武器の性能では見劣りしていなかった」と言う。
◇　◇
3月下旬にもなると、国内各地から政府軍の援軍が続々と戦場に到着、圧倒的な兵力と

最大の激戦となった田原坂の戦いを描いた錦絵「田原坂の大戦争」（国立国会図書館ＨＰから転載）

物量で薩軍を追い込んでいった。

田原坂以降、薩軍にとって戦局は悪化の一途をたどった。４月14日には政府軍一隊の熊本城下進行を許し、２カ月近くにわたる包囲を解いた。薩軍は20日、「城東会戦」で敗北、本営が浜町（山都町）に後退した。

薩軍幹部は翌21日の軍議で、人吉に移り劣勢挽回を図ることを決定した。すでに大隊長の篠原国幹と永山弥一郎のほか、西郷隆盛の末弟・小兵衛らも戦死し、被害は甚大だった。

政府軍側は追撃の手を緩めず、６月１日に人吉を陥落させ、西郷らは宮崎で転戦する道を選んだ。この時期になると、薩軍の中には戦意喪失で集団投降する者も現れ始めていた。

手薄だった鹿児島には、３月８日に海軍に護衛された勅使・柳原前光が入り、薩軍に協力的な県令・

大山綱良を拘束。滝ノ上火薬製造所なども破壊して一度退去するが、４月上陸軍により城下が占拠された。

熊本から宮崎に入った薩軍本隊は、各地を転戦しながら延岡に達した。別行動を取り、大分近郊にまで達していた野村忍介率いる「奇兵隊」と合流。８月15日、延岡奪還をかけ最後の総攻撃をしかけた。

初めて陣頭指揮を執った西郷だったが、結局敗れ、近くの長井村（延岡市）で16日、軍の解散を指示。２日後、政府軍が囲む可愛岳《えのだけ》を突破し、故郷・鹿児島へ向けひたすら逃避行を続けた。

◇　◇

西郷隆盛が最期を迎えた地に立つ「南洲翁終焉之地」碑＝鹿児島市城山町

９月１日、鹿児島に西郷一行はたどり着いた。城山に立てこもったのは桐野利秋や別府晋介ら、わずか３７２人だった。

城山は政府軍に包囲され、連日砲撃を浴びた。24日午前４時、山県有朋を司令官とする政府軍は総攻撃をしかけた。同7時ごろ、城山洞窟を出た西郷らは敵陣に向かって前進した。岩崎谷を下ったところ、一発の銃弾が西郷の太ももに命中し、歩くことができなくなった。「晋どん、もうここでよかろう」。西郷はそう口にした（「西南記伝」）。明治天皇のいる東の方角を仰いで西郷が自決、ついに〝巨星〟は墜《お》ちた。

■2・薩軍の横暴／反対者や家族まで処断

明治10（1877）年4月4日、出水の上場地区で12人の命が薩軍によって絶たれた。殺害理由は、再三の従軍要請に対して「頑として節を曲げず従軍しなかった」（「出水の文化財」）からだった。

3月下旬以降、戦況が思わしくなく、人員・物資の消耗も大きかった薩軍（西郷軍）。3番大隊1番小隊長の辺見十郎太らが鹿児島に戻り、兵員補充に奔走していた。重富や加治木で募兵した約1500人が、人吉に送り込まれるなどした。

薩軍に協力的な士族がいる一方で、反発する者もいた。市来・串木野の区長を務めていた春山文平もその一人で、勅使護衛で帰郷した陸軍将校の高島鞆之助《とものすけ》に会ったため、薩軍側に捕らえられた。その後、再三の従軍要請も断ったため、高島の叔父・徳永善八ら11人と共に斬殺された。冷静な議論や合理的な批判は、もはや通用しなくなっていた。

「国父」島津久光に仕え、薩軍に批判的だった市来四郎は、薩軍の募兵について「士農工商関係なく脅迫されてやむを得ず出軍する者が多い」と記していた。事実と反して「毎戦勝利」と伝え、断ると「官軍側の内通者、臆病者、島津家に従う隠居者」として悪説を流された。

比志島村（鹿児島市皆与志地区）で斬首された家族の墓

大警視という政府要職にあった川路利良の親族や、同じ出身地（皆与志）から警視庁に勤めた者の家族ら7人も暴殺されたと伝わる。県内各地で同様の悲劇が起こされたのだった。

◇　◇

旧武士の人口割合が25％と、全国平均の6％前後に比べて極めて高かった鹿児島県。薩軍の構成は、城下士が多い私学校の関係者を中心とするものの、外城士（郷士）たちの参加も少なくなかった。

県令の大山綱良は明治8年8月、地租改正を円滑に進めようと、地方官吏の人選を西郷隆盛に依頼した。士族救済のため、西郷は私学校の幹部らを推薦。結果として、薩隅18大区の中で10大区の正副区長を私学校関係者が占め、地方にまで影響力が強まった。

明治10年、私学校生が暴発し挙兵の機運が高まると、郷士の中には正式決定を待たずして国境警備につく者も現れた。決起決定後には私学校関係の区長らを中心に、各地域に出兵要請が出された。

郷士たちの中には、私学校の生徒らに無自覚に同調した者もいた一方、周囲に押される形で参加を決めた者も少なくなかった。種子島郷のように、戊辰戦争の際に参加者が少なかったことを恥じて、今回は多くの兵を出した地域もあった。

◇　◇

「願わくば至急休戦の命を総督府へ下されー」

太政《だじょう》大臣・三条実美《さねとみ》宛てに「休戦を求める」意見書を送ったのは、華族に列せられ、政治から遠ざかっていた島津久光だった。

政府による急速な近代化政策に反発を強めていた久光は当時、「有司専制」の打倒を目指す不平士族たちから、政体を変える〝大物〟として注目を集める存在となっていた。佐賀の乱(明治7年)の時には受け入れられなかったものの、反乱士族の寛大処置を大久保利通に求

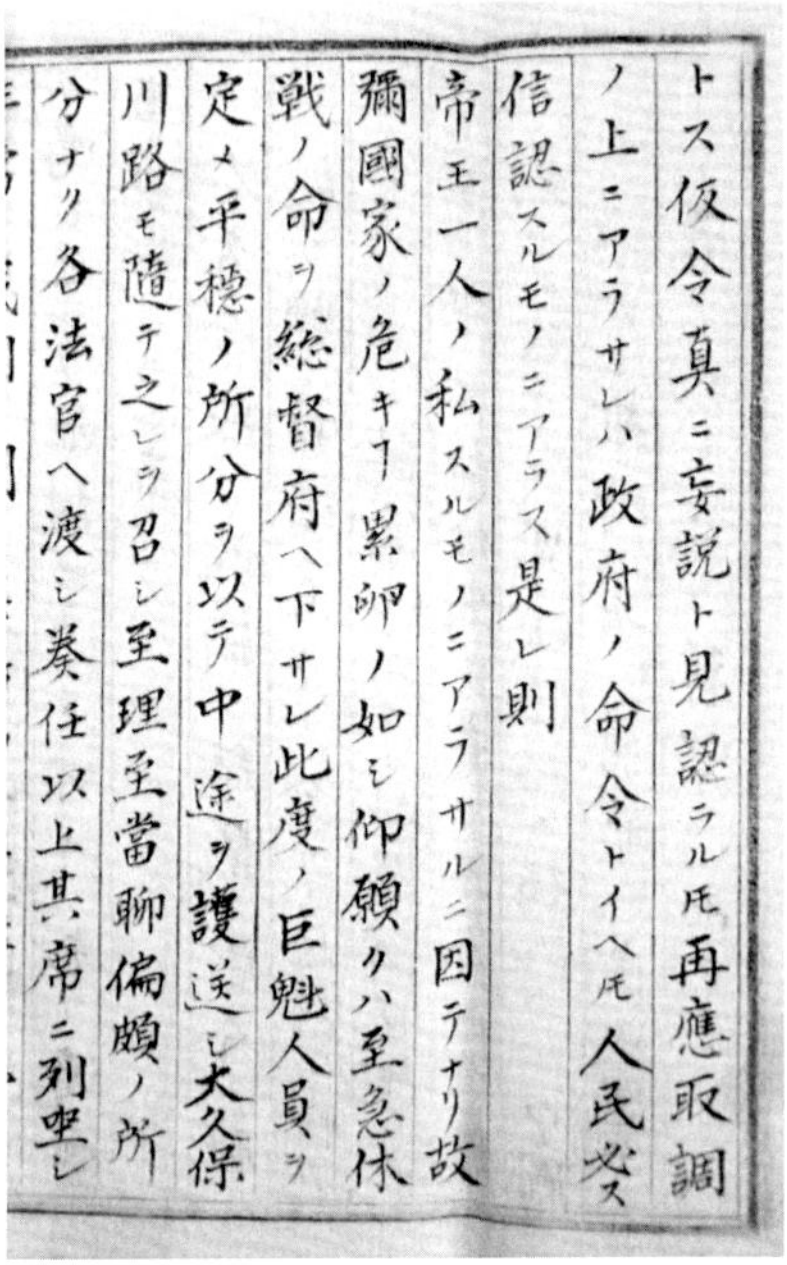
トス仮令真ニ妄説ト見認ラルトモ再應取調
ノ上ニアラサレハ政府ノ命令トイヘトモ人民必ス
信認スルモノニアラス是レ則
帝王一人ノ私スルモノニアラサルニ因テナリ故
彌國家ノ危キヿ累卵ノ如シ仰願クハ至急休
戦ノ命ヲ総督府ヘ下サレ此度ノ巨魁人員ヲ
定メ平穏ノ所分ヲ以テ中途ヲ護送シ大久保
川路モ随テ之レヲ召シ至理至當聊偏頗ノ所
分ナク各法官ヘ渡シ奏任以上其席ニ列坐シ

西南戦争の早期休戦を訴えている島津久光の上申書（黎明館所蔵・玉里島津家資料）

めていた。

西南戦争が起きると、政府は久光の動きを注視し牽制《けんせい》するため、3月に勅使を派遣。対して久光は、三条への意見書をしたためた（4月1日付）。一度休戦した上で、薩軍そして政府関係者を裁判にかけ、その罪を明らかにすべきと訴えた。

結局、意見書は採用されず政府軍による鹿児島城下の攻撃も激しくなったため、久光は5月に元藩主・島津忠義らと桜島に避難した。

志學館大学の原口泉教授は「戦争に対しては鹿児島でもさまざまな価値観を持っている人がいた。しかし、旧藩主級じゃないと表だって薩軍に抵抗できる空気ではなかっただろう」と思いやる。

■3・戦場／犠牲になった熊本民衆

橋を撤去して、柴柵《さいさく》を結んで道路をふさぎ、要所には地雷を埋め、障害となる家屋を壊して、展望をよくせよ――。

薩軍（西郷軍）の来襲に対して籠城策を決めた熊本鎮台は、司令長官の谷干城（土佐出身）の指揮の下、迎撃準備に余念がなかった。明治10（1877）年2月19日前後、鎮台兵らは城下の民家に火を放った。薩軍兵が身を隠す場所を焼き払い、視認しやすくするためだ。

戦が始まるとのうわさが立ち、城下は避難する人でごった返していた。そこに鎮台から焼き払いの通達が出され、慌てふためいた民衆は家財を運び出し、荷車から崩れ落ちるのも構わず一目散に避難していった。

火の手は各地に広がり、およそ9200軒が一連の戦いで灰じんに帰した。この時、熊本城天守閣も焼けた。原因は失火とみられているが、尾下村（熊本県高森町）の郷士・甲斐有雄は薩軍に協力姿勢を示す熊本士族の仕業とみた。「肥後狸が薩摩狐にだまされた。西郷がにくい」とつづった。

逃げ惑う人で城下が混乱する一方、周辺地域からは家財道具を運び出す人夫として一稼ぎしようと集まってくる者もいた。焦土作戦をとった鎮台だったが、戦災補償などの関係からか、一連の行為はなかったことにされたという。

◇　◇

薩軍による熊本城攻撃2日前の2月20日、保田窪神社に熊本の民権家たち約40人が集まった。「上は以《もっ》て姦臣《かんしん》を除去し、下は以て百姓を塗炭に救い、内は以て民権を保全」することを誓い「熊本協同隊」を立ち上げ、薩軍への合流を決めた。

中心になったのは、東京で中江兆民に学んだ民権家・宮崎八郎。熊本に戻ってからは植木中学校（熊本市）をつくり、ルソーやモンテスキューなどを教え、民権思想の普及に努めていた。

熊本協同隊を率いた宮崎八郎（荒尾市教育委員会提供）

「武断主義」と見られた西郷隆盛との主義主張の違いに疑問を呈された宮崎は、それを認めた上で「西郷に依《よ》らざれば政府を打倒するの道なく、まず西郷の力をかって政府を壊崩し、しかる上第二に西郷と主義の戦争をなすの外なし」と答えた。

協同隊は21日、薩軍に合流した。大した戦略もないまま城攻めを決行しようとする篠原国幹らに憂慮しつつも、「潔く快戦し、斃《たお》れて後已《や》まん」と

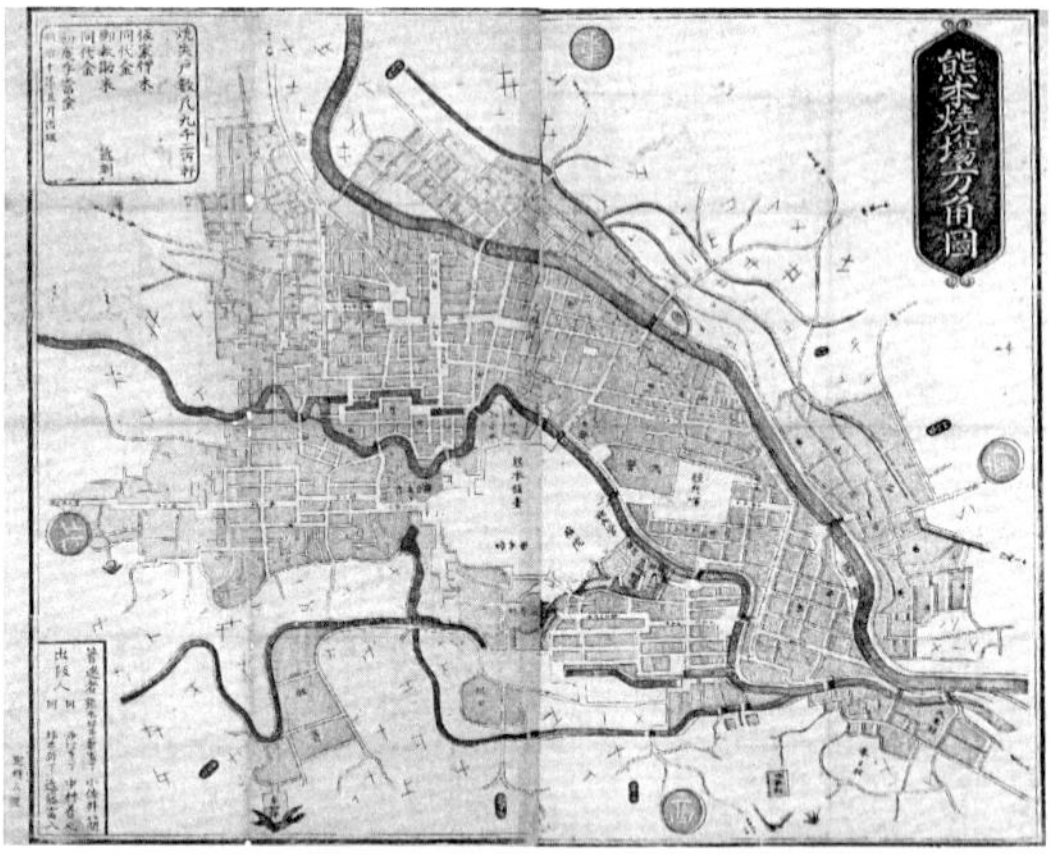

熊本城下の焼失地域を示した「熊本焼場方角図」
（熊本博物館所蔵）

決めた。各地で案内役を務めて奮戦、隊は最終的に４００人ほどになった。

このほか、熊本では保守派勢力の士族ら「熊本隊」の約１５００人や、旧藩馬術師範の中津大四郎らによって結成され、補給などを担当した「龍口隊」なども薩軍に加わった。

◇　◇

主戦場となった熊本県内では、各部隊などに食糧物資を運ぶ「軍夫」も各地で調達された。政府軍、薩軍の双方で行われた。

賃金は、政府軍側では規則がつくられ支払われたが、薩軍ではこれが確認されていない。巻き添えになる可能性が高い激戦地だったり、農繁期が近づいてきたりすると脱走者も相次ぎ、人員確保は困難を極めた。

戦場そばの村々ではにぎり飯を作らされたり、負傷者の看病をさせられたり、村に火も放たれたりした。住民らは家を失い、田畑は荒らされた。のちに戦災補償はあったものの、厳しい生活を強いられた。

熊本隊に弟を送った士族の吉田如雪は、放火や略奪は政府軍の行為との認識から、当初は薩軍に協力的な姿勢だった。だが、実際には薩軍にも見られたことから次第に失望に変わり、日記の「薩兵」の表記は「薩賊」に変わっていった。

大阪大学名誉教授の猪飼隆明さん＝日本近代史＝は「西南戦争は兵士だけでなく、民衆にも多数の犠牲を強いた。軍夫の死傷者の全容などは現在も明らかになっておらず、解明が必要だ」と語る。

■4・九州一円／士族ら同調、「西郷札」も

明治10（1877）年6月25日、本営を宮崎に移していた薩軍（西郷軍）は軍票を発行した。後に「西郷札」と呼ばれた。片面には「（西郷札の）偽札を造った者はすぐに軍律で罰する、もろもろの商用に使うことができる」とうたった。

厳しい戦況で各地を転戦する薩軍にとって、軍資金不足は悩みの種だった。宮崎支庁を軍務所に定めた薩軍は、「準備金なしの紙幣発行（不換紙幣）は財界の混乱、人民の困窮を招く」

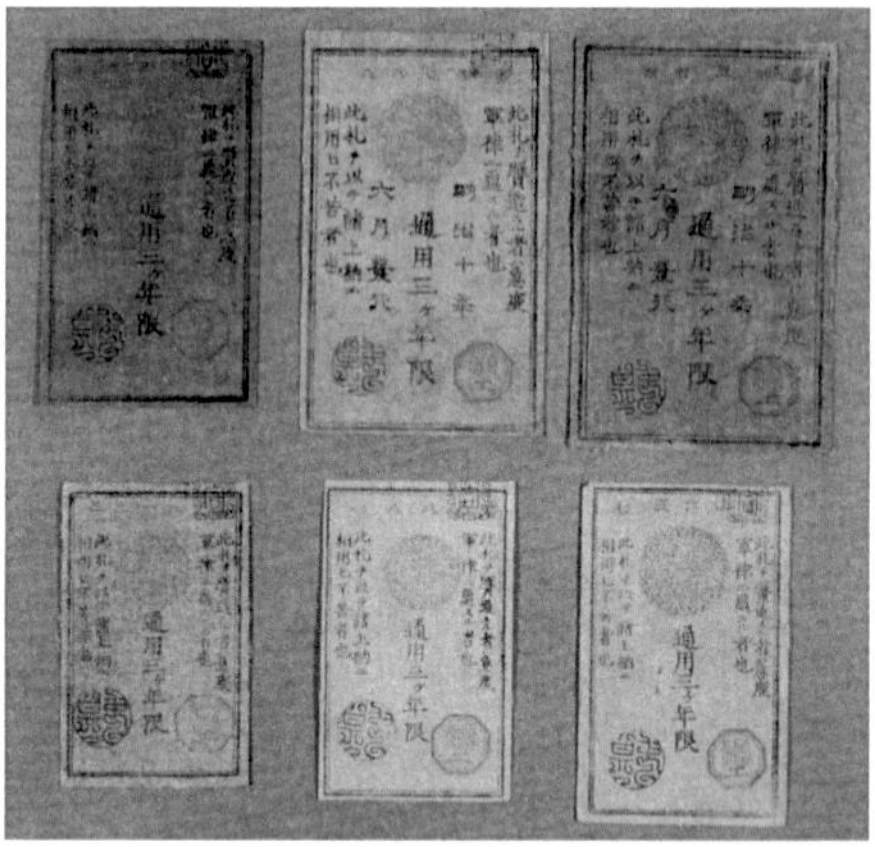

宮崎などで使用された西郷札
(黎明館所蔵)

といった旧支庁側の反対を押し切って西郷札製造を決定。資金不足の解消を図った。

薩摩藩の支藩でもあった佐土原(宮崎市)の作業場で、彫師・森喜助に版木を造らせて印刷を開始。紙幣偽造の罪で入獄した者も使い、10銭～10円の6種が発行された。総額は14万円余り(米価換算で現在の20億円以上)に達した。

西郷札は薩軍の進軍路をはじめ、宮崎各地で使用された。8月3日には大山綱良更迭後に鹿児島県令となった岩村通俊《みちとし》が「賊徒発行の偽札」として通用厳禁を布達。翌明治11年には区戸長から所持者の救助嘆願書が出されたものの、「救助はできず、偽札は焼き捨てるように」との指令が下った(「宮崎県史」)。

黎明館の市村哲二学芸専門員は「西郷札の使用は限定的だが、補償もままならず、仕方なく手にすることになった民衆にとっては大きな負担になっただろう」と指摘する。

◇　◇

熊本城で政府軍を指揮する山県有朋は明治10年6月4日、別働第2旅団長の山田顕義に手紙を送った。文面には、薩軍が「とにかく豊後(大分)を動揺させて四国に影響を与え、この機に漁船で四国に渡ることが目的」なので、警戒が必要としていた。

薩軍は4月末、政府軍をけん制し、四国との連絡網を確保するために豊後口攻めを決めた。野村忍介が「奇兵隊」として2500人の兵を率い、椎葉山を越えて延岡に進軍し、5月12日に重岡(大分県佐伯市)、翌日には竹田を占領。勢いに乗じて16日に大分、6月1日には臼杵に迫った。

豊後は、自由民権運動が盛んな土佐をはじめとする四国と、豊後水道を挟んで目と鼻の先。実際に立志社(土佐)内の林有造や大江卓らが薩軍に呼応し、「有司専制」を倒し国会開設を断行しようと、反乱を企てるなど不穏な空気だった。

ところが、薩軍に送った密使が警察に捕まってしまい、林をはじめ加担した陸奥宗光らが捕縛され、失敗した(立志社の獄)。政府は両者の連携を危険視し、警戒を続けた。

◇　◇

薩軍蜂起の一報は九州各地にもたらされ、不平士族に火を付けた。「有司専制」の打倒など理由はさまざまだが、熊本協同隊をはじめ「党薩諸隊」として薩軍に加わった。

福岡藩士族で、民権運動を展開する政治結社などを組織していた越智彦四郎や武部小四郎らが、薩軍への合流を目指して3月28日に決起。政府側の警戒が強まり薩軍苦戦も伝え

南洲墓地に眠る中津隊士の墓＝鹿児島市上竜尾町

られ、参加者は予想を下回ったものの、越智隊が福岡城、武部隊が福岡県庁などを襲撃するのが当初計画だった。

結果的に政府軍の激しい抵抗を受けて4月初旬に壊滅状態となり、越智や武部は捕まって5月に処刑された。逃げ延びた兵たちの中には薩軍に加わり、命を散らした者もいた。

宮崎では、最後の佐土原藩主・島津忠寛の3男・啓次郎が約220人を率いて決起し、2月末熊本で薩軍に合流。旧飫肥藩の士族の伊東直記や川崎新五郎らが、「飫肥隊」を結成して参軍した。

中津（大分県）では、福沢諭吉と親交のあった士族の増田宗太郎が「中津隊」を3月末に結成、薩軍に加わった。増田は薩軍解散（8月16日）後も西郷隆盛に従い、「一日（西郷）先生に接すれば一日の愛あり、十日接すれば十日の愛あり故に先生の側を去るに忍びず」との言葉を残し、城山で命を散らした。

現在でも南洲墓地（鹿児島市）には、九州各県の志士たちが眠っている。

■5・庄内との絆／　若者2人、西郷に殉じる

「私は一身を西郷先生に託し、其の恩はとても大きい。今回の国家の大事にあたっては、身をもって難事（戦地）に行くことは先生に報い、国家にも貢献することになる」。東北なまりが残る2人の青年は必死に自身の思いを訴えて、薩軍（西郷軍）に加わることを許された。

薩軍蜂起の2年前にあたる明治8（1875）年、庄内藩（山形県）出身の伴兼之と榊原政治が鹿児島の地を踏んだ。戊辰戦争で庄内藩が降伏した際、西郷隆盛の指示による寛大処置に感銘した藩士は、西郷の教えを請おうと多くの者が薩摩を訪れた。

伴ら2人は篠原国幹の家に世話になり、薩摩出身に限っていた私学校への入学が特別に許された。学業も優秀だったため、仏国留学が命じられるほどだった。

明治10年2月、蜂起が決定すると、篠原らは「他藩出身で年も若く、郷里に帰って国家のために尽くすよう」に説得した。しかし、2人は納得せず従軍することとなり、奮戦するも伴は3月に田原坂の戦いで戦死。榊原は人吉での戦いで重傷を負い、5月に延岡の病院で息を引き取った。

2人の死を聞いた庄内の人々は「よくぞ西郷先生に殉じてくれた」と感謝したという。西郷南洲顕彰館の徳永和喜館長は「西郷に大変な恩義を感じており、それに報おうとした真

面目で誇り高い庄内人を、まさに体現した尊い死だったのだろう」と話す。

◇　◇

薩摩藩出身で山形県令を務めていた三島通庸《みちつね》は、病気療養のために東京にいたものの、旧庄内藩の鶴岡の不穏な情勢を聞き、2月19日に慌てて仙台鎮台に電報を打った。鶴岡士族は以前から鹿児島士族と気脈を通じていたため、2月15日に決起した薩軍に呼応するかもしれなかった。

南洲墓地の（手前から）伴兼之と榊原政治の墓＝鹿児島市上竜尾町

「仙台鎮台之何時にても請求次第出兵相成様《あいなるよう》、予《あらかじ》め用意ありたき」

政府は、仙台鎮台から2個中隊、さらに福島県から巡査50人、宮城県から同20人を鶴岡に入れ、警戒にあたらせた。三島自身も病を押して3月8日に山形に戻り、庄内藩家老を務めた松平親懐ら数十人の士族を呼び出し、大義名分を誤った行動（決起）は慎むように訓戒した。

政府の軍事的措置が功を奏して、庄内藩士族の決起は起こらなかった。西郷と親交の

山形県令を務めていた三島通庸（国立国会図書館ＨＰから転載）

厚かった元庄内藩家老の菅《すげ》実秀は「今回の挙兵は、もし西郷先生の真意から出たのであれば必ず自分に連絡があるはず。情義のために鹿児島人士に一身を投げ出した」などと語った（「鶴岡市史」）。

◇　◇

「西郷の死は憐《あわれ》むべし、之を死地に陥れたるものは政府なり」。西南戦争直後に福沢諭吉は「丁丑《ていちゅう》公論」（発表は明治34年）でそう記した。一連の士族たちの反乱について、福沢はもともと「無分別で、腕力を頼みにした挙動は稚拙。人望は得られない」と糾弾していた。ただし原因そして結果は吟味すべきだと訴えていた。

福沢は、国家の発展維持には中央政府が政権を握りつつ、地方は住民自治に任せることが重要とし、江戸時代まで政治を担ってきた士族（武士）の登用に期待した。ところが、政府は士族を苦しめるだけ苦しめて地方自治への登用を避け、「自治の精神」を奪った点などに問題があると指摘し、乱の「原因は政府にある」との見方を示した。

政府専制を放置すれば際限がなく、これを防ぐには「抵抗するの一法あるのみ」として、武力蜂起には問題があったとしながらも西郷の行動をたたえた。「余輩の考とは少しく趣を殊にするところあれども、結局其の精神に至っては間然すべきものなし（非難すべきところはない）」と言い切った。

西南戦争は、戦場となった九州だけにとどまらず、遠く東北地方をはじめ全国各地に〝残響〟を深く染み渡らせたのだった。

■6・西郷星／錦絵に託された英雄像

敵人の傷者と雖《いえど》も、救い得べき者は之を収むべし―。

田原坂の激戦をはじめ西南戦争で政府軍、薩軍（西郷軍）の双方に多数の死傷者が出る中、明治10（1877）年4月6日、救護団体「博愛社」の設置要望書が、右大臣・岩倉具視に提出された。社則には政府軍だけでなく、暴徒（薩軍）の救助もうたわれた。

提出者は元老院議官の佐野常民。元佐賀藩士で慶応3（1867）年のパリ万博で渡欧した際、敵味方も国籍をも問わず傷病者の収容や看護をする「赤十字」の事業紹介、展示に接した。

博愛社の救護所が設置されたとされる正念寺＝熊本県玉東町

人道・博愛を実践する赤十字の活動を心に刻んだ佐野は、熊本での負傷者続出に心を痛めた。鎮台病院に医療品を贈る皇室の動きにも突き動かされ、博愛社の設置を決心。賛同する議官・大給恒《おぎゅうゆずる》との連名で要望書を提出した。

当初は陸軍内部から反対との意見があった。薩軍将兵の治療も病院で行われており、非常時の設置は混乱を招くとの理由だった。岩倉は要望書を却下したが、佐野は征討総督の有栖川宮熾人《たるひと》親王にも要望した。現地の惨状を知る総督は5月に許可、博愛社の活動が始まった。

救護は、熊本軍団病院や長崎軍団病院など各地で実施。8月には政府から正式設置が認められ、10月末までに1400人余りを救護した。その後も博愛社は活動を続け、日本赤十字社と改称(87年)し、現在に至る。

◇　◇

明治10年4月6日付の「郵便報知新聞」は、激戦から間もない田原坂の様子を生々しく伝えた。「田原坂は死屍《しし》の腐臭が鼻を襲い、それが頭脳にまで達し、一歩も前へ進めない」。執筆したのは後に総理大臣となる犬養毅だった。西南戦争は「従軍記者」を国内で初めて生み出した。犬養もその一員として惨状を詳報、全国の耳目を引きつけた。

日本の新聞の黎明期に起きた内乱、「東京日日新聞」の福地源一郎（桜痴《おうち》）は政府軍を指揮する山県有朋の書記官として従軍。現地から戦況を報じた連載「戦報採録」が火付け役となり、各新聞社が記者を派遣した。

東京日日や郵便報知など知識人が多く手にした〝大新聞〟のほか、「読売新聞」「仮名読新聞」など大衆紙に分類される〝小新聞〟も戦争を報道。戦場となった地域の住民らも戦局に関心を持つようになり、「熊本新聞」や「筑紫新聞」などの地方紙も大きく報じた。

戦争報道を経て各新聞は大きく部数を伸ばした。朝野新聞は明治10年7月〜11年6月の年間発行部数が531万部（前年比4・5倍）、仮名読新聞は同156万部（前年比7倍）に上った（山本文雄著「日本新聞発達史」）。速報性と事実報道にも重点が置かれるようになり、近代ジャーナリズムの芽生えとなった。

◇　◇

新聞以上に庶民の人気を集めたのが錦絵だった。説明文の「詞書《ことば》き」に挿絵を組み合わせることで、より視覚的に戦況を伝えた。

錦絵の詞書きは主に新聞報道を基にし、東京や大阪の絵師たちが想像豊かに挿絵を描いた。新聞と同様、錦絵も発行には行政の認可が必要だったため、薩軍は「賊軍」「賊徒」と表記された。ところが、「判官びいき」の日本人の特性を意識してか、挿絵は大半が薩軍を軸に仕立てられた。

明治10年9月24日、西郷隆盛が鹿児島・城山で自決した。英雄の死の直後には「西郷星」を描いた錦絵が刷られた。この頃は火星が大接近していたこともあり、「夜空に赤く輝く星の中に西郷が見えた」とのうわさで持ちきりとなった。

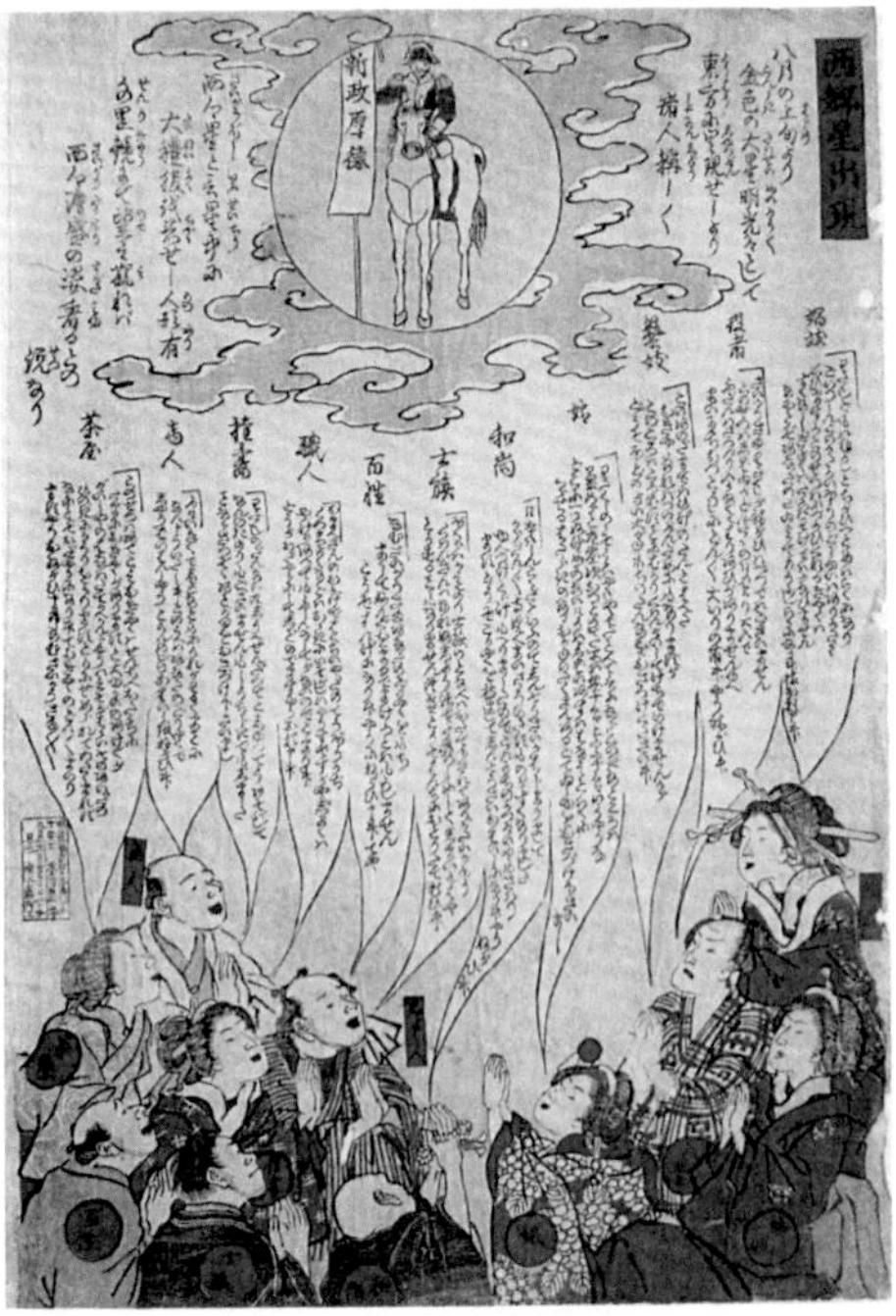

「新政厚徳」を掲げる西郷星が描かれた錦絵（黎明館所蔵）

錦絵「西郷星出現」は、「年貢が免除されますように」「いい出会いがありますように」など、農民や女性らさまざまな人々が願いを込める様子を描写した。政府あるいは社会への不平不満の解消を、輝く西郷星に託していた。

北九州市立大学の生住《いきずみ》昌大准教授＝日本近代文学＝は「生前の業績だけでなく、錦絵を通して庶民に親しまれる西郷像がつくられていった」と語る。

戊辰戦争以来、維新のかじ取りを担った西郷の死は士族（武士）の時代の終焉《しゅうえん》を告げ、維新騒乱の幕引きとなったのだった。

総括編　大久保利通の遺言

明治維新とは詰まるところ何だったのか。日本そして地域社会にどのような影響を及ぼしたのか。全12部にわたって連載してきた「維新鳴動」を振り返る総括編では、近代の礎となった大久保利通の事績を考察した。また、さまざまな視点から論じられている「維新」の歴史認識と意義について、識者3人に総論してもらった。

■国家の軌道を敷く／ 明治11～20年「最も肝要なる時」

明治11(1878)年5月14日朝、内務卿大久保利通は太政官《だじょうかん》に出勤するため、自宅を馬車で出た。東京・紀尾井町の清水谷にさしかかったところで石川県士族・島田一郎ら6人の襲撃に遭い、斬殺された。「紀尾井坂の変」と呼ばれる。

島田は、戊辰戦争に従軍したのち陸軍士官になったが、征韓論政変で帰郷して民権結社を設立。西南戦争に呼応して同志と挙兵計画を立てたが、実行に至らず、要人暗殺という路線に転換した。島田らが用意した「斬奸状」には「公議を杜絶《とぜつ》し、民権を抑圧し、以《もっ》て政事を私する」などの五つの罪が列挙されていた。

現場に駆けつけた前島密は、数日前に大久保から「悪夢」について聞いていた。大久保は「西郷隆盛と言い争って格闘したが、私は高いがけから落ちた。(中略)頭が砕け、自分の脳が砕けてビクビク動いているのが見えた」と語ったという。現実の遺体は夢の姿と二重写しのように見えた。享年49歳。政府の最高権力者の無念の最期だった。

◇　◇

暗殺の日の早朝、大久保は自邸を訪ねてきた福島県権令（県令）・山吉盛典《もりすけ》（元米沢藩士）に「兵馬騒擾《そうじょう》」がようやく平らげられた今こそ、「維新の盛意を貫徹せんとす」と語っていた。

その中で、大久保は国家の創生に30年を要するとし、明治元年から10年までの第1期を「戦乱の多い、創業の時期」と言っていた。11年より20年の第2期が「最も肝要なる時で、内治を整え民産を殖する」とし、「利通不肖といえども、十分に内務の職を尽くさん事を決心せり」と続けていた。

さらに21年から30年に至る第3期を「守成」と定義し、「後進賢者の継承修飾するを待つ」と付け加えた（「済世《さいせい》遺言」）。大久保はこの第2期の「10年」に向け、維新の完成に強い意欲を示していた。

まさに維新にかけた〝遺言〟だが、福島県の権令になぜこのような言葉を伝えたのだろうか。

同年3月、大久保が主導して、福島県の猪苗代湖から安積《あさか》地方に水路を引く原野開拓が提案された。士族授産による殖産興業が狙いで、大久保はこの計画を国内の標準とする方

大久保利通が暗殺された清水谷に立つ哀悼碑＝東京都千代田区

針だった。山吉は、この安積疎水と開拓事業について大久保と面会、話し合っていたのだった。

暗殺によって、大久保はこの計画の着工・完成を見ることはできなかったが、山吉をはじめ政府のその後を継いだ伊藤博文らによって事業継続し、疎水は完成した。現在、同県郡山市の安積には、大久保を祀《まつ》った「大久保神社」があり、地域の人々に慕われている。

◇　◇

工部大学校創設に尽力した林董《ただす》（元幕臣）は「大久保は明治年間における唯一の大宰相であった（中略）宰相の器として其《その》右に出《い》づる者はない」と評した。

大久保の横死後、内務卿となった伊藤は、「藩閥政治家」との批判について大久保にはそれは当たらないと否定した。「平生、誰の系統とか、何藩人とかの区別を設けず、何人に対しても推すべきは心中からこれを推し、用いるべきは心中から敬して用いておられた。それゆえ大久保さんにはみんな心から服し、喜んで力を致したのである」と評した。明治政府の実情を知る人々が、大久保ほどに国家の難局を処理し、数多くの事業を遂行した人物はいないと評価していたのだ。

伊藤は明治18年、初代内閣総理大臣となったが、大久保が暗殺されていなければ、間違いなくその地位は大久保のものであったろう。日本初の内閣には大蔵大臣・松方正義、文部大臣・森有礼、陸軍大臣・大山巌、海軍大臣・西郷従道らが名を連ねていた。大久保の内務卿時代から継承された布陣であり、彼の敷いた軌道の通りに中央集権化や殖産興業へとひた走った。

「大久保利通と官僚機構」などの著書がある歴史作家、加来耕三さんは「大久保のいない、明治維新は考えられない。中央集権化や立憲君主制を含め、日本の富国政策の礎となり、国家構想の方向性を決めた」と強調する。

識者はこう見る

土台となった薩摩の施策

＝志學館大学・原口泉教授

—明治維新とは何だったのだろうか。

「官民を挙げて『万国対峙《たいじ》』をスローガンに、殖産興業と富国強兵に突き進んだ時代だった。地理的に海を通して『玄関口』の薩摩藩は、琉球を実質管理下に置くことで早くから列強の外圧にさらされていた。その諸政策が土台となっていった。優秀な人材を藩外から招いて西洋の進んだ産業技術を導入し近代化を図った『集成館事業』、積極的な留学生派遣などはその典型とも言えるだろう」

「対列強という観点からいえば、日本が『東アジア』という認識を持つようになったのが、この時期でもあった。西郷隆盛をはじめ明治政府が朝鮮を開かせようとしたのも、ロシアをはじめとする外圧に対抗するためだった。東アジア圏といった視点は、後々引き継がれていくこととなる」

—維新の功労者とされる薩摩出身の西郷や大久保利通については。

「明治の世は武士がつくったにもかかわらず、新政府が目指したのは武士(士族)の要らない世の中だった。特に士族の割合が多かった鹿児島にとって、政府の諸策は深刻な問題となった。大久保に比べて、『明治6年の政変』で下野した西郷は生活に苦しむ士族たちを放ってはおけず、授産事業に奔走。対処に苦しむ。西南戦争でも私学校生らを見捨てることができず、自身の身を預けるしかなかったのだろう」

「政府に残った大久保も殖産興業を進める上で、農業分野の発展に尽力した。道半ばで命を落とすことになるが、その意志は同郷の前田正名らに受け継がれていった。農本主義の西郷と大久保は対立はしたものの、国家プランでは共通点も少なくなかった」

—明治維新を知る上で重要な視点は。

「常に光と陰の両面があったことは忘れてはいけない。黒砂糖の専売制に苦しむ奄美の島民たちを知っていた西郷でさえも、明治以降、士族授産を目的に専売制によって利益を得る『大島商社』の存在を認めていた。大きな変革には、常に痛みを伴う存在がいるという視点も大切にしながら実像に迫りたい」

【略歴】はらぐち・いずみ　1947年、鹿児島県生まれ。東京大学大学院人文社会科学研究科修士課程修了、同博士課程単位取得中退。専門は日本近世・近代史。鹿児島大学名誉教授、鹿児島県立図書館長。

=東京大学・苅部直教授

「長い変革期」の一過程

—維新は「王政復古」か。それとも「革命」か。

「さまざまな解釈がなされるが、当時の社会が大きく変化した点では『革命』と理解していいだろう」

—一連の変革で特に注目する歴史事象は。

「明治4（1871）年の『廃藩置県』だ。260年近く続いた江戸時代以来の封建制、そして身分制の廃止は後世に大きな影響を与えた。そういった意味では新政府で主導的な役割を担った、西郷隆盛や大久保利通をはじめとする薩摩藩出身者の功績は大きい」

「廃藩置県が断行できた背景、環境にも目を向ける必要がある。薩摩藩国父・島津久光ら一部の者は不満を持っていたが、大改革だったにもかかわらず目立った抵抗はなかった。すなわち当時の人々がすんなり受け入れていたということだ。政治体制の変革を望んでいたとさえ言える」

「江戸後期から諸藩の財政は窮迫し、幕府の求心力も低下の一途だった。『鎖国』体制下にあってペリーの来航以降、対外的な危機感が高まったのは事実だ。だが、外圧以上に幕藩体制は限界にきており、日本国内では変革が必要とされた時代でもあった」

―明治維新の見方・解釈を変える必要がある。

「明治の諸変革は幕末維新期という短い時間軸で見てしまうと、原因や目的を見失ってしまう。重要なのは、日本国内における19世紀の長い変革期の一過程として理解すること。江戸と明治を『断絶』して捉えるのではなく、連続性を認識するべきだろう」

「近年、薩長史観からの脱却といった声をよく耳にするが、似たような指摘は大正期からあった。多方面からの歴史解釈は重要と言えるが、薩長の果たした役割は消えようがなく、今更の感が強い。それ以上に、一部の人間に焦点を当てた『英雄中心史観』の歴史解釈は改める必要がある」

「政府の中枢にいた人たちの功績は認めるが、諸政策に適応していったのは民衆だ。議会制度の確立といった大変革にも、大衆は大きな

混乱もなく応えていった。今後は幅広い層にも注目しつつ、19世紀の諸改革を見る目が必要だ」

【略歴】かるべ・ただし　1965年、東京都生まれ。東京大学大学院法学政治学研究科博士課程修了。専門は日本政治思想史。

世界システムへの参入

＝大妻女子大短期大学部・高木不二名誉教授

―明治維新における最も大きな変化とは。

「日本が資本主義的世界システムに組み込まれ、国内の社会構造が大きく変わった点だろう。列強国は東アジアの不安定な政治情勢、経済コストの観点などから『植民地にする気はなかった』と見られるが、日本国内は敏感に反応した。長らく政治を担ってきた武士気質の表れでもあり、最終的には富国強兵を目指して列強国の進んだ産業や社会制度を積極的に吸収する道を選んでいった」

「新政府が明治6（1873）年から実施する地租改正を中心とする『石高制』という社会編成システムの廃止は見逃せない。戦時には兵糧に使われ、年貢の基本単位でもあった『米』

から、貨幣を中心とした経済に移行したのは大きな変革だ。石高制を基礎にする領主制、身分制の完全解体、生産地の『村』と消費地の『都市』という両者の関係も変えるなど、明治の諸改革全てにつながっているともいえる。貨幣経済を主とする世界との結合をきっかけにして、日本は社会構造を大きく変えた」

―いつ頃までを明治維新と捉えるか。

「明治10年代には地租改正が完了し、同15年には日本銀行も設立される。日本国内において貨幣経済がある程度確立した時期といってもよく、この頃までが明治維新の期間と考えていいのではないか。当時、経済・財政分野で力を発揮した薩摩藩出身の松方正義などは、もっと注目されていい人物だ」

―当時の民衆はすごい。

「幕末維新期は武士だけでなく、一般の民衆も高い文化(教養)を誇った。江戸時代から識字率は世界的にみても高水準にあり、福沢諭吉の『学問のすすめ』は幅広い世代に読まれていた。言語をとっても全国統一的な日本語がすでに成立していた(北海道・沖縄は除く)。多様な情報ネットワークも存在し、『国民的アイデンティティー』が形成されるなかで外圧によって危機意識も広く共有され、諸改革も速やかに進められていったと言える」

「学問・教育レベルの高さは西洋文明の受容を容易にし、その後の発展を支えていくこととなった」

【略歴】たかぎ・ふじ　1949年、東京都生まれ。慶応義塾大学大学院文学研究科博士課程修了後、学位（博士・史学・中央大学）取得。専門は明治維新史。

■記者座談会

「国内一線の研究者に取材」「暗部にも目そらさず」「知れば知るほど面白い逸話」

年間企画「維新鳴動」は、4人の記者で12部を執筆した。担当記者とデスク計5人の座談形式で連載を振り返った。

桑畑正樹　1カ月に1回文化面を特集ページ〈序〉とし、12部だての連載を展開したのは異例だったが、鹿児島にとって明治維新を振り返る力の入った内容になったと思う。歴史担当として感慨は？

山田天真　正直大変だったが、振り返ると毎回の「識者はこう見る」で、国内第一線の幕末維新研究者にインタビューできたのは収穫だった。地方紙としては特筆できるラインアップと言えるのでは。

桐原史朗　担当したのは外交面や文明開化などだったが、書きたかった第一は維新初期の手探りの日本外交、その出発点が薩摩にあったこと。こういった分野で、鹿児島の人材が大きな役割を担った。

野村真子　廃仏毀釈《きしゃく》など担当したが、自分の認識の浅さを思い知った。学校で習った歴史やドラマや小説で描かれて、それで知ったような気になっていた。一つずつ地域に起こったことを掘り起こし、自分自身でも勉強しながら楽しんだ。読者の方にもそれが伝わったのではないかと思う。

上柿元大輔　読む側の興味をいかに引くか、描き方にも苦心したし、勉強にもなった。西南戦争などの陰の部分を地元紙が書くことには抵抗感もあるが、あえて目をそらさず向き合って描いていた。自分がタッチした部分ではなかったが、読んで目を開かされた。

桑畑　実際、書いていくとどうしても堅苦しく、研究書のようなものになりがちだ。やはり新聞なので地域の読者へ向け、歴史に興味をあまり持たない方にも読んでもらうような視点と切り口、場面描写を求めた。

野村　女性の地位の部も取材しているうちに、どんどん広がっていって収拾をつけるのに四苦八苦した。鹿鳴館《ろくめいかん》や山川捨松（会津藩出身）と大山巌の結婚なども書けたのに――。

桑畑　人物ということでは地元・鹿児島の輩出した幕末維新の人物は数多いが、それぞれにお薦めは？

桐原　大久保利通のブレーンという意味でも、地味だが寺島宗則を挙げたい。薩摩藩英国留学生では使節団の一人、また外交はもちろんのこと、「電信の父」と呼ばれるように技術革新においてもマルチな才能を発揮した。

野村　各部を通して読んで、最多登場の森有礼。「ここにも、またここにも」という感じで、外交官として、あるいは啓蒙《けいもう》思想家、さらに文部大臣に、と多岐にわたる分野で出てくる。

上柿元　先出しされてしまったが、教育史を担当したのでやはり森は外せない。教育制度の整備過程において力を発揮したことは連載でも書いたが、暗殺後に出された教育勅語も森が存命だったらまた違ったものになっていただろう。あと農業振興などで知られる前田正名とか、もう少し描きたかった。

山田　究極的には西郷隆盛と大久保利通となってしまうのは仕方がないが、大久保については書き足りなかった感もある。それと2回も総理を務めているのに目立たない松方正義も、資本主義の導入に欠かせなかった人物でもっと評価されていい。

桑畑　紙面の都合で、人物像を描きたかったのに割愛せざるを得なかった。本当は、人間のドラマを感じさせることが、新聞の魅力ではと思っている。例えば、五代友厚と大久保が碁友達で暇さえあれば打っていたとか、征韓論争の最中に西郷が大久保邸に行ってカステラを食べそびれた話など人間味のある逸話も紹介したかった。一方で、明治維新の捉え方も近年多角的になっており、経済面や産業、技術革新、社会制度、教育史など政治史以外の切り口での研究も進んでいる。「かごしま再論」を掲げ、足元から近代化を見つめ直したこの連載が、現代日本の政治や社会、地域なども再考する「温故知新」につながれば、と願っている。

終わりに

明治維新とは何だったのか？　「封建時代から近代社会への転換点」という教科書的な観点もあれば、明治を「輝かしい時代」とする見方、反対にいわゆる「薩長史観」として批判する見方、日本の産業革命という側面もあり、切り口によって、その答えは多様にあるだろう。

ただ断っておきたいのだが、もっともらしい「史観」なるものを語るつもりはない。近年は勝者の論理で描かれた「薩長史観」や国民的作家・司馬遼太郎氏の描いたような「司馬史観」への批判が、ネットや書籍で盛んだが、歴史から何を学ぶかはそれぞれの自由だし、価値基準は相対的なものであろう。歴史は見る人によって、切る角度によって、見えるもの、読み取るものが違うと思うからだ。司馬遼太郎氏自身も自作を「史観というように捉えてほしくない」と述べていたように、歴史研究と創作（小説やドラマ）は別物だし、同じく新聞連載も歴史研究とは一線を画すものだ。報道機関が大上段に構え、「何かを教え」「導く」というような姿勢には異を唱えたい。

では、なぜ歴史をテーマに書くのか、何を動機として紙面に連載記事を展開するのか、と言えばシンプルに「知りたい」「見てみたい」「面白い」から。いわば野次馬根性である。好奇心とでも、探求心とも言えるかもしれない。いわゆる定説はどのように形成されていったのか、その過程や知られざる逸話、サイドストーリーを掘り起こしたい。何より記者が面白がって書かねば、広く読者の関心を集め、読んでもらえる記事にはならないと思うからだ。

12部（プラス総括編）の連載は小紙においては異例の長さで、その中身も分量的に多い連載となった。４人の担当記者には、それぞれの得意分野を中心として、読者に訴えかけるシーンを描くよう求めた。正確性や客観性を究める歴史書や研究書では書けない、「明治維新のダイナミズムと近代国家の生みの苦しみも伝わる中身を」と無理難題を課したと思う。それぞれの記者がどの部を担当したか、列記すると、山田天真記者（1／4／8／11／12部）、桐原史朗記者（2／5／9部）、野村真子記者（3／6／10部）、上柿元大輔記者（7／11部）。政治史はもとより、経済史や文化史、教育史の側面など、社会の変容を多角的に捉えて描くようにした。

実際に、掛け声以上に書けている部分もあれば、足りないところも多々見受けられるだろう。４記者の力量と頑張りを生かせていなかったとすれば、それはひとえにデスクである筆者の責任である。幸い連載中から読者の皆さんや、識者の方々からも好評をいただき、ここに書籍化できることは喜びに堪えない。企画連載グループを代表して感謝申し上げたい。山田記者には、丹念かつ地道な取材と幅広い人脈で連載の骨格を仕上げてもらった。桐原記者には、外交を中心に緻密な取材力と正確な洞察で、近代の黎明を鮮やかに描いてもらった。野村記者は廃仏毀釈や女性の地位など社会や文化の変化に、豊かな好奇心と熱量で筆を振るってくれた。そして、上柿元記者は教育の事始めから、自由民権運動までを迷いながらも、ガッツあふれる取材でものにしてくれた。それぞれの個性が生きた読み物に結実したと信じたい。また、グラフィックを担当してくれた谷口博威さんには四六時中、無理を聞いてもらった。書籍化においても装丁まで労を惜しまずチームの一員として働いてくれた。

重ねて、連載取材や史料提供にご協力いただいた関係機関、学芸員・研究者の皆さんに感謝申し上げたいと存じます。

鹿児島の視点で明治維新の総論・総括をできたか―。冒頭でも述べたが、新聞が大上段に「史観」を語る必要はないと思っている。それでも、この一冊となった「維新鳴動」を手にした読者に、なんらか日本の近代化について、明治の変革について、違う見方や興味深い発見を提供できたなら幸いだ。そしてそれが地域の、ひいては日本の歴史理解にとって一助となれば望外の喜びである。

南日本新聞文化生活部副部長・桑畑　正樹

※ 主な参考文献（順不同、重複省略）

「戊辰戦争」　保谷徹著
「戊辰戦争　敗者の明治維新」　佐々木克著
「戊辰戦争」　原口清著
「図説戊辰戦争」　木村幸比古編著
「鳥羽伏見の戦い　幕府の命運を決した四日間」　野口武彦著
「西郷隆盛と幕末維新の政局」　家近良樹著
「西郷隆盛と士族」　落合弘樹著
「氷川清話」　勝海舟著、江藤淳・松浦玲編
「絵解き幕末諷刺画と天皇」　奈倉哲三著
「諷刺眼維新変革」　奈倉哲三著
「戊辰戦争の史料学」　箱石大編
「戊辰戦争と『奥羽越』列藩同盟」　栗原伸一郎著
「会津戊辰戦史」　会津戊辰戦史編纂会著
「大西郷全集」　第2巻（復刻版）
「大久保利通文書 2」　日本史籍協会編
「徳川慶喜公伝 4」　渋沢栄一著
「明治維新」　青山忠正著
「明治維新の言語と史料」　青山忠正著

「明治維新と国家形成」　青山忠正著
「グローバル幕末史」　町田明広著
「神戸事件」　内山正熊著
「堺港攘夷始末」　大岡昇平著
「黎明期の明治日本」　岡義武著
「増訂 明治維新の国際的環境」　石井孝著
「非命の譜」　日向康著
「英国外交官の見た幕末維新」　A・B・ミットフォード著
「一外交官の見た明治維新　下」　アーネスト・サトウ著
「外国新聞に見る日本」　毎日コミュニケーションズ
「儀礼と権力」　ジョン・ブリーン著
「ミカドの外交儀礼」　中山和芳著
「講座明治維新 1　世界史のなかの明治維新」　明治維新史学会編
「講座明治維新 3　維新政権の創設」　明治維新史学会編
「講座明治維新 4　近代国家の形成」　明治維新史学会編
「講座明治維新 6　明治維新と外交」　明治維新史学会編
「講座明治維新 8　明治維新の経済過程」　明治維新史学会編
「講座明治維新 9　明治維新と女性」　明治維新史学会
「講座明治維新 11　明治維新と宗教・文化」　明治維新史学会編
「日本の対外関係 7　近代化する日本」　荒野泰典ほか編
「寺島宗則」　犬塚孝明著

「森有礼」　犬塚孝明著
「五代友厚伝」　五代龍作著
「ＮＨＫさかのぼり日本史 外交篇」　犬塚孝明著
「ＮＨＫさかのぼり日本史『官僚国家』への道」　佐々木克著
「明治外交官物語」　犬塚孝明著
「ニッポン青春外交官」　犬塚孝明著
「特命全権大使　米欧回覧実記」　久米邦武編
「岩倉使節団『米欧回覧実記』」　田中彰著
「明治維新」　田中彰著
「明治維新と幕臣　『ノンキャリア』の底力」　門松秀樹著
「廃藩置県」　勝田正治著
「大久保利通」　佐々木克著
「大久保利通と明治維新」　佐々木克著
「明治国家と士族」　落合弘樹著
「大警視・川路利良　日本の警察を創った男」　神川武利著
「日本の近代２　明治国家の建設１８７１～１８９０」　坂本多加雄著
「薩藩海軍史　中」　公爵島津家編纂所編
「近代日本の軌跡８　産業革命」　高村直助編
「幕末維新論集８　形成期の明治国家」　田村貞雄編
「工部省とその時代」　鈴木淳編
「工部省の研究　明治初年の技術官僚と殖産興業政策」　柏原宏紀著

「アレキサンダー・ウィリアム・ウィリアムソン伝」　犬塚孝明著
「日本鉄道史 幕末・明治篇　蒸気車模型から鉄道国有化まで」　老川慶喜著
「明治以降の生野鉱山史」　藤原寅勝著
「寺島宗則関係史料集　上巻」　寺島宗則研究会著
「郵政資料館　研究紀要　第2号」
「尚古集成館紀要　7号」　尚古集成館編
「富岡日記」　和田英著
「鹿児島県史料　玉里島津家資料4」　鹿児島県歴史資料センター黎明館編
「博覧会の時代」　國雄行著
「日本教育史」　山本正身著
「大学の誕生　上」　天野郁夫著
「図録　維新と薩摩」　柴田融、福満武雄編
「高橋是清自伝」　高橋是清著
「福沢諭吉」　会田倉吉著
「吹上郷土誌　通史編3」　吹上郷土誌編纂委員会編
「明治維新と郷土の人々」　鹿児島県
「幕末維新を駈け抜けた英国人医師」　ウィリアム・ウィリス著、大山瑞代訳
「第七高等学校造士館創立二十五周年記念誌」
「鹿児島県教育史」　鹿児島県教育委員会著
「洋服・散髪・脱刀」　刑部芳則著
「文明開化」　井上勲著

「西洋事情」　福沢諭吉著
「福翁自伝」　福沢諭吉著
「図説 幕末明治流行事典」　湯本豪一著
「日本の食はどう変わってきたか」　原田信男著
「明治事物起源」　石井研堂著
「文明開化の研究」　林屋辰三郎編
「謎のお雇い外国人ウォートルスを追って」　銀座文化史学会編
「ウォートルス伝」　丸山雅子著(雑誌「ファインスチール」連載)
「五代友厚伝」　宮本又次著
「五代友厚伝記資料」　日本経営史研究所編
「活字文明開化」　印刷博物館
「明治改暦」　岡田芳朗著
「戸籍と国籍の近現代史」　遠藤正敬著
「明治維新　神仏分離史料」　村上専精・辻善之助・鷲尾順敬共編
「神々の明治維新」　安丸良夫著
「文化財と近代日本」　高木博志著
「鹿児島県史料　斉彬公史料、忠義公史料」
「浦上キリシタン流配事件」　家近良樹著
「鹿児島藩の廃仏毀釈」　名越護著
「神になった隼人　日向神話の誕生と再生」　中村明蔵著
「企業勃興」　高村直助編

「鹿児島市史Ⅱ」　鹿児島市史編さん委員会編
「士族の歴史社会学的研究」　園田英弘・濱名篤・廣田照幸著
「鹿児島県酪農史」　鹿児島県酪農業協同組合連合会編
「鹿児島県の士族授産」　安藤精一編
「写真集　明治大正昭和　鹿児島」　芳即正編著
「近代の鹿児島　21世紀への展望」　皆村武一著
「名瀬市誌1巻」　改訂名瀬市誌編纂委員会編
「松方正義」　室山義正著
「前田正名」　祖田修著
「勧業年報　第2回　明治13年」　鹿児島県第1部農商務課編
「西南戦争と西郷隆盛」　落合弘樹著
「明治六年政変」　毛利敏彦著
「明治国家と万国対峙」　勝田政治著
「大久保利通と東アジア」　勝田政治著
「〈政事家〉大久保利通」　勝田政治著
「徴兵制と近代日本」　加藤陽子著
「明治史講義　テーマ編」　小林和幸編
「徴兵制」　大江志乃夫著
「近代東アジア史のなかの琉球併合」　波平恒男著
「津田梅子の社会史」　高橋裕子著
「津田梅子を支えた人びと」　飯野正子・亀田帛子・高橋裕子著

「明治の女子留学生」　寺沢龍著
「福澤諭吉と女性」　西澤直子著
「明治〈美人〉論　メディアは女性をどう変えたか」　佐伯順子著
「江戸東京の明治維新」　横山百合子著
「東京慈恵会医科大学百三十年史」　慈恵大学
「民法Ⅰ」　内田貴著
「自由民権運動の系譜―近代日本の言論の力」　稲田雅洋著
「自由党史」　板垣退助監修
「西南戦争と自由民権」　小川原正道著
「南日本新聞の百二十年」　南日本新聞社
「西郷に抗った鹿児島士族―薩摩川内平佐の民権論者、田中直哉」　尾曲巧著
「日本の時代史21　明治維新と文明開化」　石上英一ほか編
「明治維新期の政治文化』　佐々木克編
「忘却の日本史12」　ドリームキングダム編集部編
「西郷隆盛」　猪飼隆明著
「西南記伝」　黒竜会編
「出水の文化財」　出水市教育委員会編
「島津久光と明治維新」　芳即正著
「宮崎県史　通史編　近・現代1」　宮崎県編
「鶴岡市史　中巻」　鶴岡市役所編
「日本新聞発達史」　山本文雄著

参考文献

「鹿児島県史料　西南戦争」（第1巻）　鹿児島県維新史料編さん所編

「鹿児島県史料　忠義公史料」（第2巻）鹿児島県維新史料編さん所編

「日本近世社会と明治維新」　高木不二著

「さつま人国誌　幕末・明治編1～4」　桐野作人著

そのほか、南日本新聞ＤＢはもとより、国立国会図書館ホームページ、日本赤十字社ホームページなど、鹿児島県立図書館、県歴史資料センター黎明館、尚古集成館、薩摩藩英国留学生記念館、薩摩英国館等の史料・写真を参考にした。関係各位のご協力に記して感謝申し上げる。

維新鳴動
かごしま再論

2019年12月21日　初版発行
2021年６月30日　第２刷発行

編　　　者　南日本新聞社
発　行　所　南日本新聞社
制作・発売　南日本新聞開発センター
〒892-0816　鹿児島市山下町9-23
TEL 099(225)6854　　FAX 099(227)2410
URL http://www.373kc.jp/

ISBN978-4-86074-281-2　定価：1,760円(本体1,600円＋税10%)
C0021 ¥1600E